W0361073

CHV

RÜDIGER
SAFRANSKI

EINZELN SEIN

Eine philosophische
Herausforderung

Carl Hanser Verlag

2. Auflage 2021

ISBN 978-3-446-25671-2
© 2021 Carl Hanser Verlag GmbH & Co. KG, München
Umschlag: Peter-Andreas Hassiepen, München
Motiv: G. Courbet, Küste bei Palavas / 1854. © akg-images.
Satz: Nadine Clemens, München
Druck und Bindung: Friedrich Pustet, Regensburg
Printed in Germany

FSC
www.fsc.org
MIX
Papier aus verantwortungsvollen Quellen
FSC® C014889

Dem Freund Ulrich Wanner
Ein Einzelner, wie er im Buche steht

INHALT

VORBEMERKUNG

Einzeln sein: Da denkt man sogleich an Selbstverwirklichung.

Selbstverwirklichung hatte einst einen guten Klang, als damit vor allem politische, gesellschaftliche und wirtschaftliche Befreiung gemeint war. Inzwischen ist der frühere Glanz etwas matt geworden, denn Selbstverwirklichung bedeutet heute oft nur: Alles muss raus, also Selbstdarstellung um jeden Preis, oder: Alles muss rein, also Selbstverwirklichung im Konsum.

Gewiss lässt sich Selbstverwirklichung anspruchsvoller denken, auch heute noch. Aber dann wird wohl ein Moment von Selbstüberwindung mitgedacht werden müssen.

Selbstüberwindung galt früher als ein Weg, zu sich selbst zu kommen. Es ging immer auch um Arbeit an sich selbst, um Überwindung von Hemmnissen, Illusionen, Gewohnheiten, es ging auch um Bändigung des Triebhaften, um Aufhellung des Dunklen. Keinesfalls genügte es, sich gehen zu lassen.

Für die Menschen, die hier vorgestellt werden, ist solche Selbstüberwindung immer auch im Spiel beim Versuch, ein Einzelner zu sein und darüber nachzudenken.

Einzeln sein bedeutet, aus einer Tatsache – jeder ist einzeln – eine Aufgabe zu machen, für das Leben und für das Denken. Dann bemerkt man, wie schwierig es ist zu unterscheiden, ob man selbst oder die Gesellschaft in einem denkt und empfindet.

Einzeln sein bedeutet, dass man zwar immer irgendwo dazugehört, doch auch imstande ist, für sich allein stehen zu können, ohne seine Identität nur in einer Gruppe zu suchen oder seine Probleme nur auf die Gesellschaft abzuwälzen. Es bedeutet auch, Abstand halten und womöglich auf Zustimmung verzichten zu können.

Hier wird keine durchgehende Geschichte erzählt, auch wenn die chronologische Abfolge der Kapitel eine solche Erwartung nahelegt. Immerhin gibt es einige auffallende historische Zusammenhänge auf dieser Wegstrecke zwischen dem erneuten Erwachen eines Individualgefühls in der Renaissance und den existentialistischen Entwürfen, ein Einzelner zu sein, als Antworten auf die großen kollektiven Katastrophen des 20. Jahrhunderts.

Es wird hier auch keine umfassende Theorie über das Einzeln-Sein versucht. Das wäre wohl auch paradox, denn wenn man den Einzelnen wirklich ernst nimmt, dann gibt es eben nur Einzelfälle, die jeweils zu denken geben.

KAPITEL 1

Die Renaissance und der neu erwachte Sinn für den Einzelnen

Jeder ist ein Einzelner. Aber nicht jeder ist damit einverstanden und bereit, etwas daraus zu machen. Es kommt stets darauf an, wie der Einzelne die Probleme seiner Einzelheit annimmt und erträgt, Einsamkeit etwa oder schicksalhafte Gegebenheiten aus biologischen Prägungen und gesellschaftlichen Zufällen. Übernimmt man sie oder hadert mit ihnen, versucht man sie zu verbergen vor sich und den anderen? Entwickelt man das Eigene, oder gleicht man sich an? Meistens entscheidet man sich für irgendetwas dazwischen, und doch gibt es auch die Flucht in das Nicht-Eigene, wobei keiner er selbst ist, sondern jeder wie der andere.

Wer als Einzelner seine Eigenheit entdeckt und annimmt, möchte zwar sich selbst gehören, aber doch auch zugehörig bleiben. Diese Spannung bleibt. Denn man kann die Vereinzelung unfreiwillig erleiden, und man kann sie freiwillig in Kauf nehmen im Kampf um seine Eigenheit. Dabei lockern sich wohl die Bindungen an die Familie und andere Gesellschaftsverbände. Wer sich als Einzelner erlebt, steht im Freien, ohne sich deshalb schon befreit zu fühlen. Denn er merkt, wie sehr er auf Anerkennung angewiesen bleibt, insgeheim oder ausdrücklich. Der Einzelne, der auf seiner Eigenheit besteht, begnügt sich nicht mit dem einfachen Dazugehören, er will vielmehr in dem anerkannt werden, was ihn von anderen unterscheidet. Nicht das Gleichsein, sondern der Unterschied soll anerkannt werden.

Von der Einzelheit her lassen sich Gesellschaftstypen unterscheiden, je nachdem ob sie die Einzelheit begünstigen und gar zum Gesellschaftszweck erheben oder sie eher hemmen. Es geht also nicht nur darum, wie viel Einzelheit der Mensch überhaupt will und erträgt, sondern auch darum, welche gesellschaftlichen Begünstigungen oder Beeinträchtigungen er dabei erfährt.

Vieles spricht dafür, dass es, vor allem in Westeuropa, eine gesellschaftliche Entwicklung in Richtung Individualisierung gegeben hat und noch gibt. Zuletzt hat Andreas Reckwitz mit Blick auf die Spätmoderne von einer *Logik des Singulären* gesprochen. Schon Norbert Elias hatte die Grundzüge dieser Entwicklung analysiert und Jacob Burckhardt sie am Beispiel der italienischen Renaissance geschildert, diesem nach der griechischen Antike wohl zweiten großen Durchbruch einer Individualkultur.

Wenn der Einzelne auf sich selbst aufmerksam wird, neigt er dazu, sich der Gesellschaft insgesamt gegenübergestellt zu sehen, als handelte es sich um zwei Substanzen, hier drinnen das Ich, dort draußen die Gesellschaft und dazwischen das Spiel der Wechselwirkungen. Norbert Elias hat auf die optische Täuschung hingewiesen, die diesem Modell zugrunde liegt. Wir stehen nämlich der Gesellschaft niemals einfach gegenüber, denn wir sind und bleiben stets in ihr enthalten, auch dann, wenn wir uns von ihr vermeintlich absetzen. Individualisierung ist selbst ein gesellschaftlicher Prozess. Sie steht nicht in einem Gegensatz zur Gesellschaft, sondern ist das Ergebnis einer gesellschaftlichen Differenzierung, die es dem Einzelnen erlaubt, sich für bedeutungsvoll zu halten. Das Ich, das sich in seiner vermeintlichen Unverwechselbarkeit der Gesellschaft entgegensetzt, unterliegt einer Selbsttäuschung und weigert sich einzusehen, dass die *Gesellschaft … nicht nur das Gleichmachende und Typisierende, sondern auch das Individualisierende (ist)*. Daraus entsteht notwendigerweise ein Spannungsverhältnis zwischen Individualität und Gesellschaftlichkeit, zwischen Ich und Wir. Im Blick auf die Geschichte dieses Spannungsverhältnisses konstatiert

Norbert Elias: *Auf den früheren Stufen … neigte sich die Wir-Ich-Balance zumeist stark nach der Seite des Wir. Sie neigt sich in neuerer Zeit oft recht stark nach der Seite des Ich.*

In der Epoche der italienischen Renaissance, an der Schwelle zur Neuzeit, hatte sich diese starke Ichbezogenheit glanzvoll gezeigt. Jacob Burckhardt schildert die individualisierende Wende der Welt- und Selbstwahrnehmung: *Im Mittelalter lagen die beiden Seiten des Bewusstseins – nach der Welt hin und nach dem Innern des Menschen selbst – wie unter einem gemeinsamen Schleier träumend oder halbwach. Der Schleier war gewoben aus Glauben, Kinderbefangenheit und Wahn; durch ihn hindurchgesehen erschienen Welt und Geschichte wundersam gefärbt, der Mensch aber erkannte sich nur als Rasse, Volk, Partei, Korporation, Familie oder sonst in irgendeiner Form des Allgemeinen. In Italien zuerst verweht dieser Schleier in die Lüfte; es erwacht eine* objektive *Betrachtung und Behandlung des Staates und der sämtlichen Dinge dieser Welt überhaupt; daneben aber erhebt sich mit voller Macht das* Subjektive; *der Mensch wird geistiges* Individuum *und erkennt sich als solches.*

Die gesellschaftlichen und ökonomischen Verhältnisse Oberitaliens, in denen sich die Geburt des Individuums in dem von Burckhardt bezeichneten Sinne vollzog, befanden sich auf einer Entwicklungshöhe, die im restlichen Europa erst Generationen später erreicht wurde.

Politisch gab es in Oberitalien keinen homogenen, von einer Zentralgewalt durchherrschten Raum, weder das Heilige Römische Reich noch die päpstliche Universalkirche war stark genug, um den Aufstieg der Stadtstaaten, besonders den von Florenz, hindern zu können. Auch politisch also war nicht die *Form des Allgemeinen* (Burckhardt) vorherrschend, sondern die partikulare Macht der Städte, die untereinander höchst gewaltsam konkurrierten. Die einzelnen Stadtherrschaften, ob republikanisch oder autokratisch, verhielten sich in der Arena des polyzentrischen Kräftespiels wie eigensinnige Individuen, denen es darum ging, sich abzugrenzen, sich zu behaupten und womöglich den eigenen

Machtbereich auszudehnen. Dieser teilweise mörderische Wettbewerb der Mächte entfesselte zugleich eine beispiellose kulturelle Dynamik. Es gab partikulare Herrschaften, keine Oberherrschaft. Das Allgemeine verschwand im Besonderen. Der Papst, eigentlich das geistige Oberhaupt des Abendlandes, war eine Macht unter anderen. In Mailand herrschten die Sforza, in Florenz die Medici, in Mantua die Gonzaga, in Ferrara die Este, dazu die Seerepubliken Genua und Venedig, die über Europa hinausblickten. Der Kirchenstaat der Päpste, eigentlich das geistige Oberhaupt des Abendlandes, war eine Macht unter anderen und lauerte zusammen mit dem aragonischen Königreich Neapel vom Süden her wie der Kaiser und der französische König vom Norden her auf eine Gelegenheit, in dieses machtpolitisch zersplitterte und doch kulturell erblühende Oberitalien, einem frühen Laboratorium des modernen Europa, einzugreifen. Als dann später die Zentralmächte, zuerst Frankreich und später Habsburg, ihre Oberherrschaft über diesen Raum errichteten und damit der politischen Zersplitterung ein Ende setzten, war es auch mit der kulturellen Blüte vorbei, wobei sich wieder einmal zeigt, dass politische Einheitsgebilde der kulturellen Entwicklung nicht günstig sein müssen. So war es schon im antiken Griechenland, das kulturell blühte in der Epoche der zahlreichen Stadtstaaten und das seine kulturelle Produktivität einbüßte, als es nur noch Teil des mazedonischen und dann des Römischen Reiches war. Auch Deutschland fand zur kulturellen Hochblüte um 1800 in einem politisch zersplitterten Land, während die Reichsgründung 1870 kulturelle Verflachung mit sich brachte. Der machtpolitisch zersplitterte Raum, dieser höherstufige Individualismus der verschiedenen Machtgebilde im oberen Italien, gehört jedenfalls zu den Voraussetzungen einer Renaissance, die auch sonst das neue Selbstbewusstsein von Individualität begünstigte und zum Ausdruck brachte.

Der Individualismus der Renaissance bedeutet, dass der Einzelne ermuntert oder auch gezwungen wird, sich seiner selbst bewusst zu werden, weil die traditionellen Bindungen, Gesetze und Glaubenswelten ihre Autorität verlieren. Das ist auch eine Wirkung der Geldwirtschaft, die sich hier deutlich früher als im übrigen Europa durchsetzt. Geld versachlicht die Herrschaftsbeziehungen und vereinzelt jene Menschen, die auf dem Lande, herausgelöst aus dem feudalen Verband, zu individuellen Pächtern und in den Städten, entbunden vom Zunftzwang, zu sogenannten freien Arbeitern werden. Auch das bedeutet Individualisierung, nämlich den ökonomischen Herren nunmehr als Vereinzelte gegenübertreten zu müssen. In den oberen Rängen der Gesellschaft sind Rittertum und feudale Herren verschwunden und haben Platz gemacht für eine Geldaristokratie, die sich nicht durch Herkommen, sondern durch wirtschaftlichen Erfolg legitimiert. Oberitalien und die Toskana erleben zur Zeit der Renaissance eine Blüte des Frühkapitalismus, der mit seinen Verwertungskalkülen und seiner Rechenhaftigkeit genuin gesellschaftliche Bereiche, und zwar nicht nur die ökonomischen, durchdringt. Die Geldwirtschaft ergreift auch die religiöse Welt und heckt den Ablasshandel aus, die Kirche wird zur Bank, wo spirituelle Gnadenschätze – die guten Taten der Vergangenheit und das Martyrium der Heiligen – deponiert und gegen handfestes Geld getauscht werden können, eine raffinierte metaphysische Finanzwirtschaft mit Luftbuchungen in Gestalt heiliger Wertschöpfungen. Auf diese Idee musste man erst einmal kommen: ein Beispiel dafür, wie der neue Geist des Geldes überall Unternehmungslust, Neugier, Wagemut und Erfindungsgeist weckt. Der Seelenhandel finanzierte den Bau des Petersdoms, der Seehandel die großen Entdeckungsreisen mit den ersten Weltumrundungen. Leonardo da Vinci malt nicht nur das rätselhafte Lächeln der Mona Lisa, sondern macht sich mit seinen waffentechnischen Erfindungen bei Cesare Borgia nützlich.

Das Selbstbewusstsein derer, die sich als unverwechselbare Einzelne fühlen, ist groß. Sie wissen und genießen es, dass sie sich von anderen unterscheiden. *Es gibt Menschen, die man nicht anders als Durchgang von Speisen, Vermehrer von Kot und Füller von Abtritten nennen muss, weil durch sie nichts anderes auf der Welt erscheint ... als volle Latrinen,* notiert Leonardo da Vinci in seinen »Philosophischen Tagebüchern«.

Das ist ein stolzer, unbarmherziger, unsentimentaler Blick auf jene, von denen man sich unterscheiden will. Freilich füllt man auch selbst die Latrine. Doch vielleicht, so die Hoffnung, hinterlässt man einige unverwechselbare, gar unvergängliche Spuren. Erst in der Renaissance wird es üblich, die Bilder zu signieren. Leonardo da Vinci bewahrt sogar seine Entwürfe auf, manche davon ebenfalls signiert. Es soll möglichst wenig verloren gehen, denn darauf kommt es an: *irgendeine Erinnerung im Geiste der Sterblichen zu hinterlassen. Auf daß dieser unser armseliger Lebenslauf nicht umsonst verfließe ...*

Das ist noch recht bescheiden formuliert im Vergleich zu anderen Bekundungen gesteigerten künstlerischen Selbstbewusstseins. Tizian erzählte gerne, wie Kaiser Karl V. bei einer Porträtsitzung ihm den Pinsel aufgehoben habe, der ihm entglitten war. Als man Michelangelo tadelte, seine beiden Büsten der Medici hätten doch gar keine Ähnlichkeit mit den Dargestellten, soll der geantwortet haben: *Wem wird das in zehn Jahrhunderten auffallen?*

Ein Jahrhundert früher wirkten die bildenden Künstler zumeist noch anonym im Schatten ihrer Gilden, Zünfte und Bruderschaften. Jetzt treten sie hervor. Die Kunst emanzipiert sich vom Geist des Handwerks. Sie hat etwas ganz Individuelles anzubieten. Etwas treibt in ihr, das höher ist als alle Vernunft. Es ist nicht nur, wie in der Tradition, die religiöse Höhe. Die Kunst hat jetzt ihren eigenen Himmel, und der Künstler selbst wird Genius. In der Epoche der Renaissance kommt der künstlerische Geniekult auf. Raffael wurde bereits zu Lebzeiten der »göttliche« genannt. An ein religiöses Mandat war dabei nicht gedacht. Hinlänglich bekannt war, dass dieser Künstler fromme Sujets wählte, ohne selbst sonderlich fromm zu sein. Oft fehlte diesen Bildern die Demut gegenüber ihren heiligen Gegenständen und Themen. Es kam eben vor allem auf das »Wie«, nicht auf das »Was« an. Der Künstler selbst will sich zeigen. Die stark gefühlte Bedeutsamkeit des Subjektiven sucht sich zu behaupten gegen die Tradition des Objektiven. Diese Subjektivität war aber noch nicht hemmungslos expressiv, sondern hielt sich in den Grenzen eines verbindlichen Schönheitsideals. Doch galt Schönheit nicht mehr als etwas objektiv Gegebenes, sondern als Ergebnis einer Verwandlung im Geiste des Subjektes, als etwas Absichtsvolles, auch Reflexives, das sich dem Willen zum Originellen verdankt. Schönheit ruht in den Dingen, doch das Subjekt muss sie erst sichtbar machen. So erscheint die Schönheit als gelungene Verbindung zwischen dem Subjektiven und dem Objektiven. Das illustriert die von Vasari überlieferte Anekdote von dem Sterbenden, der sich weigerte, bei der Letzten Ölung das Kreuz zu küssen, weil er es als nicht genügend schön empfand.

Es ist der geschmackvolle Mensch, letztlich der Künstler, der an den Dingen und Menschen die Schönheit zur Erscheinung bringt: ein säkulares Priestertum. Der Künstler erleuchtet die Welt, lässt sie in Schönheit glänzen, aber dient er auch der Erkenntnis? Leonardo da Vinci stellt sich in seinen »Philosophischen Tagebüchern« die Frage, was denn die bildende Kunst von der Wissenschaft unterscheide, sofern beide der nachahmenden Darstellung des Wirklichen dienen. Seine Antwort: *Die bildende Kunst ist von solcher Vortrefflichkeit, dass sie sich nicht nur den Erscheinungen der Natur zuwendet, sondern unendlich viel mehr Erscheinungen, als die Natur hervorbringt.* Diese Erscheinungen sind etwas ganz Inwendiges und Eigenes, das die jeweilige Originalität des Künstlers ausmacht. Doch es genügt nicht, dass diese Welt im Künstler schlummert, sie muss herauskommen, erscheinen, wahrnehmbar und verständlich werden für die anderen. Das jeweils Einzelne soll in der Formensprache der allgemeinen Zeichen wiedererkennbar erhalten bleiben.

Gemäß der noch gültigen mittelalterlich-scholastischen Begriffsunterscheidung von Substanz und Attribut wären beim Normalmenschen die Substanz das allgemeine Menschsein und seine Attribute die individuellen Eigenschaften; für den Künstler aber soll das Umgekehrte gelten: Die Substanz ist seine Individualität, und die allgemeine Formensprache, in der sie sich ausdrückt, wären die äußerlichen Attribute.

Wie ist es nun aber zu bewerten, wenn nicht das Ganze dieses Inwendigen zum Ausdruck kommt, wenn also der Künstler bloß etwas ahnen lässt, ohne es wirklich in die Gestalt zu bringen? Hier grenzt sich Leonardo von manchen seiner Kollegen ab, die es bei Ahnungen und Andeutungen belassen und auf nicht darstellbare mystische Geheimnisse verweisen, manchmal mit frommem Augenaufschlag. *Größtes Übel ist es, wenn der Gedanke das Werk überragt*, notiert Leonardo. Es gilt nicht die Intention, sondern nur das, was wirklich Gestalt geworden ist. Das erst ist Schöpfung, wenn aus dem bloß Möglichen das Wirkliche wird. Schöpfer ist, wer Möglichkeiten in Wirklichkeit verwandelt, so wie Michelangelo vom Stein sagt, in ihm ruhe bereits die Gestalt, man müsse sie erst noch heraushauen, also aus Möglichkeit in Wirklichkeit verwandeln.

Das Mittelalter glaubt in Ehrfurcht vor der göttlichen Schöpfung in den Grenzen der Nachahmung verharren zu müssen. Nun aber wird nicht nur die Schöpfung, sondern der göttliche Schöpfungsakt selbst nachgeahmt und als schöpferische Freiheit ins stolze Selbstbewusstsein des Künstlers aufgenommen.

Von dieser schöpferischen Euphorie des Künstlertums ist Pico della Mirandola erfüllt in seiner berühmten programmatischen Abhandlung »Über die Würde des Menschen«, mit der er 1486 in Rom einen philosophischen Schaukampf zwischen den besten Philosophen zu eröffnen gedachte. Allerdings wagt es keiner, sich mit ihm zu messen, obwohl er sich bereit erklärt hatte, für die Reisekosten aufzukommen. Das ganze Vorhaben wurde von den päpstlichen Stellen natürlich argwöhnisch beobachtet. Gott habe, so schreibt Pico della Mirandola, am letzten Schöpfungstag zum Menschen gesprochen: *Ich habe dich in die Mitte der Welt gesetzt, damit du von dort bequem um dich schaust, was es alles in dieser Welt gibt. Wir haben dich weder als einen Himmlischen noch als einen Irdischen, weder als einen Sterblichen noch einen Unsterblichen geschaffen, damit du als dein eigener, vollkommen frei und ehrenhalber schaltender Bildhauer und Dichter dir selbst die Form bestimmst, in der du zu leben wünschst. Es steht dir frei, in die Unterwelt des Viehs zu entarten. Es steht dir ebenso frei, in die höhere Welt des Göttlichen dich durch den Entschluss deines eigenen Geistes zu erheben.*

Diesen Entschluss, sich mit eigenen Kräften zum Göttlichen zu erheben, hatte dieser außerordentlich schöne, vielseitig begabte junge Mensch bereits im zarten Alter getroffen, als er in Bologna und Paris den ganzen Kanon von Disziplinen durchstudierte, von der Theologie über Philosophie, Medizin, Musik, Mathematik bis zur Baukunst, dazu noch Arabisch und Hebräisch, Sternenkunde, die Kabbala und auch ein wenig Alchemie. Er verkehrte an den Höfen Europas und wurde wie ein Wunderknabe herumgereicht. Als Jüngling flogen ihm die Herzen der Frauen und der Männer zu. Von keinem ließ man sich das Wesen des platonischen Eros lieber erklären als von diesem Don Juan mit der Aura eines unschuldigen keuschen Mönches. *Groß und wohlgebildet,* so wird er beschrieben, *das Antlitz vom Widerschein des Göttlichen strahlend.* In seinem Denken und seinen Reden spiegelten sich alle Gegenstände wechselseitig, und es vollzog sich die große geistige Vereinigung von allem mit allem, eine Vorwegnahme dessen, was Hegel später einmal *bacchantischer Taumel* nannte, *an dem kein Glied nicht trunken ist.*

Zu seinen Adelstiteln gehörte der des Grafen von Concordia, passend zu seinen Versuchen, die großen Religionen miteinander zu versöhnen. Anfangs war er nur geistesfromm, nicht eigentlich religiös im christlichen Sinne. Dafür fehlte diesem freundlichen, heiteren und überschwänglichen Menschen das Bewusstsein des Sünders. Schon aus logischen Gründen schien es ihm ungereimt, dass auf ein endliches Vergehen eine unendliche Strafe sollte folgen dürfen. Ein Gott, der solches zuließe, wäre keiner. Unbefangen riskierte der junge Mann die Verfolgung als Häretiker. Lorenzo de' Medici bot Schutz in Florenz. In den letzten Lebensjahren wurde der mönchische Zug bei ihm stärker.

Savonarola beeindruckte ihn. Er verbrannte seine Liebeslyrik und vermachte sein Vermögen einer Stiftung zur Finanzierung der Hochzeitsaussteuer bedürftiger Mädchen. Er selbst blieb unverheiratet und erwog noch kurz vor seinem frühen Tod, in den Dominikanerorden einzutreten. Pico della Mirandola, diese glänzende Erscheinung auf den Bühnen der Renaissance, wurde am Ende demütig, eher untypisch für die Welt der Künstler und Humanisten, in der die neue Lust, ein Ich zu sein, dominierte. Dass er im eminenten Sinn ein Einzelner war, dessen war er sich durchaus bewusst, doch er machte kein sonderliches Aufhebens davon.

Einst waren die Künstler in ihren Werken verschwunden, jetzt treten sie aus ihnen heraus, zelebrieren ihre Sichtbarkeit und werden selbst zum Gegenstand der Verehrung. Es kommen Künstlerbiographien auf, die erste ist Brunelleschi gewidmet. Eine Generation später wird Vasari die Lebensläufe der Künstler der Renaissance wie Heiligenlegenden erzählen. Noch nie waren Künstler, diese Darsteller des gesteigerten Ichs, so gefragt. Die herrschenden Häuser und die Bankiers reißen sich um sie. Die Preise auf dem Kunstmarkt ziehen an, weil der Vatikan bereit ist, jede Summe zu bezahlen. Die Stars unter den Malern leben wie Fürsten und lassen in ihren Werkstätten die erfolgreichen Bilder und Bildmotive in Serie gehen. Wer es sich leisten kann, lässt sich malen oder in Kupfer stechen. Der Markt wird überschwemmt mit Porträts auf Gemälden, Gemmen, Münzen, Medaillons. Gefragt sind die scharfen Profile und die ausdrucksstarken Gesichtszüge, unverwechselbar, individuell sollen sie sein.

Man fühlt sich der beschränkten Charakterisierungskunst früherer Jahrhunderte überlegen, die sich mit der Lehre von den vier Säften und den vier Temperamenten (cholerisch, sanguinisch, melancholisch, phlegmatisch) zufriedengab. Um der Einzelheit gerecht zu werden, ist mehr gefordert.

Jacob Burckhardt spricht vom *Schleier … aus Glauben, Kinderbefangenheit und Wahn,* der in die Lüfte verwehte und den Blick freigab auf die deutlich erfasste Einzelheit und Individualität. Doch begonnen hatte diese Entwicklung schon mit dem Grundsatz des spätmittelalterlichen Nominalismus: Was existiert, ist individuell. Es gibt nur Einzelheiten. In ihnen ist die ganze Fülle des Wirklichen enthalten, nicht in den Begriffen, den »nomina«, vor allem dann nicht, wenn sie sich zu Kathedralen der Spekulation türmen. Der Nominalist Duns Scotus nannte das wahrhaft Wirkliche, das Einzelne also, die »haecceitas«, die »Dies-da-heit«, das Etwas an seinem einmaligen Raum-Zeit-Punkt. Neben Gott sind diese Einzelheiten in ihrer Fülle das eigentliche Wunder; dazwischen unsere Begriffe, die nicht zu Gott empor- und kaum zu den Einzelheiten hinunterreichen. Die Nominalisten gingen schon so weit, die kirchlichen Lehren zu untergraben, freilich nicht, indem sie Gott leugneten, sondern indem sie darauf bestanden, dass er eben nur geglaubt und nicht begriffen werden könne. Besser, sich von ihm ergreifen zu lassen, statt ihn begreifen zu wollen. Was aber bleibt für den Verstand zu tun? Er soll sich den Einzelheiten zuwenden und den Erfahrungen, die man mit ihnen macht. Einzelheit und Erfahrung – das gehört von nun an zusammen. Leonardo da Vinci notiert in den »Philosophischen Tagebüchern«: *Man sagt, daß die Erkenntnis, die von der Erfahrung erzeugt wird, rein handwerksmäßig sei, und nur diejenige wissenschaftlich, die im Geiste entsteht und endet … Doch scheint mir, daß jene Wissenschaften eitel und voller Irrtümer sind, die nicht geboren wurden aus der Erfahrung, der Mutter jeder Gewißheit, oder nicht in einer bekannten Erfahrung enden.*

Es genügt ein einzelner Fall, der gegen eine Theorie spricht, und die ganze Konstruktion des Allgemeinen bricht in sich zusammen. Dieser streng falsifizierbare Empirismus unterscheidet Leonardo da Vinci von den Humanisten, der anderen prominenten Geistesbewegung in der Epoche der Renaissance.

Ein Künstler, Wissenschaftler und Ingenieur wie Leonardo blickte in die Welt, die Humanisten aber lasen vor allem in ihren Büchern und schrieben unablässig neue Bücher, philologische, philosophische, polemische. Es entstand ein schon fast modernes Literatentum mit seinen Profilierungskämpfen und Selbstdarstellungsmanövern und einer polemischen Betriebsamkeit, die es vorher so noch nicht gegeben hatte. Man wollte sich abgrenzen, setzte auf den Unterschied um jeden Preis. Die neue Lust, ein Ich zu sein, wurde erfinderisch. Mit den Humanisten tritt – nach den Sophisten im antiken Athen – wieder der Typ des Intellektuellen auf, der individuell um Rang und Ansehen kämpft, insgesamt aber doch zumeist in abhängiger Position verbleibt, eine schwer erträgliche Spannung, die ein latentes Ressentiment zur Folge hat. Das erklärt den häufig gereizten, polemischen Ton untereinander.

So kleinkrämerisch es auch bisweilen unter diesen Leuten zuging, so haben sie doch ihre Verdienste um das freie Denken gegenüber den religiösen Glaubenswelten. Das Leben ist schwer genug, man sollte es durch Religion nicht noch zusätzlich belasten, besser ist, sie hilft und bringt Erleichterung – das ist im Kern die Botschaft des Erasmus von Rotterdam in seinem Buch »Lob der Torheit«. Solcher Humanismus konnte wirklich eine beflügelnde Kraft des Leichtnehmens und der Freundlichkeit sein. *Wird der einen andern lieben, der sich selber hasst?*, lautet einer der klügsten Sätze dieses damals viel gelesenen Buches.

Nicht zum eigentlichen Kreis der Humanisten gehörte Aretino, doch er nutzte das von ihnen geschaffene Milieu der Selbstdarstellung. Er war ein viel gelesener Spötter, Pamphletist, Journalist, Autor von pornographischen Romanen und Heiligenlegenden, dabei auch Philosoph und Kunstkritiker; ein Virtuose im Umgang mit der Macht des Öffentlichen, ein Selbstdarsteller, der auch vor Gewalt nicht zurückschreckte. Michelangelo drohte er, er würde ihn in der Öffentlichkeit unmöglich machen und als Homosexuellen entlarven, wenn er ihm nicht einige Entwürfe zur Sixtinischen Kapelle überlasse. Seine Feder wurde von den Mächtigen gefürchtet, jedenfalls bezog er zeitweilig Pensionen von Kaiser Karl V. und dem französischen König Franz I.; vom Sultan erhielt er eine schöne Sklavin zum Geschenk. Mit vielen Leuten verbunden, die ihm nützlich sein konnten, war er eine personifizierte Nachrichtenbörse. Manche steckten ihm Informationen oder Verleumdungen zu, die sie gegen andere benützt haben wollten. Er war zu jeder öffentlichen Intrige bereit, wenn man ihn nur bezahlte. Vor Obszönität scheute er nicht zurück, sie musste nur klug sein und guten Stil haben. *Mir scheint,* schreibt er, *wir sollten jenes Ding, das uns die Natur zur Erhaltung unserer Art gibt, um den Hals als Anhängsel oder als Medaillon am Hut tragen. … Es ist der Quell des Menschengeschlechtes, Ambrosia der ganzen Welt. Es hat mich geschaffen, der ich nicht von Pappe bin, und brachte Männer zur Welt wie Bembo und Molza … Tizian, Michelangelo und nach diesen die Päpste, Kaiser, Könige … Daher sollten wir ihm Feste und Virgilien weihen, statt es in Tuch und Seide zu hüllen. Viel eher sollten wir unsere Hände zudecken, denn sie verspielen Geld, bezeugen falsche Eide, nehmen am Wucher teil, … zerren und reißen, teilen Fausthiebe aus, verwunden und erschlagen …*

Aretino beeindruckte alle Welt damit, dass ihn nichts beeindruckte, dass er offenbar ohne Furcht war, dass er sich nicht duckte, dabei ohne Bekennerstolz, ohne das *Hier stehe ich, ich kann nicht anders* (Luther); er konnte immer auch anders, listig und voller Ränke. Er liebte die große Bühne, aber auch die Hintertreppe. Er wollte geliebt werden, doch auch gefürchtet. *Ich bin wirklich ein furchtbarer Mensch,* sagte er von sich selbst, und Tizian nannte ihn einen Kondottiere der Feder. Er entsprach dem Renaissance-Bild eines »großen Mannes«, versiert in den Spielen der Lust und der Macht, ein Mensch, dem das Hören und Sehen nicht verging, ein Empirist reinsten Wassers, wie Leonardo. Mit Verachtung sprach er von *jenem schmutzigen Brauch, der den Augen erzählen will, sie dürften nicht anschaun, was sie mit Entzücken anschaun.*

Aretino hat sich selbst zu dem gemacht, der er war. Er kam sozial von ganz unten, geboren in Arezzo, wo man schon zu Lebzeiten das ärmliche Geburtshaus des Berühmten zeigte. Als junger Mann wanderte er nach Rom, und es dauerte nicht lange, dann kannte man ihn überall, in den Gasthäusern und Spelunken, in den Ateliers der Maler und in den Palästen der Prälaten und Kardinäle. Als sein Gönner, Giovanni de'

Medici, starb, ging er nach Venedig. Dreißig Jahre lebte er dort, zuletzt in einem Palazzo am Canal Grande, wo er Hof hielt. Von dort schoss er seine Pfeile ab, nur die Herren von Venedig schonte er, aus nachvollziehbaren Gründen, denn er wollte dort bleiben, wo es ihm so gut gefiel.

Aretino war, wie sein etwas jüngerer Zeitgenosse und Bewunderer Rabelais, der sich von ihm anregen ließ, ein Meister der Enthüllung und Entblößung. Er gab nicht eher Ruhe, als bis der ganze Schleier aus moralischer Heuchelei und frömmlerischen Künstlichkeiten verflogen war. Er wollte die Verhältnisse nackt sehen, zu seinem und des Publikums Vergnügen. Er bevorzugte den karnevalesken Realismus, der sich nichts vormachen lässt und schon allein damit eine individualisierende Kraft beweist. Der Wahn vergesellschaftet, der Realismus vereinzelt. Nur wer sich auf sich selbst verlassen kann, widersteht den gesellschaftlichen Trugbildern. Es sind immer die Gemeinplätze, die von vielen geteilt werden.

Ein weiteres glanzvolles Beispiel für den aufs Politische bezogenen kalten Realismus, der sich der Vereinzelung verdankt und zu klug ist, um Moral und Religion zu ihrem Nennwert zu nehmen, ist Machiavelli (1469–1527). Sohn eines Juristen und ein umfassend gebildeter Geist, hatte er zwischen 1498 und 1512 hohe Ämter in Florenz bekleidet. Das war zu der Zeit, als die Herrschaft der Medici unterbrochen war. Mit der Rückkehr der Medici fiel er in Ungnade und wurde der Mitwirkung an einer Verschwörung gegen sie beschuldigt. Er kam für mehrere Monate in Haft, wurde gefoltert und schließlich wieder freigelassen. Danach zog er sich mit seiner Familie auf sein kleines Landgut in der Nähe von Florenz zurück. Seine Zuflucht waren die Bücher, vor allem die lateinischen Klassiker. In der fleißigen, auf Nutzanwendung bedachten Lektüre dieser Schriften und in der eigenen politischen Erfahrung fand er den Stoff zu seinen eigenen Werken, die ihm erst nach seinem Tode europäischen Ruhm einbrachten. In einem Brief an einen Freund schildert er sein Leben auf dem Lande zu der Zeit, da er an seinem »Il Principe« schrieb, jener Schrift, die er Giuliano de' Medici, dem gegenwärtigen Herrscher in Florenz, zu widmen gedachte in der unbescheidenen Erwartung, dass sie diesem wichtig werden könnte. Der inzwischen Vereinzelte und Machtlose glaubte also, die Macht belehren zu können. Er verbringe, so heißt es in dem Brief, seine Tage mit den Weinbauern, Waldarbeitern, im Wirtshaus mit den Handwerkern des Dorfes, *so mich im Gemeinen wälzend, hebe ich den Kopf aus dem Staub und zeige meinem Schicksal seine Niedertracht … Wenn der Abend kommt, kehre ich nach Hause zurück und gehe in mein Schreibzimmer, und auf der Schwelle werfe ich das schmutzige Alltagsgewand ab und lege königliche Hoftracht an und betrete so passend bekleidet die Hallen der Männer des Altertums, die mich liebevoll aufnehmen, und wo ich mich von der Speise nähre, die mir allein angemessen und für die ich geboren bin. Da kann ich ohne Scheu mit ihnen reden … vergesse allen Kummer, sorge mich nicht um Armut und fürchte den Tod nicht mehr.*

Aus der imaginären Unterhaltung mit den großen Staatslenkern und Weisen der Vergangenheit sei sein Buch über die Fürstenmacht entstanden. Er wollte, erklärt er, ihre letzten Zwecke erforschen. Und welches ist der letzte Zweck? Machiavellis Antwort: Der Zweck der Macht ist die Macht selbst. Diese Tautologie ist das Geheimnis der Macht, das man allerdings nur begreift, wenn man sich gegen den kollektiven Wahn, die illusionären Hoffnungen und Erwartungen an die Macht, immunisiert. Das ist nur unter zwei Bedingungen möglich. Entweder man steht als Einzelner außerhalb, also nicht vom Wahn befangen, oder man steht selbst im Zentrum der Macht, in jenem abgeschirmten Raum der zynischen Offenheit.

Machiavelli, vereinzelt und eigentlich machtlos, versucht nun, im Medium der zynischen Offenheit mit der Macht ins Gespräch zu kommen. Deshalb wollte er ja seine Schrift ursprünglich gar nicht veröffentlichen. Von Staffage, Betrug, Irreführung, Heuchelei ist darin die Rede, doch nicht als Themen der Entlarvung von unten, sondern, von oben gesehen, als notwendige und geschickt einzusetzende Instrumente der

Macht. Macht ist möglich, weil die Menschen getäuscht werden wollen, und sie ist nötig, weil die Menschen zum Bösen neigen und nur durch Gewalt im Zaum gehalten werden können. Durch Gewöhnung und gute Regierung kann es dahin kommen, dass die Untertanen eine gewisse Anhänglichkeit an ihre Machthaber entwickeln und, von Friedenszeiten begünstigt, sogar zivile Tugenden entwickeln. Auf diesem Boden können da und dort Republiken entstehen, die aber auch die Erhaltung der Staatssouveränität über alles stellen müssen. Auch für sie gilt, so erläutert er an anderer Stelle, dass sie sich nicht primär an der Wohlfahrt der Bürger, sondern eben an der Bewahrung der Staatssouveränität nach innen und außen zu orientieren haben. Unhintergehbar bleibt für ihn die geschichtliche Arena der Staaten und Mächte, die untereinander im ewigen Streit liegen und einen Kampf um Selbstbehauptung führen.

Das individualistische Denken der Renaissance entdeckt in der Staatenwelt einen Individualismus zweiter Ordnung. Die traditionellen überwölbenden Mächte, Reich, Kaisertum, Papsttum, werden als real existierende Mächte zwar in Rechnung gestellt, ihre charismatische Bedeutung einer Über-Ordnung allerdings haben sie verloren. In der Konkurrenz der Mächte herrscht blanker Nihilismus. Kein Himmel wölbt sich über diese selbstbezüglichen irdischen Mächte, die keinem Gott, keinem »höheren« Wert dienen.

Und doch spielt die Religion eine bedeutende Rolle. In den »Discorsi« hat Machiavelli sich dazu geäußert. Religion, schreibt er dort, ist für den klugen Herrscher *eine zur Erhaltung der Gesellschaft unentbehrliche Sache.* Die Machthaber brauchen selbst nicht zu glauben, sie müssen aber die anderen glauben machen. Ein skeptischer unfrommer Geist ist dazu sogar besser imstande, weil er sein Urteil nicht durch christliche Weichherzigkeit trüben lässt. Diese habe, erklärt Machiavelli, eher *die demütigen und beschaulichen Menschen erhoben als die tatkräftigen … Diese Denkungsart, scheint es, hat das Menschengeschlecht schwach gemacht.*

Manche brauchen für ihre Tugenden eine Religion, ein stolzer Geist wie Machiavelli braucht sie letztlich nicht. Er holt sie aus sich selbst, und er sieht sie in sich selbst, in seiner Einzelheit, hinreichend begründet.

Doch vergessen wir nicht: Machiavelli blieb auch im Abseits das Mitglied einer kulturell glänzenden Stadtgemeinschaft, die Sinnhaftigkeit und Vitalität genug in sich trug, um es mit dem himmlischen Segen nicht so genau nehmen zu müssen. Gewiss, es gab auch moralische Verwahrlosung. Jacob Burckhardt schildert, wie die Menschen in den Städten ständig damit rechnen mussten, Opfer eines Verbrechens zu werden. Doch es herrschte offenbar kein Klima der Angst, anders als zur selben Zeit in Deutschland. Aretino verspottete Michelangelos »Jüngstes Gericht« in der Sixtinischen Kapelle als kleinmütige Angstmacherei.

Das städtische Leben mit der Vielfalt der konkurrierenden Individuen war ein Brutkessel der Vitalität. In Gang gesetzt wurde eine ungeheure Dynamik der Selbstbehauptung und der Selbststeigerung. Das schloss gegenläufige Ekstasen und Hysterien von schlechtem Gewissen, Büßerdelirien und periodisch auftretende Quartals-Moralismen nicht aus. So geschehen etwa bei der vier Jahre währenden Herrschaft des Savonarola, des düsteren Abtes von San Marco. Doch schließlich wurde man seiner überdrüssig und musste ihn zuerst brennen sehen, damit man ihn wieder verehren konnte.

KAPITEL 2

Luther oder der Einzelne und sein Gott

Es musste vieles zusammenkommen, damit es in Deutschland, ähnlich und doch ganz anders als in der Renaissance in Italien, zu jenem reformatorischen Umbruch kam, der ganz Europa verändern sollte; neben den vielen Umständen, die ihm zuarbeiteten, war eine entscheidende Voraussetzung doch der Auftritt eines Einzelnen, jenes Mönches Martin Luther aus Wittenberg, der Epoche machte, bloß weil er ein persönliches Verhältnis zu einem, nein, zu seinem Gott suchte.

Was zusammengekommen war: die Konflikte zwischen den erstarkenden Territorialstaaten und den universalen Traditionsmächten Papst und Kaisertum; Verweltlichung der Kirche, verschwenderische Hofhaltung der Kirchenfürsten, Bestechlichkeit der Kurie, Veräußerlichung des Glaubens durch Reliquien- und Ablasshandel; die Bedrohung des Reiches von außen durch die Türken. Hinter alledem sahen die Menschen apokalyptische Zeichen. Dazu kamen noch andere Herausforderungen durch das Unbekannte: die Entdeckung der Neuen Welt und die Nachrichten über unbekannte Sitten, Gebräuche und Religionen, die von dort eintrafen. Moralische Verbindlichkeiten und Sinnordnungen wurden dadurch fragwürdig. Ungeheure Mengen von Gold aus der Neuen Welt überschwemmten das alte Europa, die Seefahrer brachten neue Krankheitskeime mit. Epidemien und Furcht vor Dämonen breiteten sich aus. Hexen wurden verbrannt, während zugleich eine neue wissenschaftliche Neugier erwachte; die Erfahrung erfuhr eine enorme Aufwertung gegenüber bloß scholastischer Gelehrsamkeit. Mit der Erfindung des Buchdrucks entstand eine lesende Öffentlichkeit; Bildung breitete sich aus. Wachsender Geldverkehr und Lockerung der traditionellen ständischen Bindungen führten zu einer kulturellen Blüte in den Städten, die untereinander im Wettbewerb standen und sich gegen die jeweils übergeordneten Mächte zu behaupten suchten. Der individualistische Geist trat hervor. Es entstand damals auch in Deutschland eine gesellschaftlich-kulturelle Atmosphäre, in der, wie auch in Italien, das Gefühl für die Einzelheit des Einzelnen erwachen konnte. Und solches geschah bei Martin Luther, mit unabsehbaren Folgen.

Ich rekapituliere einige Stationen dieser Geschichte der Selbstentdeckung eines Einzelnen. Sie beginnt damit, dass er aus dem Schatten des Vaters heraustrat. 1605 promovierte der 22-Jährige in Erfurt zum Magister Artium. Der Vater, der es vom nicht erbberechtigten Bauernsohn bis zum mittelständischen Bergbauunternehmer gebracht hatte, hoffte, den sozialen Aufstieg in seinem Sohn fortsetzen zu können. Martin sollte deshalb sein Studium bei den Rechtswissenschaften zu Ende bringen, was ihm Karriereaussichten in Politik oder Verwaltung eröffnen würde. Der Sohn fügte sich, gegen innere Widerstände. Der Vater, hocherfreut, schenkte ihm als Ansporn eine kostbare Edition des »Corpus Juris Civilis« und redete ihn nun mit dem vornehmeren »Ihr« statt »Du« an. Eine Frau mit ordentlicher Aussteuer hatte er ihm auch schon ausgesucht. Martin befand sich also aus Sicht des Vaters auf gutem Weg. Doch der Sohn fühlte sich von der Juristerei abgestoßen. Einem Kommilitonen erklärte er einmal in einer Bierkneipe, ein Jurist sei entweder ein Schalk oder ein Esel. Den empörte das so, dass es zu einer Schlägerei kam, bei der Martin eine stark blutende Wunde davontrug. Die Zechkumpane mussten ihn versteckten, um ihm die Relegation zu ersparen.

Nur wenige Wochen hielt er es bei den Juristen aus. Er wollte zur Theologie wechseln, nicht weil er besonders fromm war, vielmehr trieb ihn zunächst eine philosophische Neugier an, denn zu jener Zeit las er weniger in der Bibel als in Boethius' philosophischer Erbauungsschrift »Der Trost der Philosophie«.

Im Juni 1605 bat er den Rektor, von Erfurt zu Fuß nach Mansfeld hinüberwandern zu dürfen, um den Vater für den Studienwechsel zu gewinnen. Es waren quälende Tage, denn der Vater, der wieder zum »Du« überging, lehnte die Bitte ab und warf dem Sohn vor, er würde das in ihn investierte Geld missbrauchen. Im religiösen Weltbild des Vaters war für innige Gottesliebe und andere religiöse Sentimentalitäten kein Platz. Er war auf robuste Weise realitätstüchtig. Nach außen hin gut angepasst, diszipliniert und selbstbewusst, trat er in der Familie als cholerischer Machtmensch mit Anfällen von Fürsorglichkeit und Jähzorn auf. Er sei oft fürchterlich geschlagen worden, berichtet Martin Luther später. Geschlagen wurde er jetzt im Sommer 1505 nicht mehr, doch er bekam die Ablehnung des Vaters zu spüren, und es wurde ihm schmerzlich bewusst, dass er noch längst nicht aus seinem Schatten herausgetreten war.

Zerknirscht, ohne die väterliche Zustimmung zum Studienwechsel, zog Martin nach einigen Tagen ab. Auf dem Rückweg kommt es kurz vor Erfurt zu jenem legendenhaft verklärten Ereignis, das am Beginn vieler Erzählungen über die Reformation steht: Auf freiem Feld wird Martin von einem schweren Gewitter überrascht. Sturm, gewaltige Regengüsse, Blitze schlagen ein, in unmittelbarer Nähe. Fast besinnungslos vor Angst wirft sich Martin zu Boden und ruft: »Hilf du, Sankt Anna, ich will ein Mönch werden.«

Die Freunde und Kommilitonen, sogar einige seiner Professoren versuchten ihn zu überzeugen, dass ein solches Gelübde unter Zwang nicht bindend sei. Gleichwohl entschloss er sich, beim Schwarzen Kloster der Augustiner-Eremiten in Erfurt, nur ein paar Schritte von der Universität entfernt, um Aufnahme zu bitten. Er hatte einen Orden der strengen Observanz gewählt, als wollte er dem Vater, bei dem die Mönche als »faule Bäuche« galten, beweisen, dass er eben nicht den bequemen Weg habe wählen wollen.

Formell benötigte Martin nicht die Zustimmung des Vaters und war im Kloster nicht mehr auf die väterliche Unterstützung angewiesen. Er hatte sich also auch in die finanzielle Unabhängigkeit vom Vater hinübergerettet. Der entzog ihm mit einer Art Bannfluch »alle Gonst«. In einem wütenden Brief beschimpft er den Sohn, er solle sich bloß nichts einbilden, es sei der Teufel, der ihn verhext habe.

Was sprach für diesen Schritt ins Kloster? War es der größtmögliche Abstand zur »Welt« und also auch zur Familie? Eigentlich nicht, denn die damaligen Klöster waren gut integriert in eine insgesamt katholische Welt, die Mönche standen sozial eher über den gewöhnlichen Priestern und waren in der Regel nicht sozial isoliert, sondern lebten, wie die Augustiner-Eremiten in Erfurt, mitten in der Stadt und in regem Austausch mit ihr. Die Klöster waren auch Versorgungseinrichtungen für Bürgerliche und Adlige, man konnte sich einkaufen, und wer wollte, konnte ein sehr bequemes Leben dort führen. Man war auch nicht stigmatisiert, wenn man das Gelübde wieder auflöste. Im Kloster zu leben musste also durchaus nicht Weltabkehr bedeuten. Doch genau darauf hatte es Martin offenbar abgesehen. Er wählte ein radikal anderes Leben, als es der Vater für ihn vorgesehen hatte. Er rebelliert gegen das gewöhnliche Leben, er vereinzelt sich, zwar nicht gegenüber dem Kollektiv, dem er nun beitritt, aber gegenüber dem Kollektiv, das er verlässt. Er ist bereit, auf Geld, Karriere und Familie zu verzichten. Doch was genau will er dabei gewinnen?

Zunächst einmal Selbstachtung. Ihn lockte das Kloster nicht als Ort der Geborgenheit, sondern als Übungsplatz der Selbstdisziplinierung. Er wollte sich und auch dem Vater beweisen, dass er nicht das Bequeme, sondern die Selbstüberwindung sucht, dass er nicht als Schwächling und Muttersöhnchen vor der harten Arbeit und den Mühen des sozialen Aufstiegs geflohen ist. Deshalb unterwarf er sich den strengsten Bußübungen, so streng, dass die Ordensoberen gegen die selbstquälerischen Kasteiungen einschritten.

Nun hatte er ja den Sprung ins Kloster gegen den Vater gewagt, um dort ein anderes Selbst als jenes, das der Vater für ihn vorgesehen hatte, zu finden. Doch das scheint ihm nicht zu gelingen. Misstrauisch und gequält beobachtet er sein altes Selbst, das ihn wie sein Schatten begleitet; vielleicht hat der Vater doch recht mit seinem Verdacht, er mache sich nur etwas vor und, schlimmer noch, er sei von Trugbildern des Teufels verhext. Vielleicht ist das alles nur Besessenheit? Es wird berichtet, wie Martin sich im Chor des Erfurter Klosters plötzlich zu Boden geworfen und gebrüllt habe: *Ich bin's nit! Ich bin's nit ...* Das war geschehen, als gerade Markus 9,17 ff. gelesen wurde, die Schilderung also, wie ein von unreinen Geistern Besessener von Christus geheilt wird. Verzweifelt wehrte sich Martin gegen den Verdacht, auch er könnte ein solcher Besessener sein.

Und da waren dann auch diese *unreinen* Regungen, wie er sie nennt, sexuelle Gelüste, die als sündig galten. Je argwöhnischer er der Sünde auflauerte, desto dringlicher machte sie sich bemerkbar. Später wird er diesen Mechanismus durchschauen: *Je länger wir uns waschen, je unreiner wir werden.*

Woher aber diese geradezu hysterische Fixierung auf die Sünde? Der Hinweis auf die kollektive Konjunktur des Sündenbewusstseins der damaligen Zeit ist zu pauschal, um Martins Selbstquälereien und Bußexzesse zu erklären. Martin fühlte sich so selbstquälerisch schuldig, weil er die Sünde nicht als etwas Allgemeines, das man leichthin loswerden konnte, empfand, sondern als etwas ganz Eigenes, das ihn als Einzelnen betraf und herausforderte. Die Sündhaftigkeit, üblicherweise routiniert eingestanden, nahm der junge Martin Luther sehr ernst und sehr persönlich. Deshalb empfand er die Äußerlichkeit des kirchlichen Ablasshandels schon früh als abstoßend. Das waren für ihn Entlastungsangebote, die nicht in die Tiefe seiner verinnerlichten und individualisierten Schuldgefühle hinabreichten. Er war also auch im Bewusstsein seiner Sündhaftigkeit energisch auf sich selbst bezogen, und nichts sollte und durfte ihn davon entlasten – außer eben Gott selbst. Doch das sollte ein Gott sein, der sich nicht hinter Institutionen verbirgt, der nicht in einem gesellschaftlichen Betrieb verschwindet, sondern eben ein Gott, den man persönlich erfahren konnte. Dieser Gott wollte sich ihm noch nicht zeigen. Einstweilen zeigte sich ein Gott, der ihn auf sich selbst, auf seine Sündigkeit zurückwarf – ohne Entlastung. Die reine richtende und strafende Majestät.

So schmerzhaft und hoffnungslos fühlte er sich zurückgestoßen, dass ihm bisweilen Zweifel kamen, ob das wirklich Gott war oder nicht doch ein Teufel, der da mit ihm sein quälendes Spiel trieb. Das wird ihn auch später, etwa in den Tischreden, immer wieder beschäftigen – dieses Vexierspiel zwischen Gott und Teufel, bei dem der eine zur Maske des anderen werden kann, in den Augenblicken der *Anfechtung*. Dann droht sich nämlich die ganze Glaubenswelt aufzulösen. Was bleibt, ist ein schales Gefühl von Leere und Nichtigkeit. Das Teuflische kann bisweilen dämonisch-erregend wirken, in der Regel aber ist es fad, blass, nichtssagend von der Art des gewöhnlichen Lebens. Das ist für ihn die wahre *tentatio tristitiae*.

Wenn Luther sich also peitschte und bestrafte, wenn er zitternd vor Kälte lang ausgestreckt auf dem eisigen Boden lag, wenn er bis zur Besinnungslosigkeit seine Gebete murmelte, wenn er fastete bis zur Ohnmacht, so wollte dieser Meister der Selbstquälerei wenigstens die Wirkung eines strengen, doch fernen Gottes am eigenen Leibe spüren. Der ist jedenfalls lebendiger und näher als der Gott des Geredes und der Gebräuche, ein Gott immerhin, der einen zum Einzelnen macht, weil man ihn als Einzelner erleiden muss. Und außerdem war er eine Macht, mit der man die Macht des Vaters aus dem Felde schlagen konnte.

Das zeigte sich im Frühjahr 1507 bei der feierlichen Primiz, der ersten Messe des frisch geweihten Priestermönchs. Der Vater, inzwischen noch wohlhabender geworden, reiste mit großem Gefolge an. Martin fieberte dem großen Augenblick entgegen, die Primiz musste er durchstehen – vor Gott und vor dem Vater. Fast wäre er zusammengebrochen, erzählt er später. Er übersteht die Primiz, der Vater streckt die

Waffen und reist wieder ab; nun ist Martin mit seinem anderen gestrengen Vater, der himmlischen Majestät, wieder allein.

So begann Luthers Karriere in der Klosterwelt. Vom Generalvikar Staupitz, der ihm in den Jahren zuvor ein Seelenführer gewesen war und der ihn von Übertreibungen der Bußübungen hatte abhalten wollen, wurde er zusammen mit einem Ordensbruder Ende 1510 nach Rom geschickt, um dort Verhandlungen in Ordensangelegenheiten zu führen.

Er war entsetzt über das Ausmaß der Verweltlichung des dortigen Klerus. Geradezu trotzig widmete er sich seinen Pflichten, absolvierte die vorgeschriebenen Andachten, rutschte auf den Knien die Scala Santa hinauf, besuchte jede Kirche, betete vor jeder Reliquie und verdiente sich so einen ordentlichen Sündenablass, den er gerne den Eltern zukommen lassen wollte. Noch glaubte er an die Wirksamkeit solcher Praktiken. Von Michelangelo, der damals gerade die Sixtinische Kapelle ausmalte, nahm er ebenso wenig Notiz wie von Raffael oder von anderen Werken und Meistern der Renaissance, deren Hochblüte in Rom er hätte erleben können, hätte er dafür ein Auge gehabt.

Nach Deutschland zurückgekehrt, wurde Luther Subprior des Wittenberger Augustiner-Klosters mit der Verpflichtung zu regelmäßigen Predigten in der Pfarrkirche. Von hier aus wird er dann später sein gewaltiges Wort erheben und seine Blitze schleudern. Er übernahm den Lehrstuhl von Staupitz, und mit seiner Ernennung zum Generalvikar der Ordensprovinz war er in seinem Orden fast ganz oben angekommen, doch noch immer ruhelos und zerquält.

Dann, irgendwann zwischen 1513 und 1517, die Angaben Luthers schwanken, das sogenannte »Turmerlebnis«. Luther selbst hat großes Aufhebens davon gemacht, weshalb es auch fester Bestandteil des Luther-Mythos geworden ist. Man nannte es die eigentliche »Geburtsstunde der Reformation«. Sie fand, wie Luther mit seiner Vorliebe für Drastik später gerne hervorhob, auf dem Lokus seiner Turmwohnung statt. Bei der Vorbereitung einer Vorlesung über die Psalmen war sein Blick auf jene Stelle im Römerbrief (1,16/17) gefallen, die ihm wohlbekannt war, weil der von ihm hochgeschätzte Augustin sich häufig auf sie bezog: *Denn ich schäme mich des Evangeliums von Christo nicht; denn es ist eine Kraft Gottes, die da selig macht ... Sintemal darin offenbart wird die Gerechtigkeit, die vor Gott gilt, welche kommt aus Glauben in Glauben; wie denn geschrieben steht: Der Gerechte wird seines Glaubens leben ...*

Erst jetzt geht ihm, so berichtet er, die ungeheure Bedeutung dieser Sätze auf. Es sind nicht die Anstrengungen, die Bußübungen, die guten Werke, es ist nicht das, was man von sich aus leisten kann, es ist auch nicht das, was einem die Kirche gewähren kann, wenn man sich regelfromm verhält – das alles ist es nicht, was einen vor Gott *gerecht* macht. Es ist der *Glaube*. Der Glaube woran? Der Glaube an Christus, der einen mit dem zornigen, fernen, strafenden, richtenden, gebietenden Gott versöhnt.

Allein der Glaube, allein die Gnade – man könnte meinen, dass diese Grundsätze doch ganz selbstverständlich zur christlichen Überlieferung gehören, auch zu Luthers Zeiten. Tatsächlich sind sie auch Kernbestand der Theologie von Paulus und später von Augustinus. Wie können sie als etwas absolut Neues, den ganzen inneren Menschen Umwälzendes von Luther erlebt werden? Es kann sich nicht um ein Geschehen auf der begrifflichen Ebene handeln, dort sind ihm diese Aussagen selbstverständlich längst bekannt. Es muss etwas anderes sein, was ihm jäh aufgeht oder genauer: was mit ihm geschieht. Ein Wissen muss ihm zur persönlichen Erfahrung geworden sein, und zwar zu einer Erfahrung besonderer Art. Sie ist nicht verknüpft mit einem Machen, sondern mit einem Lassen: ein Augenblick ohne Anstrengung und Anspannung, kein Streben, kein inneres Arbeiten, Denken und Grübeln. Vielmehr hat er das Gefühl: Gott handelt in ihm. Es ist, so schreibt er, das *Werk Gottes, das Gott in uns tut*. Eine abgründige Paradoxie: Die Kraft des Glaubens kommt aus dem Geglaubten. Der Glaube verdankt sich somit nicht einem Willensimpuls. Er ist keine Tat, kein *Werk*, wie Luther sagt, sondern ein Geschehen, das den inneren Menschen verwandelt. Deshalb das Gefühl der Gelöstheit, das *fröhliche*

Herz, mit der man diese innere Gnadenwirkung verspürt. Das Grübeln hat ein Ende, Gott nimmt einen in Besitz. Luther, sonst geplagt von der dunklen Besessenheit durch den Teufel, erlebt hier eine helle Besessenheit. Später wird er das in die volkstümliche Redeweise übersetzen, man werde entweder von Gott oder vom Teufel geritten. Sich von Gott *reiten* lassen, darauf käme es also an.

Wenn Glaube und Gnade alles bewirken und der eigene Wille nichts, setzt man vergeblich auf den Willen zum Glauben; man kann sich nicht zum Glauben überreden, man muss von ihm überwältigt werden. Nicht von sich aus absichtsvoll handeln und bewirken wollen, sondern stattdessen etwas mit sich geschehen lassen – darauf kommt es an. Und es kann jetzt geschehen. Erlösung findet nicht erst nach dem Tod in einem Jenseits statt. Das Jenseits ist schon hier, im Diesseits.

Dieses innerliche Gnadengeschehen muss der Einzelne erlebt haben, andernfalls bleibt es nur etwas theologisch Ausgedachtes. Allerdings, wenn es erlebt und erfahren wurde, dann lässt sich auch etwas Theologisches daraus ableiten. Daran hat es Luther später nicht fehlen lassen; doch diese Dogmatik führt eher weg vom inspirierten Augenblick, der eine unerhörte Verinnerlichung und Vereinzelung zur Voraussetzung hat.

Es genügt eben nicht, wenn man in der Art der Nachahmung mit den anderen glaubt, an den Ritualen teilnimmt, es genügen also nicht die vergesellschafteten Formen des Glaubens. Solange diese maßgeblich sind, handelt es sich immer noch um bloße Stammesreligion, bei der es eben nicht auf den Einzelnen ankommt, sondern auf das Kollektiv. Und es sind ganz und gar innerliche Vorgänge, die verdinglichende Äußerlichkeiten ausschließen wie etwa die Ablassgelder oder auch die magischen Handlungen, die Sakramente. Die Priesterweihe ist ein Sakrament. Es bedarf keiner Priester, keiner Ablassgelder, es bedarf eigentlich überhaupt nicht mehr der großmächtigen Kirche – jeder steht in seinem Inneren gleich unmittelbar zu Gott.

Luthers Suche nach einem gnädigen Gott führt auf den Weg der

Verinnerlichung und Vereinzelung. Es muss einem klar werden, dass man alleine vor Gott steht, wie jeder auch seinen eigenen Tod stirbt. Luther setzt auf das, was man später Existenz nennen wird. In der ersten Predigt nach dem Wartburg-Asyl am 9. März 1522 in der überfüllten Pfarrkirche von Wittenberg sagt er: *Wir sind allesamt zum Tod gefordert, und keiner wird für den anderen sterben, sondern jeder in eigener Person für sich mit dem Tod kämpfen … Ich werde dann nicht bei dir sein noch du bei mir …* Wie den Tod, so muss man auch den Glauben *in eigener Person* vollziehen, als Einzelner.

Diese radikale Individualisierung und existentielle Verinnerlichung des Glaubensvollzugs ist das epochal Neue bei Luther. Hier beginnt eine neue *Freiheit des Christenmenschen*, denn der Einzelne wird losgebunden von den institutionellen Mächten der kirchlichen Glaubensbewirtschaftung, das religiöse Ingenium wird jetzt ein Privatbesitz, über den jeder selbst verfügt. Doch da gibt es zwei Probleme.

Das erste Problem: Die Augenblicke der inneren Gelöstheit und Erlösung in der Gnadeneuphorie sind wirklich nur Augenblicke. Die Gewissheit solcher Momente dauert nicht. Es kommen die Anfechtungen. Sogar einem Glaubensvirtuosen wie Luther stellt sich immer wieder die Frage: Aber stimmt das alles denn? Auch wenn Luther die Zweifel dem Teufel zuschreibt, bleibt ein inneres Schlachtfeld, und deshalb bleibt die drängende Frage: Lässt sich die Gnadeneuphorie irgendwie auf Dauer stellen? Dieses Verlangen nach Dauer drängt wieder hin zum Organismus der Kirche, denn Kirchen sind ja auch Institutionen, um die jeweils momentanen religiösen Erfahrungen zu verstetigen und zu konservieren.

Auch Luther, dieser religiös Einzelne, sucht aus Gründen der Verstetigung religiöser Erfahrung wieder Zuflucht bei einer Kirche, die er zu diesem Zweck dann neu begründet. Es wird nicht lange dauern, dann wird Luther zum protestantischen Papst mit seiner Kirche als einer festen Burg.

Das zweite Problem: Nicht nur schwankt der Glaube und die Gnadeneuphorie im Einzelnen, sondern die meisten Menschen machen überhaupt nicht solche Erfahrungen. Sie sind rein *fleischlich,* wie Luther im Anschluss an Paulus sagt. Bei ihnen gibt es noch nicht einmal den inneren Kampf zwischen dem *geistlichen* und dem *fleischlichen* Menschen. Zwar gilt auch für sie das Gnadenangebot, doch sie machen keinen Gebrauch davon, und darum müssen sie unter der Knute des Gesetzes gehalten werden, weil sie noch nicht einmal vom schlechten Gewissen geplagt werden. Es gibt also solche, die das Reich der Gnade *geschmeckt* haben, und solche, denen das fremd bleibt, dazwischen dann noch die Unentschiedenen, die Hin- und Hergerissenen. Für Luther muss es am Ende eine innere und eine äußere Kirche geben, eine für den *großen Haufen,* dem der Gesetzesgehorsam gepredigt werden muss, und eine für die wenigen, die am Reich der Gnade teilhaben, die Innerlichen, welche die Freiheit eines Christenmenschen erfahren.

Bei Luther selbst setzt sich die höchst innerliche Glaubensinspiration in einen kraftvollen äußeren gesellschaftlichen Vorstoß um. Seine existentielle Glaubenserfahrung drängt nach außen, wird zum Bekenntnis und dann zur Mission, zur gesellschaftsverändernden Tat.

Er läuft Sturm gegen das ausgeartete Ablasswesen, er sucht die Öffentlichkeit, geht in die Offensive. Er formuliert 1517 seine 95 Thesen, verschickt sie und lässt sie am Kirchenportal zu Wittenberg aushängen. Die Kernsätze lauten: *36. Ein jeder Christ, der von wahrer Reue erfüllt ist, hat völlige Vergebung von Strafe und Schuld, die ihm auch ohne Ablaßbriefe gebührt.* Gegen die kirchliche Argumentation, wonach der gewährte Ablass sich speist aus dem Gnadenschatz der Kirche, der sich durch die guten Werke der Heiligen und Märtyrer angesammelt hat und deshalb als eine Art Deckung für die Ausgabe von Straferlässen dient, dagegen also erklärt Luther: *62. Der wahre Schatz der Kirche aber ist das allerheiligste Evangelium von der Herrlichkeit der Gnade Gottes.* Noch wird der Papst vorsichtig behandelt, und doch wird mit den Thesen die Grundlage gelegt für die große Säuberung einige Jahre später, wenn alles beiseitegeschafft wird, was sich zwischen den einzelnen Gläubigen und seinen Gott gedrängt hat. Zerstört wird dieses ganze System der Werke, Sakramente, Priester und sonstigen heiligen *Mittler*. Die kirchliche Tradition wird in großen Teilen ins Unrecht gesetzt, die vermeintlich ursprüngliche Unmittelbarkeit des Glaubensvollzugs soll wiederhergestellt werden. Priester sind dann nicht mehr nötig. Jeder Einzelne, wenn er nur glaubt, ist sein eigener Priester.

Für einen historischen Augenblick hatte es den Anschein, als würden sich die verfestigten gesellschaftlichen Sakralverhältnisse vollständig auflösen. In den Bauernkriegen fegte eine antiklerikale Revolte bilderstürmerisch durchs Land, apokalyptisch, messianisch, kommunistisch. Das alles wurde schließlich von den herkömmlichen Mächten blutig niedergeschlagen, wobei Luther wie ein Berserker mithilft, die Geister, die sich auch im Äußeren ihre Freiheit holen wollen, wieder in die Innerlichkeit zurückzuscheuchen. Gleichzeitig nutzen Territorialherren die Chance, sich von der römisch-katholischen Vorherrschaft zu befreien und die säkularisierten Kirchengüter an sich zu bringen. Es begann der Aufstieg von Territorialstaaten, der neue Glaube, der den Einzelnen herausgefordert hatte, verfestigt sich wieder in kirchlichen Ordnungen, die sich den politischen Obrigkeiten unterstellen. Die protestantischen Staatskirchen werden dann in der Regel noch um einiges autoritärer sein, als es die römisch-katholische Kirche je war.

Das ist die spätere Entwicklung. In der Gründungsphase des Protestantismus jedoch ist Luther als Einzelner stets gefordert. Wenn er auch fürstlichen Schutz erhielt, so kam es ihm doch so vor, als sei er ganz auf sich alleine gestellt – alleine mit seinem Gott gegen eine ganze Welt.

Und so tritt er dann beim Reichstag in Worms 1521 in der schlichten Mönchskutte vor den Kaiser, dazu die Kurfürsten, die kleineren Herren, Prälaten, Juristen, die Vertreter der Stände und in den Fenstern und vor dem Gebäude viel neugieriges Volk. Luthers Bücher sind auf dem Tisch gestapelt. Er wird gefragt, ob er sie verfasst habe und ob er die darin enthaltenen Irrlehren widerrufe. Zuerst sinkt ihm der Mut, und er bittet um Bedenkzeit. Anderntags sind die Kräfte wieder zurückgekehrt. Mit unerhörter Kühnheit erklärt er, direkt an den Kaiser gewandt: *Sollte es von mir heißen, ich habe solcherlei Schriften widerrufen aus Autorität des Kaisers und des gesamten Römischen Reichs, so wäre ich ja ein Schanddeckel der Bosheit und Tyrannei.* Der junge Kaiser ist fassungslos angesichts solcher Unbotmäßigkeit eines Einzelnen. Einen Tag später bittet er die Kurfürsten in seine Privatgemächer, wo er erklärt: *Ein einzelner Klosterbruder, der gegen alle Christenheit in tausend Jahren angeht, muß unrecht haben.*

Ob Luther nun *unrecht* hatte oder nicht, jedenfalls hatte er ungeheuren Erfolg. Er stürzt eine ganze Welt um – aus der Kraft seines Glaubens, wie er glaubt. Was für ihn auch bedeutet: Etwas Stärkeres als er selbst handelt in ihm. *Dann muss das Ganze zuletzt von selbst zerfallen und aufhören.*

Eine Generation später wird Montaigne, durchaus ähnlich wie Luther, auf sich selbst als Einzelner zurückkommen. Doch er wird, anders als Luther, nicht dem Glauben, sondern der Vernunft einen neuen persönlichen Bezug geben, und das wird ihm dann dabei helfen, sich nicht vom gesellschaftlichen Wahnsinn der religiösen Bürgerkriege – auch eine Folge der Luther'schen Glaubenserneuerung – anstecken zu lassen.

Zweimal also eine Einkehr in sich selbst, mit ganz entgegengesetzten Folgen.

KAPITEL 3

Montaigne. Das Schaukeln der Dinge und die Zuflucht im eigenen Selbst

Indem Montaigne, eine Generation nach Luther, seine Einzelheit entdeckte und Abstand gewann zu sich und den anderen, fühlte er sich nicht wie Luther der Majestät eines Gottes ausgeliefert, sondern der obskuren Majestät der Menge. In seinem Essay »Über die Einsamkeit« heißt es: *Daher ist es nicht genug, sich von der Herde abgekehrt zu haben, es ist nicht genug, den Ort zu wechseln: Vom Herdentrieb in unserem Inneren müssen wir uns abkehren, zukehren aber dem eignen Selbst, um es wieder in Besitz zu nehmen.*

Für Luther ist das eigene Selbst vollkommen korrumpiert von der Sünde. Das ist bei ihm nicht nur eine theologische Überzeugung, sondern wird als existentielle Not erfahren. Er fühlt sich bedroht vom eigenen Inneren, von den Begierden, Ängsten, Stimmungen. Er will davon loskommen, um dann zu bemerken, dass alle Anstrengungen nicht helfen und dass es besser ist, die Gnade wirken zu lassen.

Ganz anders Montaigne. Ihm ist das eigene Selbst keine Bedrohung, sondern zunächst einmal eine Zuflucht. Der entscheidende Unterschied zu Luther: Er wird nicht vom Sündengefühl gequält, und er sucht deshalb auch nicht nach einem gnädigen Gott. Sein Problem ist nicht die Rechtfertigung. In seinem Essay »Über das Bereuen« schreibt er: *Mir sei hier ein Wort der Rechtfertigung gestattet: Wenn ich immer wieder sage, dass ich selten etwas bereute und dass mein Gewissen mit sich im reinen sei … füge ich doch stets den Kehrreim hinzu …, dass ich nur als Fragender und Unwissender spreche – die Antworten überlasse ich voll und ganz den allgemeingültigen Glaubenssätzen.*

Sünde, Rechtfertigung, Gnade, Erlösung – sie gehören zur Welt der religiösen Gebräuche, die Montaigne nicht umstürzen, mit der er sich aber auch nicht allzu weit einlassen wollte, es sind eben nur *allgemeingültige Glaubenssätze*, mehr nicht, nichts, was ihn besonders angeht. Er respektierte sie, mehr nicht. Doch im Zeitalter der Religionskriege sah sich Montaigne von Leuten umgeben, *die den Wert ihrer religiösen Spekulationen doch wohl allzu hoch ein(schätzen), wenn sie um derentwillen einen Menschen bei lebendigem Leibe verbrennen lassen.*

In einem historischen Augenblick, da Gott in die blutigen Zänkereien hineingezogen wurde, hielt es Montaigne für vernünftiger, an den üblichen Andachtsformen der Kirche teilzunehmen und sich im Übrigen dem Näherliegenden, nämlich dem eigenen Denken und Fühlen zuzuwenden. Allerdings hat auch das seine Tücken, denn es ist offenbar einfacher, in Übereinstimmung mit den anderen zu denken und zu handeln, als das Eigene zu erfahren und festzuhalten.

Michel de Montaigne, 1533 geboren, entstammte einer reichen, zwei Generationen zuvor geadelten Kaufmannsfamilie, den Eyquems aus Bordeaux, die seit drei Generationen Besitzer des Schlosses Montaigne waren. Erst der Vater durfte den Namen Montaigne führen, und Michel wird dann mit einem gewissen Adelsstolz den bürgerlichen Namen Eyquem ganz fallen lassen. Der Vater hatte sich von der humanistischen Gedankenwelt seiner Zeit so viel angeeignet, dass er eine besonders ausgetüftelte Erziehungsmethode für den Sohn zur Anwendung brachte. Die ersten beiden Jahre wurde Michel einer Amme im Dorf übergeben, damit er früh durch das einfache Leben abgehärtet würde. Danach wurde er den Hauslehrern übergeben, die nur lateinisch mit ihm sprechen durften. Selbst die Dienstboten mussten ein paar Brocken lernen. Michel war also im Lateinischen ganz zu Hause, fluchte sogar auf Lateinisch. Es gab keine Prügel, wie bei Luther. Da der Vater überzeugt war, dass Lärm am Morgen dem Gehirn schade, sollte der

Knabe mit Flötenspiel oder Geige geweckt werden. Dafür wurden eigens Musiker angestellt. Hätte er nicht gute Anlagen gehabt, schreibt Montaigne, so hätte diese verzärtelnde Erziehung auch zu üblen Resultaten, etwa Rücksichtslosigkeit und Egoismus, führen können. Gewiss aber hat sie das Fundament gelegt für ein stabiles Selbstwertgefühl. Die Macht des Herkommens hielt ihn in der Spur.

Montaigne besuchte in Bordeaux das Collège de Guyenne, wo damals berühmte Humanisten lehrten, absolvierte bis 1554 ein Jurastudium in Toulouse und Bordeaux und wurde noch im selben Jahr Rat, zuerst am Steuergericht von Périgueux und wenige Monate später am Parlament von Bordeaux, der höchsten Gerichts- und Verwaltungsbehörde der Provinz. In dieser Stellung blieb er die nächsten fünfzehn Jahre und erlebte, wie die Stadt und die Region in die Hugenottenkriege hineingezogen wurden. Es kam zu gewaltsamen Erhebungen, Aufruhr, Ketzerverbrennungen, Kirchenschändungen. Bei verschiedenen Anlässen wurde Montaigne mit einer Vermittlerrolle betraut. Er übte sein Amt mit einigem Geschick aus und verschaffte sich Ansehen.

In diese ersten Amtsjahre fiel der Beginn der Freundschaft mit Étienne de La Boétie, einem Kollegen. Für Montaigne war es eine Freundschaft fürs Leben. *Wenn man in mich dringt zu sagen, warum ich Étienne de la Boétie liebte, fühle ich, dass nur eine Antwort dies ausdrücken kann: »Weil er er war, weil ich ich war.«* Montaigne geriet in eine schwere Lebenskrise, als der Freund 1563 starb. *Ich war schon so gewöhnt und darin eingeübt, stets zu zweit zu sein, dass mich dünkt, jetzt lebte ich nur noch halb.* Erst nach dem Tod des Freundes war Montaigne bereit, zu heiraten und eine Familie zu gründen. Ein Familienmensch wurde er trotzdem nicht. Fast nie ist in den Aufzeichnungen von Françoise de La Chassaigne, der Ehefrau, und von seinen Töchtern die Rede.

Nach dem Tod des Vaters 1568 wurde Michel als der älteste Sohn Schlossherr zu Montaigne. Im folgenden Jahr erschien seine erste Veröffentlichung, eine Übersetzung der »Theologica naturalis« von Raymond Sebond. Dieses vorreformatorische Werk aus der Mitte des

15. Jahrhunderts, das die Einheit von Vernunft und Glauben postuliert, hielt Montaigne für geeignet, zwischen den streitenden Religionsparteien zu vermitteln.

In den »Essais« findet sich eine später geschriebene »Apologie für Raymond Sebond«, die in Wirklichkeit keine Apologie ist, sondern das bemerkenswerte Zeugnis jener Gedankenbewegung, in der sich Montaigne abkehrt von Glaubensfragen, um sich das ganze diesseitige Feld der Welterkundung und Selbstfindung zu erschließen. Eine Wende von der Theologie zur Anthropologie, auch in eigener Sache.

Dabei geht Montaigne listig vor. Einerseits weist er den Rationalismus der natürlichen Theologie zurück und beharrt auf der Irrationalität des Glaubens. Die fundamentalen christlichen Dogmen – von der unbefleckten Empfängnis bis zum Gottesopfer am Kreuz und zur Himmelfahrt – müssen der Vernunft absurd erscheinen und können deshalb eben nur geglaubt werden; eine Versöhnung mit der Vernunft ist hier nicht möglich. Dieser radikale Fideismus – *sola fide* – müsste ihn eigentlich mit den Protestanten verbinden, wenn ein solcher Glaube im Ernst seine Sache wäre. Er ist es aber nicht. Montaigne lässt ihn respektvoll gelten und begnügt sich seinerseits mit der konventionellen Religionspraxis seiner Herkunftswelt.

Er blieb ein Sohn seiner Kirche, wie er auch sonst dem Staat und den gesellschaftlichen Gebräuchen gegenüber eine lässige und eher entspannte Anhänglichkeit bewahrte. Er dachte in Religionsdingen institutionell und konservativ, nicht existentiell. Was ihm existentiell wirklich wichtig war, lag auf einem anderen Gebiet, nämlich dort, wo es um Selbstfindung, Selbstbewahrung und Weltkenntnis geht. Es entsprach nicht seinem Geschmack, die Religion zu verinnerlichen, sie blieb etwas Äußerliches, woran er sich anpasst, ohne sich davon verschlingen zu lassen. Eine Religion mit Vorbehalt.

Vorbehalten bleibt, was noch wichtiger ist, Religion, nämlich das Eigene, auch wenn man es noch nicht so genau kennt, vielleicht sogar nur in diesem Vorbehalt spürt als das, was nicht im Üblichen aufgeht, als das Inkommensurable. Es sind die vielen Dinge, die nicht so recht zu den geläufigen Begriffen passen.

Montaigne verwendet das Bild des *Hinterstübchens,* um diesen Vorbehalt, diese Distanz zum gesellschaftlichen Rollenspiel, wozu bei ihm auch das religiöse gehört, zu charakterisieren. *Wir müssen uns ein Hinterstübchen zurückbehalten, ganz für uns, ganz ungestört, um aus dieser Abgeschiedenheit unseren wichtigsten Zufluchtsort zu machen.* Dieser Zufluchtsort benötigt nicht unbedingt das räumliche Abseits, es genügt eine innere Distanz. *Entwinden wir uns den leidenschaftlichen Verstrickungen, die uns anderweitig fesseln und von uns selbst entfernen! Diese so starken Bande muss man lösen; man mag dann noch dies oder jenes lieben – vermählen aber darf man sich nur mit sich selbst.*

Doch es ist noch nicht ausgemacht, was das für ein *Selbst* ist, mit dem er sich *vermählen* möchte. Das will er erst noch herausfinden.

Im Jahr 1570 gab Montaigne sein Amt beim Parlament auf, wo er fünfzehn Jahre lang zur Zufriedenheit der Mitbürger gewirkt hatte, und zog sich auf sein Anwesen zurück. Die Bibliothek, die er von La Boétie geerbt hatte, fand im Turm ihren Platz, und dort richtete er sich auch sein Arbeitszimmer ein, wo er über der Tür folgende Inschrift anbringen ließ: *Im Jahre des Herrn 1571, im achtunddreißigsten Lebensjahr, am letzten Tag des Februar, seinem Geburtstag, hat sich Michel de Montaigne, seit langem der Bürde des Gerichts und der öffentlichen Ämter müde, in voller Schaffenskraft in den Schoß der gelehrten Jungfrauen* (der Musen) *zurückgezogen, wo er in Ruhe und aller Sorgen ledig die Tage verbringen wird, die ihm noch zu leben bleiben.*

Das war dann doch keine *süße Weltflucht,* die er sich zunächst vorgestellt haben mochte. Auch ohne Amt blieb er dem Land und den Leuten verbunden. Er schätzte auch weiterhin das große und das kleine Welttheater, gerade wenn er zuschauen konnte und nicht selbst auftreten musste. Montaigne wurde nicht zum Eremiten und wollte es auch nicht werden. Er war auch weiterhin gefragt, und man suchte seinen Rat. Sogar der spätere Henri Quatre, Heinrich von Navarra, war bei ihm zu Gast und beriet sich mit ihm, bei welcher Gelegenheit er ihn darin bestärkte, die Königswürde über die verfeindeten religiösen Parteien zu erheben.

Das Allerheiligste war der Bibliotheksraum im Turm, der Ort der imaginären Gespräche mit sich und den Geistern der Vergangenheit. Von hier aus übersah er aber auch das ganz gegenwärtige Treiben und Wirtschaften auf seinem Anwesen, ein Ort also auf der Schwelle, zwischen drinnen und draußen: Der Blick geht in sich hinein und hinaus in die Welt. Bisweilen allerdings war ihm dieses Dazwischen auch beschwerlich. Er hätte nicht gedacht, gesteht er einmal, wie sehr ihm das nachhängen würde, was er verlassen habe. Es sei wie bei einem Kettenhund, der sich losgerissen habe, doch noch mit der Kette um den Hals: *Ja, wir schleppen unsere Kette mit uns; unsere Freiheit ist unvollkommen, denn noch immer wenden wir den Blick auf das zurück, was wir verlassen haben, und unser Denken ist hiervon erfüllt.*

Nicht nur hallt die äußere Unruhe in ihm nach, er macht auch die überraschende Entdeckung, dass es dieses ruhige Selbst, das er als Zuflucht gesucht haben mochte, gar nicht gibt. *Ich schildere nicht das Sein, ich schildere das Unterwegs-Sein.* Es fehlt also die Stabilität, man kann sich nicht an sich selbst festhalten. Und nicht nur das. Man unterscheidet sich offenbar nicht nur von den anderen Menschen, sondern auch von sich selbst. Wo ist man eigentlich, wenn man bei sich ist? Es kann sogar vorkommen, dass einem das eigene vergangene Ich fremder vorkommt als ein anderer Mensch, dem man gerade begegnet. Die Identität in der Zeit ist kaum zu fassen, und was das Gegenwarts-Ich betrifft, so fehlt ihm ebenfalls die in sich stimmige Identität. *Wir sind aber, wie soll ich sagen, in uns selber doppelt, was dazu führt, dass wir das, was wir glauben, nicht glauben, und dass wir uns von dem nicht lösen können, was wir verurteilen.* Gewöhnlich macht sich diese Ambivalenz weniger geltend in der Welt des Handelns, wo ja Entscheidungen getroffen und Festlegungen vorgenommen werden müssen. Doch in der von Entscheidungszwängen entlasteten Sphäre der Betrachtung und

Reflexion, im Möglichkeitsraum also, kann diese innere ambivalente Welt zum Labyrinth werden.

Es sind diese atemberaubenden Irrgänge in sich selbst, welche die Aufzeichnungen vorantreiben. *Als ich mich kürzlich nach Hause zurückzog, entschlossen, mich künftig soweit wie möglich mit nichts anderem abzugeben, als das Wenige, was mir noch an Leben bleibt, in Ruhe und für mich zu verbringen, schien mir, ich könnte meinem Geist keinen größere Gefallen tun, als ihn in voller Muße bei sich Einkehr halten und gleichmütig mit sich selbst beschäftigen zu lassen – hoffte ich doch, dass ihm das nunmehr, da er mit der Zeit gesetzter und reifer geworden ist, leichter fallen werde. Nun aber sehe ich, dass umgekehrt »der Geist vom Müßiggang verwirrt, zum ruhelosen Irrlicht wird«, wie ein durchgegangenes Pferd macht er sich selbst heute hundertmal mehr zu schaffen als zuvor, da er für andere tätig war; und er gebiert mir soviel Schimären und phantastische Ungeheuer, immer neue, ohne Sinn und Verstand, dass ich, um ihre Abwegigkeit und Rätselhaftigkeit mir mit Gelassenheit betrachten zu können, über sie Buch zu führen begonnen habe.*

Und wirklich, es gibt in diesen Aufzeichnungen so manches *Abwegige*, gemessen an dem damals Üblichen.

Abwegig fand man zum Beispiel, dass Montaigne von den Tieren sagte, manche stünden an Klugheit, Liebesfähigkeit und Treue höher als Menschen. Auch dieser Äußerung wegen wurden die »Essais« im 17. Jahrhundert auf den Index gesetzt.

Abwegig fand man seine Respektlosigkeit: *selbst auf dem höchsten Thron der Welt sitzen wir nur auf unserem Arsch.*

Abwegig und sogar ketzerisch fand man den Gedanken, dass Gott uns zwar nach seinem Bilde geschaffen habe, wir aber bestrebt seien, uns einen Gott nach unserem Bilde zu schaffen.

Abwegig fand man auch den Gedanken, dass die Menschenfresser weniger barbarisch seien als wir: *Ich meine, es ist barbarischer, sich an den Todesqualen eines lebendigen Menschen zu weiden, als ihn tot zu fressen …*

Abwegig fand man seine Kennzeichnung der Tugend als *verkleidete Eitelkeit.*

Abwegig fand man seine Bemerkung über die fromme Schwärmerei, die in der Epoche der Religionskriege in so hohem Ansehen stand: *Solch ins Jenseits entrückte Seelenzustände erschrecken mich wie unzugängliche und schwindelerregende Höhen.*

Abwegig und die fromme Sinnesart verletzend fand man schließlich das Eingeständnis, dass er nicht ohne den *Beistand der körperlichen Annehmlichkeiten* leben möchte und für ihn die Maxime gilt: *Mit Zähnen und Klauen sollten wir uns an den Genuss der Lebensfreude klammern, die unsren Händen von den Jahren eine nach der anderen entrissen werden.*

Mit diesen lebensklugen Bemerkungen tritt Montaigne aus der Menge und behauptet sich als Einzelner. Doch er macht das Problem des Einzeln-Seins auch ausdrücklich zum Thema.

Einzelheit hat für Montaigne eine prinzipielle Bedeutung. Wäre Montaigne ein systematischer Denker – was er immer zurückgewiesen hat –, würde er seine Gedanken und Beobachtungen mit dem Prinzip der Einzelheit verknüpfen oder daraus ableiten. Dieses Prinzip ist für ihn tatsächlich universell. Es bedeutet, dass die Welt zwar ein Ganzes sein mag, doch bestehend aus lauter Einzelheiten. Kein Ding ist wie das andere, sie sind zumindest im Blick auf die jeweilige Position im Raum oder der Zeit nach verschieden. Daraus ergibt sich eine Skepsis gegen die Allgemeinbegriffe, die in einer geistigen Sphäre gebildet werden, die aber nicht mit der Wirklichkeit, die immer konkret und einzeln ist, verwechselt werden darf. Natürlich gibt es Kausalität und Zusammenhang, aber eben nur zwischen den einzelnen Dingen.

Der Mensch aber ist darüber hinaus noch in einem eminenteren Sinne – einzeln. Denn er erfährt sich als dieser Einzelne. Er ist nicht nur, wie alles andere, jeweils unterschieden, sondern er unterscheidet sich aktiv und in absichtsvoller Weise. Er erfährt sich passiv als unterschieden, und er unterscheidet aktiv, indem er sich abgrenzt und in seiner Einzelheit zur Geltung bringt. Menschheit als etwas Einheitliches gibt es nur als Begriff. Es gibt nicht *den Menschen*, sondern nur *die* Menschen, erklärt Montaigne. Diese Vervielfältigung ist wie ein reißender Strom. Man wird davon mitgerissen und bemerkt, dass man ja auch in sich selbst nicht einer ist, sondern viele, diachron in der Zeit als Abfolge der verschiedenen Ichs und synchron als reflexive Selbstverdoppelung oder gar Selbstvervielfachung. Wohin man auch blickt, ob nach draußen oder nach drinnen: lauter Einzelheiten.

Montaigne ist bei solchen Überlegungen geprägt von der nominalistischen Denkweise, die im Spätmittelalter den Übergang zum neuzeitlichen Denken eröffnete. Das theologisch geprägte Mittelalter hatte es mit den Allgemeinbegriffen zu tun, von Gott, diesem höchsten Allgemeinbegriff, herabsteigend zur vielfältigen Welt, die es unter Allgemeinbegriffen zu fassen und in die Kathedralen dieser Metaphysik einzubringen galt. Dagegen nun die nominalistische Opposition, die erklärte: Die Allgemeinbegriffe seien nur Namen (*nomen*), welche die Sache lediglich bezeichnen, ohne sie wirklich zu enthalten. Gott lässt sich mit diesen Allgemeinbegriffen nicht begreifen, an ihn kann man eben nur glauben; doch auch den Einzelheiten gegenüber sind die großen Begriffe zu grob und schematisch. Der Nominalismus favorisiert deshalb die empirische Erfahrung als das Medium, worin sich die Einzelheit des Einzelnen erst so richtig zeigen kann.

Der Nominalismus begünstigt also zwei gegensätzliche Tendenzen: Einerseits gibt er Raum für eine Glaubenswelt jenseits der Vernunft, andererseits entbindet er den Sinn für die empirischen Einzelheiten. Man kann auch sagen: Der Nominalismus hebt Gott über die Vernunft so hoch hinaus, dass darunter viel Freiraum entsteht für das Abenteuer der Entdeckung einer Wirklichkeit aus unendlich vielen Einzelheiten. Und genau an diesem Punkt der nominalistischen Entdeckung der Einzelheit befindet sich Montaigne. Er lässt Gott auf sich beruhen, ohne eine mystische oder eine andere innige Affäre mit ihm zu haben, und wendet sich den empirischen Einzelheiten zu, vor allem sich selbst, dieser Einzelheit, die ihn am meisten angeht; und sie geht ihn am meisten an, weil er weiß, dass er sterben wird. Die Menschheit mag weiterexistieren, aber mit ihm selbst geht es vorbei, er wird aus ihr verschwinden.

Der Tod. Er ist allgemein, geht alle an und ist zugleich höchst individuell: Jeder muss seinen Tod sterben. Montaigne hat mehrfach über den Tod geschrieben. Vergleicht man die Texte aus unterschiedlichen Lebensperioden miteinander, so zeigt sich, wie Montaigne erst allmählich sich selbst näherkam und eigene Erfahrungen berührte. Zuerst musste er das Feld der allgemeinen Betrachtungen durchqueren.

Der berühmteste dieser Texte über den Tod ist wohl der Essay »Philosophieren heißt sterben lernen«. Er findet sich im ersten Band der »Essais« und ist in einer frühen Phase des Rückzugs geschrieben. Verknüpft mit einer Fülle von Zitaten antiker Weisheitslehren über Sterben und Tod, entwickelt Montaigne seinen Grundgedanken in immer neuen Wendungen und mit einer Vielzahl von Beispielen illustriert: *Berauben wir ihn* (den Tod) *seiner Unheimlichkeit, pflegen wir Umgang mit ihm, gewöhnen wir uns an ihn, bedenken wir nichts so oft wie ihn! Stellen wir ihn jeden Augenblick und in jeder Gestalt vor unser inneres Auge. Fragen wir uns beim Stolpern eines Pferdes, bei einem herabstürzenden Ziegel, beim geringsten Nadelstich immer wieder sogleich: »Wie könnte das nicht der Tod persönlich sein?«*

Memento mori – darauf also läuft dieser Ratschlag hinaus. Das ist eigentlich nicht sonderlich originell. Montaigne gibt das auch zu. Aber es kommt ja nicht auf Originalität an, sondern darauf, ob es hilft. Hilft es, oder verdirbt es nur die unbefangene Lebensfreude? Das eigentlich Aufregende an diesem Text ist, dass man den Pegelstand des Zweifels langsam ansteigen sieht. Ist es wirklich vernünftig, sich ständig den Tod vor Augen zu halten? Gewiss, Cicero hat verkündet, *philosophieren sei nichts anderes als sich auf den Tod vorzubereiten,* aber ist das letztlich nicht doch eine Einübung in die Misere? Warum sollte sich die Vernunft auf dieses üble Geschäft einlassen? Ist es nicht vielmehr die Aufgabe der Vernunft, uns mit dem Leben zufrieden zu machen? *In der Tat muß die Vernunft, wenn sie nicht ihren Spott mit uns treiben will, allein nach unserer Zufriedenheit trachten und ihr ganzes Bemühen folglich auf nichts anderes richten, als uns gut und fröhlich leben zu lassen.*

Montaigne ist fast schon dabei, die *Wortspaltereien* der philosophischen Schulen auf sich beruhen zu lassen, da entdeckt er dann doch einen überraschend praktikablen Sinn in ihren Empfehlungen. Liegt dieser Sinn nicht vielleicht darin, sich durch Wiederholung an die Todesvorstellung zu gewöhnen? Das Wunder der Gewöhnung! Sie wird mit allem fertig, auch mit der Angst vor dem Tod. Es ist unglaublich, woran man sich alles gewöhnen kann. Kein Schmerz, aber auch keine Freude kann der mildernden, mäßigenden, herabstimmenden Kraft der Gewohnheit widerstehen. Das Plötzliche bringt die Gewohnheiten für einen Augenblick aus der Fassung, doch eben nur für einen Augenblick, dann macht die Gewohnheit daraus wieder das Gewöhnliche, aus dem jähen Blitz wird eine milde Beleuchtung. Die Gewohnheit bewältigt das Überwältigende. Und das Schöne ist: Gewohnheiten kann man lernen, indem man – übt. Übung ist alles, darauf kommt es an. Durch Übung wird das, was zuvor willkürlich war, zum Unwillkürlichen, eben Gewohnten. Durch Übung entsteht eine zweite Natur, die, im Unterschied zu unserer ersten Natur, eine selbst geschaffene ist.

Kein Autor vor Montaigne hat so gedankenreich das Hohelied von Gewohnheit und Übung angestimmt, und es ist bezeichnend, dass er dieses Thema beim Nachdenken über den Tod entdeckt. Dem Tod will er durch Übung und Gewohnheit den Stachel nehmen. Aber vielleicht ist das doch zu schön, um wahr zu sein. Man merkt, Montaigne ist nicht ganz zufrieden mit dem, was er da geschrieben hat. Und deshalb endet dieser Essay nach den mäandernden Gedanken über kluge Todesvorbereitungen mit dem jähen Satz: *Gepriesen und dreimal gepriesen sei ein Tod, der zur Vorbereitung von derart aufwendigem Drum und Dran keine Zeit läßt.*

Montaigne, auf der Suche nach der eigenen Erfahrung, nimmt einen zweiten Anlauf. In einem Essay im zweiten Buch zum Thema »Üben«

erzählt Montaigne die Geschichte einer eigenen Nahtoderfahrung, die den Gedanken über die Vorbereitung auf den Tod eine existentielle Erdung gibt.

Es war in den ersten Jahren seines Rückzugs, der Bürgerkrieg machte auch die nähere Umgebung unsicher, doch Montaigne wollte nicht auf seine Ausritte verzichten. Auf einer engen Wegstrecke kam ihm plötzlich ein Reiter in vollem Galopp entgegen; der konnte nicht mehr anhalten oder ausweichen und ritt ihn um. Montaigne stürzte zu Boden und lag wie tot. In dem Moment, ehe er das Bewusstsein verlor, war ihm das entgegenstürmende Pferd als riesiger, dunkler Koloss erschienen, wie der Tod selbst.

Montaigne schildert minutiös, wie das Bewusstsein langsam wieder erwachte. Er fühlte sich wie in einer Trance. Er kam zur Welt, doch mit dem Gefühl, als schwebe er in einem Zwischenraum. Es war ihm leicht, er fühlte keinen Schmerz, ein Behagen ohnegleichen durchströmte ihn. *Diese meiner Seele tief eingeprägte Erinnerung, die mir das Antlitz und wahre Wesen des Todes so naturnah vor Augen stellt, versöhnt mich in gewisser Weise mit ihm.*

Die Schilderung ist behutsam bemüht, etwas in Worte zu fassen, was sich den Worten gewöhnlich entzieht. *Mir schien mein Leben nur noch am Rande der Lippen zu hängen, und ich schloss die Augen, als wollte ich so mithelfen, es ganz zu vertreiben; ich genoss es, mich der Mattigkeit hinzugeben und mich gehnzulassen. Es war ein Empfinden, das nur leicht über die Oberfläche meiner Seele streifte, so schwach und so hauchzart wie alles übrige – und dabei nicht nur jedes Unbehagens bar, sondern zudem von der wohligen Süße durchdrungen, die man verspürt, wenn man in den Schlaf hinüber gleitet.*

Warum sollte man nicht so, wie man schwerelos vom vermeintlichen Tod ins Leben hinübergleitet, auch schwerelos hinübergleiten vom Leben in den Tod? *Ich glaube, ebendies ist der Zustand all jener, die im Todeskampf vor Ermattung das Bewusstsein verlieren; deshalb beklagen wir sie meines Erachtens grundlos, werden sie doch nur in unserer Vorstel-*

lung von heftigen Schmerzen geschüttelt oder von quälenden Gedanken bedrängt.

Die Todesnähe als Augenblick der großen Leichtigkeit. Montaigne nimmt also das Erwachen aus der Betäubung als eine Nahtoderfahrung, und letztlich schenkt ihm diese – und nicht die fleißig gesammelten Weisheitslehren – das Gefühl von Gelassenheit. Er möchte diese Erfahrung auf der Schwelle hüten und nicht vergessen, um auf sie zurückgreifen zu können in beängstigenden Momenten oder auch nur im grauen Einerlei des Alltags. Allerdings muss man solche Erfahrung selbst gemacht haben, davon zu lesen, genügt nicht. *Ich weiß nun, daß man zur Einübung in den Tod tatsächlich nur seine nähere Bekanntschaft zu machen braucht ... So ist das, was ich hier vortrage, keine Theorie, sondern meine Erfahrung: nicht für Dritte gemacht, sondern für mich.*

Es heißt zwar: eine Erfahrung »machen«. In Wirklichkeit aber widerfährt sie einem, im günstigen Fall wird sie einem geschenkt, und für Montaigne ist es die große Natur, die nimmt und gibt. Und darum schreibt er in einem der letzten Essays, nicht lange vor seinem Tod: *Falls ihr nicht zu sterben versteht – keine Angst! Die Natur wird euch, wenn es soweit ist, schon genau sagen, was ihr zu tun habt, und die Führung der Sache voll und ganz für sich übernehmen; grübelt also nicht darüber nach.*

Von der Natur ist die Rede, nicht von Gott. Das Thema des Weiterlebens nach dem Tod spielt für Montaigne keine Rolle oder doch nur in der verminderten Form des Ruhmes. Gott und das Jenseits lässt Montaigne auf sich beruhen, sie gehören in die Glaubenswelten, die man anerkennen kann, aber mit Vorsicht, denn sie sind *ein Tummelplatz fur Betrügereien.*

Montaigne, der den *so schweifenden Bewegungen unsres Geistes bis in seine tiefsten und dunkelsten Winkel* folgt, findet manch Überraschendes in den *dunkelsten Winkeln,* doch die Glaubenswelten, Gott oder den Teufel, findet er dort nicht. Ganz anders als Luther, der mit seinem Erlösungsverlangen auch in seine dunkelsten Winkel vorstieß, um dort dann Geister wachzurufen und in die Welt zu bringen, die dem skeptischen Montaigne als neuerungssüchtiger Wahnsinn erschienen.

Der Skeptiker Montaigne zweifelt nicht an allem und auch nicht immerzu. Er geht nur auf Distanz zu den kollektiven Fanatismen. Skepsis ist ein Mittel, sich vor den Zusammenrottungen auf dem Felde des Geistes zu bewahren. Sie ist die Selbstverteidigung des Einzelnen gegen die Zwänge der geistigen Vergesellschaftung. Skepsis ist der wache Sinn für den Einzelfall und die Weigerung, ihn im Allgemeinen aufgehen und verschwinden zu lassen. Deshalb hält Montaigne unbedingt an der Erfahrung fest und achtet darauf, sich nicht von den Gespenstern der Meinungen verhexen zu lassen. *Theorien sind gewöhnlich Übereilungen eines ungeduldigen Verstandes,* lautet ein Aphorismus von Goethe, der auch von Montaigne stammen könnte. Vernunft ist für Montaigne nichts anderes als diese Wachheit und Aufmerksamkeit für das Wirkliche im Einzelfall.

Doch nicht nur das. Vernunft nimmt nicht nur wahr, sie orientiert auch. Mit ihr navigieren wir durchs Leben. Diese wache und orientierende Vernunft, von Luther als Hure beschimpft, ist für Montaigne insgesamt ein Hilfsmittel, das uns mit unserem Leben zufrieden machen kann und soll. Sie ist noch nicht der moralische Lehrmeister, zu dem sie erst Kant berufen wird.

Vernunft und Freiheit. Luther erfuhr die Freiheit im Glauben an Christus. Montaigne brauchte nicht diesen Umweg. Freiheit war ihm ein unmittelbares Lebenselixier. Er hat ihr keine Theorie gewidmet, er hat sie nicht eigens untersucht, sondern von ihr Gebrauch gemacht und dabei ihre beschwingende und schöpferische Wirkung gespürt. Die freie Beweglichkeit seiner Essays ist ein Ausdruck davon.

Ohne Systematik kommt er von einem zum anderen, zwar nicht willkürlich, doch auch nicht schulgerecht, nicht am Schnürchen einer deduktiven oder demonstrativen Logik. Ein Gewimmel von Beobachtungen, Gedanken, Beispielen, von einer behutsam ordnenden Hand zusammengebracht. Wer streng ordnet, produziert auch viel Abfall, weil vieles eben nicht in die strenge Ordnung passt. Montaigne hat es aber gerade auf das abgesehen, was nicht passt. Das Leben ist eben anders, als es sich die Theorie vorstellt.

Doch gerade für den Liebhaber der Vielfalt und des Abseitigen gilt der Grundsatz, den später Spinoza so formulierte: Nur wer nicht alles tun darf, kann alles denken. In dem Essay »Über die Gewohnheit und dass man ein überkommenes Gesetz nicht leichtfertig ändern sollte« listet Montaigne mit sichtlichem Vergnügen über viele Seiten hin weltweite Absonderlichkeiten (es gab ja schon die Berichte aus Übersee) der menschlichen Gebräuche und Sitten auf, um zu zeigen, was alles zwar wirklich ist, aber eben keinen Platz finden kann in unseren Ordnungen, weder denen des Denkens noch denen des praktischen Lebens. Er erklärt aber auch, dass wir uns nur dann einigermaßen entspannt auf diese verwirrende Vielfalt einlassen können, wenn wir eine halbwegs stabile Ordnung im Rücken haben. Die Sequenz der Auflistung der anthropologischen Absonderlichkeiten schließt er mit der Überlegung ab: *Der Weise, meine ich, sollte … seinem Geist die Freiheit und Fähigkeit bewahren, die Dinge unvoreingenommen zu beurteilen, nach außen hin sich aber voll und ganz an die landläufigen Formen und Normen halten.*

Umgekehrt bedeutet das aber auch, nicht darauf zu verzichten, wenigstens im Denken und Schreiben die Zügel schießen zu lassen, wenn man schon im gesellschaftlichen Leben notwendigerweise kürzer angebunden ist.

In dem Essay »Über Bücher« schildert Montaigne seinen Freiheitsgebrauch beim Schreiben und Denken. Er will sich nicht festnageln lassen: Ich kann nicht *dafür einstehen*, schreibt er. Er verleugnet nicht, was er geschrieben hat, aber besteht darauf, dass er inzwischen womöglich zu anderen Auffassungen gelangt ist, dass er sich geändert hat, aus einer anderen Perspektive blickt, neue Erfahrungen zu verarbeiten hat. Das Schreiben soll sein Unterwegssein dokumentieren. *Ich will, daß man mich in meiner üblichen, natürlichen Gangart sehe, so unüblich sie ist.* Und an anderer Stelle heißt es: *Dies hier sind … persönliche Überlegungen, durch die ich nicht die Kenntnis von Dingen zu vermitteln suche, sondern von mir.*

Montaigne bringt eine ganze Welt zur Anschauung und will doch bei alledem sich als ein Einzelner zeigen – das Buch, das dabei entstand, ist ebenfalls etwas Einzigartiges geworden. Ein solches Buch hat es zuvor noch nicht gegeben. Seit der Antike bis in die Zeit Montaignes sprechen Autoren von sich selbst nur dann, wenn sie sich dazu berechtigt fühlen durch buchenswerte Taten – das gilt für die ganze Memoirenliteratur –, oder sie sprechen im christlichen Sinne von der Selbsterforschung als Weg zu Gott – das große Beispiel dafür ist Augustinus. Dass aber jemand sich jenseits der literarischen Fiktion im *Alltagsgewand* seiner Gedanken und Gefühle zeigt, ohne eine Lehre zu verkünden und ohne Rechtfertigung durch das große Ganze – das ist unerhört, und Montaigne war sich dessen durchaus bewusst. Das Buch sei, schreibt er, *auf der ganzen Welt das einzige seiner Art.*

ERSTE ZWISCHENBETRACHTUNG

Selbstverständlich gab es auch schon vor der Renaissance die Entdeckung und Wertschätzung des Einzelnen. Larry Siedentop etwa verlegt die »Erfindung des Individuums« in die klassische Antike Griechenlands. Bereits dort beobachtet er, dass Individuen ganz besonders geschätzt werden: Es gibt sie nicht einfach, es soll sie geben. Es finden sich nicht nur einfach Unterschiede zwischen ihnen, sondern es ist gut, dass es Unterschiede gibt, und es ist noch besser, wenn es möglichst viele davon gibt: die entfaltete Vielfalt als Ziel, viele Einzelne, die in ihrer jeweiligen Einzelheit sichtbar bleiben.

Über lange historische Wegstrecken und in vielen Kulturräumen war und ist das gesellschaftliche Zusammenleben so organisiert, dass die Individualität in der Regel in den kollektiven Verbänden verschwindet. Wert empfängt das Individuum von der Zugehörigkeit und vom Beitrag zum jeweiligen Kollektiv. Wo solche Ordnungen festgefügt und selbstverständlich sind, kann das selbstbewusste Hervortreten eines Individuums als Skandal wirken oder als Epiphanie, meistens als etwas dazwischen. Und immer deuten sich in solchen Vorkommnissen Umbrüche an, wenn auch eben nur vereinzelt.

Es ist ein weiter Weg von der vereinzelten Hochschätzung der originellen Individualität zu einer Gesellschaft, die sich generell das Ziel setzt, einen Reichtum an verschiedenen Individualitäten zu ermöglichen. Auch wenn womöglich in der Regel jeder so ist wie der andere und keiner er selbst, setzt die individualisierte Gesellschaft ihr Ideal dagegen: Jeder soll anders sein, keiner soll wie die anderen sein. Die liberale Gesellschaft setzt offiziell auf den Reichtum an Unterschieden. Und was ist mit der Gleichheit? In der Natur gibt es sie nicht. Alles ist verschieden. Kein Wesen ist völlig gleich dem anderen. Es zählt aber zu den großen Errungenschaften der Kulturentwicklung, die Gleichheit vor dem Gesetz erfunden zu haben. Die Erfindung dieser rechtlichen Gleichheit hat die Dynamik der Entwicklung von Individualität begünstigt. Gleichheit besteht dann darin, dass jeder das Recht und die Möglichkeit hat, sich zu unterscheiden.

Dass man unterschieden wird, von außen und von anderen, ist gewissermaßen die passive Seite des Unterschieds. Doch es gibt auch die aktive. Man will sich zu seinem Vorteil unterscheiden und empfindet es als kränkend, wenn dieser Unterschied nicht bemerkt wird. Darum geht der Kampf um Anerkennung: Man möchte als dieser Besondere, der man ist, anerkannt werden. Normativ gesehen ist die Gleichheit die Voraussetzung, und der Unterschied und seine Anerkennung sind das Ziel.

Diese Ideen des Individualismus sind tief in der europäischen Tradition verwurzelt, weshalb es nahelag, sie auch in der griechischen Antike zu suchen. Wann man genau damit angefangen hat, den höchsten Sinn nicht nur in die Selbstbehauptung des kollektiven Gebildes zu legen, sondern in die möglichst reiche und unterschiedliche Entwicklung der Individuen, seit wann also genau der Wertakzent nicht nur auf das Ganze, sondern mehr noch auf das Einzelne fiel, kann offenbleiben. Es ist jedenfalls eine alte Geschichte, und die christliche Religion spielt darin eine bedeutende Rolle. Denn die Botschaft Jesu, wonach der Einzelne von Gott geliebt werde, war deutlich hinausgegangen über den sonst vorherrschenden Stil von Stammesreligionen, die ebendeshalb zugleich auch Gesetzesreligionen waren und sind.

Henri Bergson hat einmal die beiden Quellen der Religion einprägsam unterschieden: Die eine Quelle ist die menschliche Gemeinschaft, die um der allgemeinen Ordnung willen den Zusammenhalt zu fördern versucht und deshalb Druck auf den Einzelnen ausübt, der im

Gegenzug dafür das Gefühl von Sicherheit und Stabilität erhält. Das ist das Betriebsgeheimnis der Stammesreligion.

Die andere Quelle ist das schöpferische Individuum, das imstande ist, Weltabstand oder sogar Weltüberwindung zu erfahren, also eine ekstatische und mystische Dimension, die weit über die kollektive Selbsterhaltungslogik hinausgeht. Sie drückt sich aus in der Botschaft Jesu: »das Himmelreich ist in dir«. Das Christentum, besonders in seiner paulinischen Version, ist Überwindung der gesetzesfrommen Stammesreligion. Es ist eine Art Ekstatik für das Volk, jeder Einzelne darf sich als Einzelner gemeint fühlen, erhoben und verwandelt.

Auch das Christentum ist immer wieder in den Stil der Stammesreligion zurückgefallen. Deshalb im Gegensatz dazu wiederholt die Erneuerungen aus dem Geiste des schöpferischen Individuums. Luther war solch ein Einzelner. Faszinierend ist das Schauspiel, wie jemand beim Versuch, einen eigenen Zugang zu einer Religion zu finden, in einen Sog gerät, der ihn sich selbst in seiner Einzelheit entdecken lässt. Da müht sich jemand, den Glaubensakt wirklich individuell zu vollziehen und nicht nur mit anderen gewohnheitsmäßig zu teilen, und erfährt dabei etwas, was später »Existenz« genannt werden wird.

Während bei Luther sich das Einzeln-Sein also in der religiösen Sphäre verwirklichte, forcierte die italienische Renaissance den künstlerischen Individualismus. Wenn etwas profilscharf und deutlich hervortritt und sich selbstbewusst zeigt, dann geht damit eine Abgrenzung einher. Michelangelo begriff seine bildhauerische Arbeit als Wegschlagen des Überflüssigen. Zum Geist der Renaissance gehört die Atmosphäre von Kampf und Konkurrenz, auch der kalte, fast schon zynische Blick, wie bei Machiavelli. Die sogenannten Renaissance-Naturen waren Verkörperungen des Willens zur Macht. Es ging nicht unbedingt nur um Macht über andere, sondern über sich selbst im Sinne des Willens zur Selbststeigerung. Das war es, was Nietzsche an der Renaissance bewunderte und was Goethe veranlasste, die Autobiographie Cellinis, eines Kondottiere der Kunst, zu übersetzen und in Deutschland bekannt zu machen. Eine Kultur, die den Einzelnen favorisiert, wird selten gemütlich sein. Auch das zeigt die Renaissance.

Montaigne, der ungefähr zur selben Zeit den Individualisierungsschub erfährt, entwickelt daraus einen zugleich defensiven und stolzen geistigen Habitus. Er sucht nicht wie Luther seinen persönlichen Gott oder wie die Künstler der Renaissance die individuelle Ausdrucksform oder wie die Philosophen, wie Pico della Mirandola, das Bild des zu vollendenden einzelnen Menschen. Montaigne kehrt in sein Selbst ein, um dort wenigstens geistig den Zumutungen des kollektiven Irrsinns der Religionskriege zu entgehen. Wenn das Fehlen einer öffentlichen Vernunft zum Verzweifeln ist, muss man wenigstens bei sich selbst Trost und Unterkommen finden. Wie man es schafft, in guter Gesellschaft zu sein, wenn man bei sich ist, hat Montaigne, dieses Genie des Denkens auf eigene Faust, glanzvoll vorgeführt. So hat er die innere Vielfalt entdeckt, die Diversität im Einzelfall. Das wäre ihm nicht gelungen, hätte ihn ein Sündengefühl geplagt. Er gab zu, dass er davon verschont geblieben sei. Das trennt ihn von einer Figur wie Luther. Der wollte mit seinem individuell erneuerten Glauben in der sündigen Welt wirken. Montaigne wollte eigentlich nur in Ruhe gelassen werden, weil er es bei sich sehr gut aushielt. Allerdings ließ er sich in die Pflicht nehmen. Ein moderates soziales und politisches Verantwortungsgefühl war ihm selbstverständlich, schon allein deshalb, weil es ihm sein Stand nahelegte. Montaigne war ein Einzelner, der mit Konventionen Kompromisse zu schließen verstand. Stolz war er, aber nicht trotzig. Er war überzeugend, ohne überzeugen zu wollen. Ein Einzelner, der daraus keine Mission gemacht hat und doch vorbildlich wurde.

KAPITEL 4

Rousseau. Der Einzelne und die Angst vor der Freiheit der Anderen

Jean-Jacques Rousseau schreibt am Ende der Odyssee seines Lebens in den »Träumereien«, seinen letzten und zu Lebzeiten nicht mehr veröffentlichten autobiographischen Aufzeichnungen: *Ich unternehme dasselbe, was Montaigne unternahm, aber mit einem ganz entgegengesetzten Zweck, denn er schrieb seine »Essais« nur für andere, und ich schreibe meine Träume nur für mich. Bleibe ich in meinem höchsten Alter, bei Annäherung des Todes in derselben Gemütsverfassung, wie ich es denn hoffe, so werden sie, wenn ich sie durchlese, das Vergnügen in mir zurückrufen, mit dem ich sie schrieb, und da ich mir so die vergangene Zeit wiedererschaffe, werde ich sozusagen meine Existenz verdoppeln können. Den Menschen zum Trotz werde ich noch den Reiz des gesellschaftlichen Umgangs genießen, und ich werde in meiner Hinfälligkeit mit mir selbst in einem jüngeren Lebensalter wie mit einem jüngeren Freunde leben.*

Rousseau schrieb diese Sätze 1776, zwei Jahre vor seinem Tod. Er lebte wieder in Paris. Er musste vorsichtig sein, denn immer noch galt formell der Haftbefehl von 1762, damals ergangen wegen des Erziehungsromans »Emile« und der Abhandlung über den »Gesellschaftsvertrag«. Rousseau hatte es inzwischen aufgegeben, sich direkt an die Öffentlichkeit zu wenden. Das kurz zuvor entstandene Manuskript der Gespräche »Rousseau richtet über Jean-Jacques« hatte er am Hochaltar von Notre-Dame niederlegen wollen, doch fand er diesen Raum durch ein Gitter abgeschlossen und argwöhnte, dass dies seinetwegen geschehen sei, um die Verteidigung in eigener Sache zu hintertreiben.

Zu diesem Zeitpunkt war Rousseau der berühmteste und meistgelesene Schriftsteller in Europa. Seine Lebensgeschichte war bereits zum Mythos geworden. Trotzdem fühlte er sich vollkommen vereinsamt, aber ohne darunter zu leiden, wie er beteuert: *Ich bin in meiner Einsamkeit tausendmal glücklicher, als ich es unter ihnen* (den Menschen) *sein könnte. Sie haben allen Reiz des geselligen Lebens aus meinem Herzen getilgt.* Er versichert mehrfach, dass er es genießt, bei sich selbst einzukehren und die Gesellschaft mit sich selbst zu suchen. Dort findet er, was er in der Gesellschaft vermisst. In der Einsamkeit hat die gesellschaftliche Entfremdung keine Macht mehr über ihn, und wenn er schreibt, dann vor allem für sich selbst als sein erster und womöglich einziger Leser. Das Selbstgespräch genügt ihm, auch weil er sich als Einzelner für exemplarisch hält. Indem er sich selbst ergründet, kommt er der Menschheit auf den Grund, so will es sein ungeheures Selbstbewusstsein. *Diese Gesinnung,* heißt es in der dritten »Träumerei«, *hat mich zu allen Zeiten die Natur und die Bestimmung meines Wesens sorgfältiger und mit mehr Interesse, als ich je bei irgendeinem anderen Menschen antraf, erforschen lassen.*

Er habe sich, bekennt er, mit keinem Problem in Natur und Gesellschaft herumgeschlagen, das nicht auch eine persönliche Bedeutung für ihn gehabt habe. Immer sei es dabei letztlich um ihn gegangen. Diese Art Selbstbezug habe ihn zu einem *Solitär* gemacht, denn den meisten sei das, was sie denken und schreiben, *äußerlich,* es sei nur auf Erfolg und Anerkennung berechnet. Die meisten suchen nur den Weg zu den Meinungen der anderen, nicht aber den Weg zu sich selbst. Ihm aber sei es nach ersten, tastenden Versuchen, bei denen er sich bisweilen in den Meinungen der anderen verirrt und sich dabei verloren habe, immer darum gegangen, sich zurückzugewinnen und die eigene Stimme zu finden. Gegen die Verlockung zur Nachahmung muss das eigene Denken und Empfinden erst erkämpft werden.

Das nennt er die *Naturwahrheit,* die beides umfasst, Wahrheit in Bezug auf das Objekt und Wahrhaftigkeit des Subjekts. In diesem doppelten Sinn sind auch jene berühmten pathetischen Eingangssätze der »Bekenntnisse« zu verstehen: *Ich beginne ein Unternehmen, das ohne Beispiel ist und das niemand nachahmen wird. Ich will meinesgleichen einen Menschen in der ganzen Naturwahrheit zeigen, und dieser Mensch werde ich sein.*

Eine starke Behauptung. Hat es nicht schon vor Rousseau Versuche einer realistischen Selbstbeschreibung gegeben? Das würde Rousseau durchaus zugeben. Eine Ausnahmestellung beansprucht er mit seinem Selbstbezug, weil er eine Wahrheit entdeckt zu haben glaubt, die emphatisch der angeblichen Unwahrheit des gesellschaftlichen Ganzen entgegengesetzt werden kann. In mir ist die Wahrheit, erklärt er, dort draußen ist die Lüge. Rousseau als Lichtblick im Zeitalter der vollendeten Sündhaftigkeit. Der reine Einzelne, der die schlimme Last des Ganzen trägt. Ein Wahrheitszeuge, fast ein Märtyrer. Nicht Rousseaus Selbstbekenntnisse als solche, sondern das damit verbundene ungeheure Selbstbewusstsein ist tatsächlich – *ohne Beispiel.*

Geschrieben wurden diese außerordentlichen Sätze etwa fünfzehn Jahre nach jenem ominösen Moment der Inspiration im Sommer 1749, in dessen Folge Rousseau das geistige Leben Europas nachhaltig verändern wird. Er selbst hat dieses Ereignis als Zäsur seines Lebens bezeichnet und zum Mythos verklärt.

An einem brütend heißen Tag bricht Rousseau von Paris auf, um seinen Freund Diderot, der wegen einiger anstößiger atheistischer Sätze inhaftiert ist, im Gefängnis von Vincennes zu besuchen. Unterwegs liest er im »Mercure de France« die Preisfrage der Akademie von Dijon, ob die Wissenschaft und die Künste zur Läuterung der Sitten beigetragen hätten oder nicht. *Mit einem Schlag,* so schildert Rousseau dieses Ereignis in einem Brief an Malesherbes, *fühlte ich mich von tausend Lichtern geblendet.* Einsichten gehen ihm auf, die er, nach eigener Auskunft, in der berühmten Abhandlung, mit der er auf die Preisfrage antwortet, längst nicht alle zur Sprache bringen wird. Die Einsichten schlagen ihn buchstäblich zu Boden, er liegt unter einem Baum und ringt nach Atem. Was ihn überwältigt, ist die offenbar umwerfende Gewissheit, *daß der Mensch von Natur gut ist, und daß nur die Einrichtungen es sind, die ihn schlecht machen.* Er ist also davon überzeugt, dass eine bestimmte Art der Vergesellschaftung den Menschen aus seinem Selbstsein herausgerissen und ihn von sich selbst entfremdet hat. *Wie angenehm wäre es,* heißt es im ersten »Diskurs«, *wenn das äußerlich gesetzte Wesen jederzeit das Bild der Beschaffenheit unseres Herzens wäre.* Das Innere findet sich nicht im Äußeren wieder, das gilt für die Institutionen der Gesellschaft, die Konventionen des Umgangs, die öffentliche Sprache, die Werke der Kunst; überall Verzerrung, Entstellung, Oberflächlichkeit. Diese Welt des Äußeren ist nicht nur undurchdringlich für das Innere, sie wehrt es nicht nur ab, sondern dringt umgekehrt ins Innere vor, weshalb dann der Einzelne gar nicht mehr weiß, was er selbst will und was er in Wirklichkeit empfindet und denkt. Die Menschen verlieren sich in der selbst geschaffenen Kultur, und was sie hervorbringen, wird zur *Kette,* die sie sich selbst anlegen.

Der preisgekrönte erste »Diskurs« erschien 1752 und machte Rousseau, der bis dahin als mäßig erfolgreicher Komponist von kleinen Opern und Erfinder einer bizarren neuen Notenschrift galt, mit einem Schlag über Paris hinaus berühmt. In diesem ersten »Diskurs« beschränkte er sich im Wesentlichen darauf, das gesellschaftliche Theater der Unaufrichtigkeit zu schildern: *man wagt nicht mehr als derjenige angesehen zu werden, der man wirklich ist.* Bei seiner Ursachenforschung dringt er nicht weiter vor als bis zu jener *unseligen Begierde, sich hervorzutun.*

Drei Jahre später erschien 1755 der zweite »Diskurs«, wieder als Antwort auf eine Preisfrage der Akademie von Dijon: »Über den Ursprung und die Grundlagen der Ungleichheit unter den Menschen«. Jene überwältigenden Einsichten unter dem Baum an der Straße nach Vincennes sind wohl erst hier wirklich zur Sprache gekommen: Angefangen habe das Unheil der entfremdenden Gesellschaft mit der Abgrenzung des Eigentums, was dann die anderen Abgrenzungen zur Folge hatte und damit die Entstehung von Ungleichheit, Konkurrenz und Macht. Daraus entstanden wechselseitiges Misstrauen, Verfeindung, Unaufrichtigkeit und das Maskenspiel der Gesellschaft. Der Ursprung dieser Probleme liegt darin, dass die natürliche *Selbstliebe,* verstanden als Inbegriff des auf sich selbst bezogenen und in sich ruhenden Daseinsgefühls, aus sich herausgerissen wird und sich nur noch im Vergleich mit anderen erfährt. So verwandelt sich die *Selbstliebe (Amour-propre)* in *Eigenliebe (Amour de soi).* Diese Unterscheidung ist höchst bedeutsam, weil sie das friedliche Daseinsgefühl der *Selbstliebe* abhebt vom konkurrenz- und hierarchiebestimmten Egoismus der *Eigenliebe;* die Selbstliebe ruht in sich, die Eigenliebe lebt vom Vergleich: Sie will mehr haben oder mehr gelten als die anderen. *Die Eigenliebe,* heißt es dann im »Emile«, besteht im *Sichvergleichen* und kann deshalb niemals befriedigt werden, weil sie ihren Schwerpunkt draußen bei den anderen hat; die *Selbstliebe* kann indes zur Ruhe kommen, weil sie ihren Mittelpunkt in sich selbst hat. Das Selbst braucht nicht den Umweg über die anderen, um sich selbst finden und ergreifen zu können.

Der herrschende gesellschaftliche Zustand, so Rousseau, ist einer der allgemeinen Verfeindung, der wechselseitigen Lüge und der erkalteten, egoistischen Herzen. Ein Zustand der Denaturierung. Mit Pathos und allen rhetorischen Mitteln klagt Rousseau die gegenwärtige Zivilisation an. Doch ein »Zurück zur Natur« hat er nicht gepredigt, obwohl man ihm das schon damals unterstellte; Voltaire schrieb: *man bekommt Lust, auf vier Füßen zu gehen.* Indessen machte sich Rousseau keine Illusionen über die Richtung des gesellschaftlichen Prozesses: *Aber die menschliche Natur geht nicht rückwärts, und nie kommt man in die Zeiten der Unschuld und der Gleichheit zurück, wenn man sich einmal von ihnen entfernt hat.*

Wenn es also auch für Rousseau kein Zurück gibt, so will er doch an einem Begriff der gesellschaftlich noch nicht verstümmelten menschlichen Natur festhalten. Er nennt das den *hypothetischen* Gebrauch dieses Begriffs von *Natur*. Es soll damit deutlich werden, was dem Menschen durch Vergesellschaftung verloren geht und was der Einzelne gleichwohl in sich entdecken kann als verwischte Spuren des Verlorenen. Sie zu entziffern bedeutet bei Rousseau, im *eigenen Herzen lesen*.

Doch wohin genau kommt man, wenn man zu sich kommt?

Wer aus Abscheu vor dem lügenhaften gesellschaftlichen Leben draußen in sich den Ort der Wahrheit sucht, verwickelt sich auf diesem Weg nach innen in neue Zweideutigkeiten. Montaigne hatte das schon bemerkt, und auch Rousseau bleibt diese Erfahrung nicht erspart. Denn eine Eigenschaft, die man vom inneren Zufluchtsort insgeheim erwartet, wird man dort nicht finden, nämlich Dauerhaftigkeit und Verlässlichkeit, das Sich-selbst-Gleiche. Eine singuläre Wahrheit des Inneren wird man vergeblich suchen. Die Wahrheit des Selbst gibt es nur im Plural. Dies hat Rousseau in luziden Sätzen beschrieben: *Nichts ist mir so unähnlich wie ich selbst, darum wäre es müßig, mich anders definieren zu wollen, als durch diese einzigartige Mannigfaltigkeit … Bisweilen bin ich harter und grausamer Misanthrop, dann wieder falle ich in Verzückung ob der Reize der Gesellschaft und der Wonnen der Liebe. Bald bin ich voll Ernst und frommer Andacht … Doch alsbald werde ich zum Wüstling … Mit einem Wort, ein Proteus, ein Chamäleon, eine Frau sind weniger wechselwendige Wesen als ich. Das sollte den Neugierigen von vornherein alle Hoffnung nehmen, eines Tages meinen Charakter zu erkennen, denn stets werden sie mich in einer besonderen Form antreffen, die nur im selbigen Augenblick meine ist.*

Rousseau vergleicht sein Selbst mit einem *Proteus* oder einem *Chamäleon*. Diese Eigenschaftslosigkeit oder Verwandlungskraft wäre allerdings nur für den quälend, der nach einer verlässlichen Identität Ausschau hält. Doch Rousseau fühlt sich erst dann bei sich angekommen, wenn er in eine Ichvergessenheit hinübergleiten kann. Wie es dabei zugeht, schildert er eindringlich in einem Brief an Chrétien Guillaume Lamoignon de Malesherbes von 1762. Er ist an einem wilden Ort im Walde, kein Park, nichts verrät den Eingriff von Menschenhänden, nichts schiebt sich, wie er sagt, zwischen die Natur und ihn. Und gerade darum lenkt ihn nichts von der eigenen tieferen Natur ab, die mit der äußeren Natur in einem *betäubenden Entzücken* verschmelzen kann. Das eine Mal hat er das Gefühl, sich hinzugeben, sich in der Natur zu verlieren; das andere Mal schwelgt er im Gefühl, alles in sich hineinziehen zu können; innen und außen gehen ineinander über. Das sind die Augenblicke der wahren Empfindung, eine Art Kommunion mit dem Sein, weshalb denn auch die Schilderung solcher Ekstase mit dem Ausruf endet: *O großes Sein! O großes Sein!*

Das Problem solchen Bei-sich-Seins und solcher Verschmelzung mit dem Ganzen besteht darin, dass sie nicht recht zum gewöhnlichen bürgerlichen Leben passen. *Wer in der bürgerlichen Ordnung die Ursprünglichkeit der natürlichen Gefühle bewahren will,* steht unweigerlich in *fortwährendem Widerspruch zu sich selbst.*

Kann man mit diesem Widerspruch leben? Man könnte es, wenn man bereit wäre, Widersprüche auszuhalten. Rousseau hat von sich selbst gesagt, er sei ein Mensch der Extreme. Entweder ganz in der Gesellschaft oder ganz außerhalb. Beide Extreme liegen ihm näher als das Leben im Widerspruch. *Was das Unglück des Menschen ausmacht, ist der Widerspruch … Macht den Menschen mit sich einig, und ihr werdet ihn so glücklich machen, wie er sein kann. Gebt ihn ganz dem Staat oder überlaßt ihn ganz sich selbst.*

Wie man jemanden ganz sich selbst überlässt, schildert Rousseau in seinem Erziehungsroman »Emile«. Dieser Roman, der eines der beiden Extreme schildert, entsteht zur selben Zeit wie der »Contrat social«, die Schrift, die das andere Extrem zum Thema hat. Dort wird entwickelt, was es heißt, den Einzelnen ganz dem Staat zu überlassen. Dabei stellt sich die Aufgabe, *dem Menschen seine Natur zu nehmen, ihm seine absolute Existenz zu entziehen und ihm dafür eine relative zu geben und das* Ich *auf die Einheit der Gemeinschaft zu übertragen, so daß jeder einzelne sich nicht mehr als Eines, sondern als Teil der Einheit fühlt, der nur noch im Ganzen empfindungsfähig ist.*

In Rousseaus idealem Staat kann der Einzelne ohne inneren Widerspruch leben, sofern er sich total vergesellschaften lässt. Er sucht seine Erfüllung nicht in sich selbst, sondern im Wir der staatlichen Gemeinschaft. Er ist selbst keine Einheit in sich, sondern die Einheit liegt außer ihm. Er würde seine Selbstliebe, die ihn vereinzelt, aufgeben müssen. Stattdessen würde er nun die Gemeinschaft und ihr verbindendes Gesetz lieben, die bedingungslose Verschmelzung des Eigenwillens mit dem »gemeinsamen Willen«, der *volonté générale.*

Keinen Gedanken verwendet Rousseau darauf, wie der Einzelne gegebenenfalls vor dem allgemeinen Willen geschützt werden könnte. Am Ende wird also die individuelle Freiheit der ominösen Freiheit des Ganzen geopfert. Der kollektive politische Körper ist frei, nicht aber der Einzelne. Und deshalb muss es, so Rousseau im Schlusskapitel des »Gesellschaftsvertrages«, ein verpflichtendes zivilreligiöses Glaubensbekenntnis geben. Der Mensch muss mit seiner ganzen geistigen Existenz vergesellschaftet werden. Diese Zivilreligion sollte den Staatsbürger dazu anhalten, seine gesellschaftlichen und politischen Pflichten *liebzugewinnen.* Es handelt sich um eine Religion der sozialen Daseinserfüllung. Sie sollte das *öffentliche Wohl* an die Spitze aller Zwecke stellen, sollte verpflichten zum Glauben an die Existenz einer weisen und wohltätigen Gottheit, einer umfassenden Vorsehung, eines zukünftigen Lebens mit der Belohnung der Gerechten und der Bestrafung der Gottlosen. Alles Sanktionsmittel für den entscheidenden Zweck: den Glauben an die *Heiligkeit des Gesellschaftsvertrages und seiner Gesetze* zu stabilisieren.

Die Glaubensartikel der Zivilreligion münden in diese Heiligsprechung der sozialen und politischen Vernunft. Wer nicht bereit ist, diese Glaubensartikel zu übernehmen, kann dieser Gesellschaft nicht angehören. Verbleibt er doch in ihr – etwa um den Schutz, die Bequemlichkeit und Sicherheit der Gesellschaft in Anspruch zu nehmen – und gibt sich gleichzeitig als ungläubig zu erkennen, sei es erklärtermaßen oder durch Heuchelei des Gegenteils, *so verdient er die Todesstrafe*. Denn er hat das *größte aller Verbrechen* begangen: Er hat einen *Meineid im Angesicht der Gesetze geleistet*.

So weit also das andere Extrem, nämlich die totale Preisgabe des Einzelnen an den Staat.

Zur Erinnerung: Rousseau hatte die Extreme – ganz sich selbst oder ganz dem Staat gehören – anvisiert, weil er davon überzeugt ist, dass der Mensch nicht im Widerspruch existieren kann, dass er es nötig hat, mit sich selbst *einig* zu sein. Daran wird im »Gesellschaftsvertrag« noch einmal ausdrücklich erinnert: *Alles, was die soziale Einheit zerreißt, taugt nichts. Alle Einrichtungen, die den Menschen mit sich selbst in Widerspruch bringen, taugen nichts.* Deshalb muss alles geschehen, um *die Herzen der Bürger an den Staat zu fesseln*. Auch die innige Verschmelzung mit sich und der Natur, wie wir sie bei Rousseau kennengelernt haben, gerät unter Verdacht.

Wie konnte es dazu kommen, dass Rousseau so offensichtlich auch gegen sich selbst denkt?

Vielleicht versteht man es besser, wenn man berücksichtigt, wie Rousseau über die Freiheit denkt.

Rousseau war nicht nur ein Mystiker der Seins-Erfüllung, sondern auch der geradezu ekstatisch empfundenen Spontaneität der Freiheit. Die Freiheit gehört für ihn zum *großen Sein*, auch sie ist ihm ein Mysterium. Auf die Frage beispielsweise, ob ein Anfang der Welt überhaupt denkbar sei, antwortete er kühn, dass ein solcher Anfang denkbar sei, weil man ja auch selbst jederzeit wieder neu anfangen könne. Zur Freiheit gehört für Rousseau nicht nur das Wählen und das Unterlassenkönnen, sondern vor allem dieses Anfangenkönnen, diese Macht der Initiative und der schöpferischen Spontaneität. Wie kein anderer Philosoph vor ihm und nach ihm erst wieder Hannah Arendt hat Rousseau das Anfangenkönnen als die schlechthin belebende Kraft der Freiheit verstanden. Das ruhige *Daseinsgefühl* empfängt die Welt, die Freiheit aber erschafft sie. Freiheit bedeutet handeln und das Sein wachsen lassen, im Guten wie im Bösen. Durch Freiheit gewinnt man ein Selbstsein, das nicht in sich verschlossen bleibt, sondern aus sich herauskommt. Freiheit ist das schlechthin Überraschende. Freiheit macht es sogar möglich, sich selbst zu überraschen. Freiheit ist unberechenbar.

Weil nun Rousseau so intim vertraut war mit der inneren Unabsehbarkeit und Unbestimmtheit der eigenen Freiheit, konnte ihm nicht verborgen bleiben, dass es draußen die vielen Freiheiten der Anderen gibt und dass sich deshalb dort ungeheure Unbestimmtheiten auftun. Die Lust an der eigenen Freiheit schlägt um in die Angst vor der Freiheit der Anderen – jedenfalls bei Rousseau. Er – der ja auch wirklich von staatlichen und kirchlichen Stellen verfolgt wurde – fühlte sich noch weit darüber hinaus umzingelt, wie in einer Welt von Feinden.

Die Freiheit also, von innen als Reichtum des Spontanen und Unberechenbaren erlebt, begegnet von außen als Gefahr. Der Genuss der eigenen Freiheit verbindet sich bei Rousseau mit der Angst vor der Freiheit der Anderen. Durch sie wird die Welt draußen unverlässlich und undurchsichtig. Deshalb ist für ihn der Gedanke verführerisch, sich die Freiheit des politischen Gesamtkörpers als einen großen Singular vorzustellen. Die eine Freiheit. Welche Freiheit soll das sein? Es kann nur die sein, die er von innen her kennt, und so kennt er nur eine: seine.

Eine Gesellschaft also nach seinem Bilde. So kommt es im »Contrat social« zu jener berühmten Konstruktion des *volonté générale* als einer Gestalt des erweiterten Selbst. Aus Angst vor der Freiheit der vielen wird die eine ominöse Freiheit des Ganzen postuliert. Die Seele der Gesellschaft ist dann nicht die Verschiedenheit, die in ihr bewahrt wird, sondern die Einheit, in der sich alle Verschiedenheit auflöst. Nur weil Rousseau sich die *volonté générale* letztlich als erweitertes Selbst vorstellt, kommt er auch nicht auf die Idee, über Vorkehrungen zu sinnen, wie der Einzelne vor dem Allgemeinwillen geschützt werden könnte.

Ich habe es schon erwähnt: Rousseau litt nicht nur unter Verfolgungswahn, er wurde ja auch tatsächlich verfolgt, 1762 musste er vor dem Haftbefehl des Parlamentes in Paris fliehen, und auch in Genf durfte er nicht bleiben. Aus seinem Schweizer Dorfasyl in Môtiers wurde er mit Steinwürfen verjagt, ebenso aus seiner Zuflucht auf der St. Petersinsel im Bieler See, und auch in den letzten Jahren in Paris hing das Damoklesschwert einer möglichen Verhaftung immer noch über ihm. Trotzdem erlebte er die gefühlte Verfolgung bedrohlicher als die wirkliche. Denn unter seine Verfolger rechnet er inzwischen auch viele seiner ehemaligen Freunde, etwa die Enzyklopädisten Diderot, Grimm, Holbach.

Wie er sich fühlte in einer Welt von Feinden, spricht er im letzten Kapitel der »Bekenntnisse« aus, wo von dem *Werk der Finsternis*, unter dem er sich *begraben* fühlt, die Rede ist. *In dem Abgrund der Leiden, in dem ich untergegangen bin, spüre ich die Schläge, die gegen mich geführt wurden, und sehe das Werkzeug, dessen man sich bedient. Aber ich kann weder die Hand sehen, die es lenkt, noch die Mittel, die es anwendet.*

Wirklich verfolgt und vom Verfolgungswahn geplagt, sucht Rousseau die Einsamkeit. Doch er kennt die Gesellschaft gut genug, um zu wissen, dass seine Lust, ein Ich zu sein, die gesellschaftliche Verfeinerung und Differenzierung voraussetzt, dass auch noch die Wonnen der Individualisierung sich der Gesellschaft verdanken. Auch wenn man ihr den Rücken zukehrt, hält sie einen gefangen. Rousseau weiß nicht nur um die Unmöglichkeit, zu einem vorzivilisatorischen Zustand zurückkehren, er weiß auch, dass er selbst ein besonders verfeinertes Produkt dieser Gesellschaft ist und so, ob er will oder nicht, in ihrer Schuld bleibt.

Würde er sich nach den Maximen des »Gesellschaftsvertrages« beurteilen, müsste er sich als einen unnützen Menschen ansehen, und die dort entworfene Zivilreligion würde ihn gar als böse erscheinen lassen. Weil er mit diesem Selbstvorwurf lebt, fühlte er sich auch so getroffen von Diderots auf ihn gemünztes Diktum: *Nur der Böse ist allein.* Das wird er ihm nie verzeihen.

Der Verfasser des »Gesellschaftsvertrages« gerät in die Falle seines eigenen Denkens: Er muss seinem Verlangen, nur sich selbst und nicht der Gesellschaft gehören zu wollen, den Prozess machen. »Rousseau richtet über Jean-Jacques« heißt seine vorletzte Schrift. Darin zeichnet er sich als ein monströses Exemplar, weder ein natürliches Wesen noch ein Bürger. Aber er plädiert für mildernde Umstände. Er sei jemand, der ein Asyl gesucht und gefunden hat in einer Welt, die ihm zum Dschungel geworden ist. Er kopiert Noten, botanisiert und träumt. Er möchte in Ruhe gelassen werden, man möge ihn doch bitte schön nicht verfolgen, denn er sei nicht mehr gefährlich, sondern eben nur ein *unbrauchbarer Bürger.*

In der letzten Schrift, vielleicht seiner schönsten, den »Träumereien eines einsamen Spaziergängers«, hat er die Verteidigungsstellung fast vollständig aufgegeben. Am Ende geht es ihm fast nur noch darum, die Freiheit von der Gesellschaft auszukosten. Er ist nun wirklich beim anderen Extrem angekommen: Er gehört ganz sich selbst. Die Welt der Anderen ist für ihn hinterm Horizont verschwunden. *Meine ersten* Bekenntnisse *und meine* Gespräche *schrieb ich unter beständiger Sorge über die Mittel, sie den raubgierigen Händen meiner Verfolger zu entziehen, um sie, wenn möglich, einer anderen Generation überliefern zu können. In Ansehung dieser Schrift, quält mich diese Unruhe nicht mehr, ich weiß, sie würde unnütz sein, und da der Wunsch, von den Menschen besser gekannt zu werden, in meinem Herzen erloschen ist, hat er eine tiefe Gleichgültigkeit gegen das Schicksal … hinterlassen.*

KAPITEL 5

Diderot. Der Einzelne als geselliges Genie

Rousseau hängt am Ideal des vollkommenen Selbstseins. Einig mit sich selbst sein, darauf kommt es an, entweder in der gesellschaftsabgekehrten natürlichen oder in der gesellschaftlich-politischen Existenz. In jedem Fall müssen die Störquellen des Widerspruchs beseitigt werden. *Alle Einrichtungen, die den Menschen mit sich selbst in Widerspruch bringen, taugen nichts.* Entweder gehört man sich selbst oder dem politischen Körper, beides lässt sich nicht vereinbaren, und deshalb bewegt sich Rousseau zwischen den Extremen, er träumt als einsamer Spaziergänger und denkt sich auf Anfrage politische Verfassungen aus, etwa für Korsika oder für Polen.

Damit stand er im Gegensatz zu seinem Freund Diderot, für den das Ideal des vollkommenen Selbstseins ebenso eine Chimäre war wie das Ideal des vollkommenen Bürgers. Diderot, der selbst auch gerne seine originelle Einzelheit herauskehrte, genoss das Gesellschaftsleben samt seinen Rollenspielen, die er womöglich noch zu überbieten suchte. Das wahre Selbst ist ihm eine leere Mitte, wo man nichts findet, was einem Halt gibt. Wahrheiten sind nicht tief drinnen zu finden, sondern draußen im gesellschaftlichen Spiel, bei dem Funkenflug der Ideen, die man später in seinem Winkel ausarbeiten mag. Im Salon Holbachs, wo die Enzyklopädisten verkehrten, war Diderot der ideensprühende Mittelpunkt. *Wer Diderot nur aus seinen Schriften kennt,* sagte Marmontel, *kennt ihn überhaupt nicht … ich habe selten an einem grösseren Fest des Geistes teilgenommen.* Auch Diderot selbst genoss das. Von einem dieser Geistesfeste bei Holbach berichtet er seiner Freundin Sophie Volland: *Alle waren erstaunt. Ich selbst fühlte eine unaussprechliche Befriedigung. Als ob ein Feuer in meinem Inneren brenne ... Es war ein Abend lodernder Begeisterung, deren Herd ich war.*

Während Diderot in diesen Kreisen seine rednerischen Triumphe feierte, saß sein Freund Rousseau ziemlich stumm und auch ein wenig eingeschüchtert dabei, wenn er nicht mit brummigen, abweisenden Bemerkungen den Ungehobelten herauskehrte. Doch auch so war ihm die Aufmerksamkeit der Gesellschaft sicher. Bei manchen adligen Frauen weckte er Mutterinstinkte.

Zehn Jahre lang, ungefähr zwischen 1745 und 1756, galten Rousseau und Diderot als unzertrennlich. Rousseau schrieb einige Artikel für Diderots »Enzyklopädie«. Die unterschiedlichen Auffassungen – Diderot versprach sich viel von der Entwicklung einer wissenschaftlichen Kultur, Rousseau nicht – taten dieser Freundschaft zunächst keinen Abbruch. Diderot verhielt sich auch hier eher spielerisch: Er half mit, eine Denkweise wie die seines Freundes auf die Spitze zu treiben, um zu sehen, was daraus folgen könnte. Diderot experimentierte mit Ideen, ohne sich von ihnen einschränken zu lassen, er behielt seine Beweglichkeit. Die Gedanken wollte er genau fassen, er selbst aber sollte nicht zu fassen sein. Mit List, Lust und Kühnheit steuerte er das Riesenprojekt der »Enzyklopädie« durch eine schwere Zeit. Offiziell war sie nach dem Erscheinen der ersten Bände verboten, doch Diderot konnte seine Autoren zusammenhalten und Band für Band fertigstellen. Dabei gelang es ihm, eine neugierige europäische Öffentlichkeit zum Bundesgenossen zu gewinnen. Malesherbes, der Oberzensor, war von dem Tausendsassa Diderot fasziniert und drückte beide Augen zu, sodass die Bände nicht nur fertiggestellt werden konnten, sondern schließlich auch bei den Buchhändlern überall in Europa ankamen. Doch zu diesem Zeitpunkt war die Freundschaft zwischen Diderot und Rousseau bereits zerbrochen.

Glaubt man Rousseaus »Bekenntnissen«, so hatte Diderot ihm den

Rückzug in die Eremitage der Madame d'Épinay übel genommen, seine Beziehung zu dieser Frau aus Missgunst und Eifersucht hintertrieben und alles getan, um ein Liebesverhältnis mit deren Schwägerin, Madame d'Houdetot, zu verhindern. Und überhaupt hätte Diderot versucht, ihn zu bevormunden und ihn mit seiner Lebensgefährtin Thérèse und deren Mutter zu entzweien, weil eine Analphabetin seiner nicht würdig sei. Und schließlich, so Rousseau, habe Diderot ihn einen *bösen Menschen* genannt, weil er sich aus der Gesellschaft zurückgezogen habe.

Von Diderots Seite aus sah die Sache natürlich ganz anders aus. Er hatte Rousseaus Beziehung zur Madame d'Épinay nicht hintertrieben. Im Gegenteil, er hatte ihn daran erinnert, was er ihr schuldig sei, denn Rousseau weigerte sich, Madame d'Épinay, als sie schwer erkrankte, nach Genf zu begleiten, wo sie die Hilfe eines berühmten Arztes in Anspruch nehmen wollte. Aus Dankbarkeit für ihre Wohltaten, so schrieb ihm Diderot, müsse er der Frau in dieser schweren Zeit zur Seite stehen und sie nach Genf begleiten.

Tatsächlich hatte Rousseau sich bei seiner Weigerung auf sein *Gewissen* berufen, worauf Diderot lakonisch antwortete: *aber genügt dieses Zeugnis? Darf man das der andern Menschen so völlig außer acht lassen?* Diderot gab Rousseau zu verstehen, dass sein Verlangen, mit sich selbst *einig* zu sein, ihn auf schlimme Irrwege führt, denn man hat nicht nur Pflichten sich selbst, sondern auch den anderen gegenüber. Das verwickelt einen zwar in Widersprüche, doch wenn man sich diesen nicht stellt, besteht die Gefahr, sich rücksichtslos zu verhalten. Das war es, was Diderot seinem Freund deutlich zu machen versuchte mit der Warnung, nicht allein auf sein Gewissen zu hören. Das eigene Innere ist zu schwankend, zu unverlässlich, und darüber hinaus ist man zu sehr in die gesellschaftliche Welt verstrickt, als dass man sich ganz auf sich selbst verlassen könnte. Noch wirbt Diderot, bei aller Kritik, um Rousseau: *Sie werden der einzige Einsiedler auf der Welt sein, von dem ich Gutes denke.*

Die letzte Begegnung dann im Dezember 1757. Dabei kommt es zu einem furchtbaren Zusammenstoß. Tief erschüttert berichtet Diderot einem Vertrauten, Melchior Grimm, von diesem Treffen. Diderot hat sichtlich Mühe, sich wieder zu sammeln. *Dieser Mann ist rasend,* schreibt er, *daß ich diesen Menschen ja nie wiedersehe! Ich könnte sonst noch an Hölle und Teufel glauben. Sollte ich jemals gezwungen sein, noch einmal zu ihm zu gehen, so werde ich bestimmt auf dem ganzen Hinweg zittern. Als ich von ihm zurückkehrte, hatte ich Fieber … Wer weiß, er hätte mich am Ende umgebracht! Er hat geschrien, daß man es bis zum andern Ende des Gartens hören konnte …*

So zerbricht eine Freundschaft.

Es war genau in dieser Zeit, dass Diderot mit der Arbeit an der Dialogerzählung »Rameaus Neffe« beginnt. Sie hat einiges zu tun mit Rousseau und mit der soeben in die Brüche gegangenen Freundschaft. Dieser »Neffe« ist das vielschichtige und schillernde Beispiel eines Menschen, der zwar, wie Rousseau, zerrissen und ohne Übereinstimmung mit sich lebt, der aber, anders als Rousseau, nicht, koste es, was es wolle, die Einigkeit mit sich selbst sucht. Der »Neffe« ist Diderots Gegenzauber gegen den Zauber Rousseaus. Mit ihm versucht er, Abstand zu seinem ehemaligen Freund zu gewinnen. *Umsonst versuche ich ein wenig zu dichten,* hatte Diderot unmittelbar nach dem Zerwürfnis über Rousseau geschrieben, *dieser Mensch stört mich andauernd in meiner Arbeit, er bringt mich durcheinander, und mir ist, als hätte ich einen Verdammten an der Seite.*

So stand es also zwischen den beiden, als Diderot begann, an der Dialogerzählung »Rameaus Neffe« zu arbeiten.

Die Dialogerzählung macht den als verkrachtes Genie, Schnorrer und Stadtstreicher in Paris berüchtigten Jean-François Rameau, Neffe des berühmten Komponisten Jean-Philipp Rameau, zum Protagonisten, der den Erzähler in ein bizarres und abgründiges Gespräch verwickelt. Eigentlich schätze er solche *Originale* nicht, erklärt das Erzähler-Ich, andererseits überlässt er sich gerne Situationen, in denen es nicht allzu vernünftig zugeht. Er selbst schätzt das wilde, ungeordnete Phantasieren und Denken. *Meine Gedanken sind meine Dirnen.* Kurz, der Erzähler weiß solche Figuren wie den »Neffen« zu schätzen, *weil ihr Charakter von den gewöhnlichen absticht und sie die lästige Einförmigkeit unterbrechen, die wir durch unsre Erziehung, unsre gesellschaftliche Konventionen, unsre hergebrachten Anständigkeiten eingeführt haben. Kommt ein solcher in eine Gesellschaft, so ist er ein Krümel Sauerteig, das das Ganze hebt und jedem einen Teil seiner natürlichen Individualität zurückgibt.*

Der »Neffe« verachtet das gesellschaftliche Rollenspiel, doch anders als Rousseau nimmt er mit geradezu zynischer Offenheit daran teil, ohne wie jener zwischen Skrupel und Heuchelei hin- und herzuschwanken. Auch Rameau stößt gelegentlich jene vor den Kopf, bei denen er Kostgänger ist. Doch beansprucht er nicht, mit solcher Art von *Offenheit* schon ein besserer Mensch zu sein. Auch Rameau gibt sich, wie Rousseau, impulsiv, unberechenbar und erklärt stolz, er sei an jedem Tag ein anderer, doch auch als *Proteus* und *wechselwendiges Wesen* bekennt sich Rameau dazu, dass die Gesellschaft sein Element sei und er sich ein Leben außerhalb gar nicht vorstellen wolle. Rameau ist ein Verächter der Idylle und des Rückzugs, wohingegen Rousseau empfiehlt, in sich zu gehen und dort jenseits der zivilisatorischen Entfremdung das wahre Sein zu suchen. Dieser Wendung nach innen setzt Diderot die denkwürdige Geste Rameaus entgegen, der seufzt, weint, jammert und dann wütend an seine Stirn pocht: *Mir scheint es ist doch was da drinnen. Aber ich mag schlagen wie ich will, nichts kommt heraus.*

Im Zentrum dieser Dialogerzählung steht der Einzelne, der seine Einzelheit zur Provokation werden lässt und damit Abscheu, Bewunderung und Verunsicherung auslöst, doch ohne im Sinne Rousseaus eine je nachdem höhere oder tiefere Wahrheit repräsentieren zu wollen.

Diderot arbeitete an diesem Text zwischen 1760 und 1770, ließ ihn dann jedoch unveröffentlicht liegen, wahrscheinlich weil manche der Figuren, vor allem der Neffe selbst, zu dieser Zeit noch am Leben waren und Diderot im fortgeschrittenen Alter nach langen Jahren des Streits und der Anfeindungen diesmal jedem Ärger aus dem Weg gehen wollte.

Diderot hatte aus Geldnot seine Bibliothek an die Zarin Katharina verkauft, und so gelangte nach seinem Tod eine Abschrift des noch immer unveröffentlichten Manuskripts nach St. Petersburg, wo der einstige Sturm-und-Drang-Dichter Friedrich Maximilian Klinger, der inzwischen zum russischen Generalmajor aufgestiegen war, sie in der Eremitage entdeckte. Er ließ eine Kopie fertigen, die auf verschlungenen Wegen 1803 zu Schiller gelangte, der von diesem Werk hingerissen war und Goethe für die Übersetzung gewann. In dessen Tages- und Jahres-Heften zu 1804 heißt es: *Frecher und gehaltener, geistreicher und verwegener, unsittlich-sittlicher war mir kaum etwas vorgekommen; ich entschloß mich daher sehr gern zur Übersetzung.* Es wurde eine meisterhafte Übersetzung, dazu mit instruktiven Anmerkungen versehen. Allerdings verzichtete er auf einige obszöne Passagen. Es sollte keinen Anlass zum Einschreiten geben.

In Frankreich kam es im Laufe des 19. Jahrhunderts zu Rückübersetzungen aus dem Deutschen, weil das Originalmanuskript verschwunden war und erst 1891 bei einem Bouquinisten an der Seine entdeckt wurde. Nicht nur die Figur des »Neffen«, sondern auch die Textgrundlage dieses durch Zeiten und Räume irrlichternden Werkes ist schwer zu fassen.

Der wirkliche Neffe des Rameau war, wie erwähnt, zu Diderots Zeit eine stadtbekannte, auch berüchtigte Figur. Ein Zeitgenosse schildert ihn als jemand, der *die Reichen und Großen mit Füßen tritt und sein Elend beweint, seinen Onkel ausspottet und sich mit seinem großen Namen ausschmückt, ihn … nachahmen, erreichen, überwinden – und sich dann nicht mehr rühren (möchte). Ein Löwe beim Drohen, ein Hühnchen in der Ausführung, ein Adlerkopf mit Schildkröten und Krebsfüßen.* Ein anderer meinte, der Neffe sei der *außergewöhnlichste* Mensch gewesen, dem er je begegnet war. *Er war in mehr als einem Fach geboren mit einem natür-*

lichen Talent, den (sic) *er wegen der Unausgeglichenheit seines Geistes nie kultivieren konnte.*

Ein Mann, der *die Reichen und Großen mit Füßen tritt.* Bei Diderot erzählt der »Neffe« von seinem Schicksal in den vornehmen Häusern, wo er den oft unbegabten und wenig interessierten Töchtern Unterricht erteilt im Klavierspiel und im Gesang. Er schildert die Tricks, die er benutzt, um sich wichtig zu machen, man muss Klatsch verbreiten aus anderen Häusern, man muss so tun, als sei man in alle kursierenden Geheimnisse und Gerüchte eingeweiht, man muss der Mutter schmeicheln und der Tochter heimliche Zeichen geben; man muss merken, woher der politische Wind bläst, ob vom Hof oder der Kirche, von den Enzyklopädisten oder den Jesuiten, um dann das Passende zu schwadronieren; *ich spielte den Narren, man hörte mich an, man lachte, man rief: Er ist doch immer allerliebst.* Bei anderen wiederum gibt man das gefragte Genie, das mit der Zeit geizt, als jemand, der schwer zu bekommen ist. *Ich komme, bin ernsthaft, werfe meinen Muff weg, öffne das Klavier, versuche die Tasten, bin immer eilig, und wenn man mich einen Augenblick warten läßt, so schrei' ich als wenn man mir einen Taler stähle. In einer Stunde muß ich da und dort sein, in zwei Stunden bei der Herzogin so und so, Mittags bei einer schönen Marquise, und von da gibt's ein Konzert bei Herrn Baron von Bagge.*

Diderot lässt den »Neffen« mit zynischer Offenheit schildern, welche Rollen er in diesem Milieu spielt: Er spielt nicht nur mit, er spielt auch die Rolle dessen, der über dem Spiel steht, der das lügenhafte Ganze durchschaut. Doch frei ist er deshalb nicht, weil er ja *bedürftig* bleibt, und deshalb ist *die gezwungene Stellung, in der uns das Bedürfnis hält, das allerschlimmste.*

Die *gezwungene Stellung* ist das Gegenteil von Souveränität. Souverän ist, wer keinen anderen braucht und deshalb auch nicht posieren muss. Wer aber einen *andern braucht, ist bedürftig und nimmt eine Position ein.* Das pantomimische Talent des »Neffen« kommt eindrucksvoll bei der Schilderung der Szenen des Posierens zum Zuge. *Nun lä-*

chelte er, spielte den Bewundernden, den Bittenden, den Gefälligen, er setzte den rechten Fuß vor, den linken zurück, den Rücken gebogen, den Kopf in die Höhe, den Blick wie auf andrer Blicke gerichtet, den Mund halb offen, die Arme nach einem Gegenstande ausgestreckt. Er erwartet einen Befehl, er empfängt ihn, fort ist er wie ein Pfeil, er ist wieder da, es ist getan, er gibt Rechenschaft; er ist aufmerksam auf alles; was fällt, hebt er auf; ein Kissen legt er zurecht; einen Schemel schiebt er unter; er hält einen Präsentierteller; er nähert einen Stuhl, er öffnet eine Türe, zieht die Vorhänge zu, bemerkt den Herrn und die Frau, ist unbeweglich mit hängenden Armen, steifen Beinen, er hört, er horcht, er sucht auf den Gesichtern zu lesen und dann sagt er: das ist nun meine Pantomime ungefähr, wie alle Schmeichler, Schmarutzer und Dürftige.

So setzt sich ein umfassendes Bild zusammen. Das Ganze ist das Unwahre als Wahrheit. Oben und unten. Unten treibt eher die Bedürftigkeit und weiter oben der Ehrgeiz. Oben begnügt man sich nicht mit dem Notwendigen, doch auch unten will man nicht nur überleben – sondern leben, mit allem, was dazugehört. Ausdrücklich verwirft der »Neffe« die Methode des Diogenes, nämlich den Verzicht, die Autarkie. Die Tonne ist zu wenig, erklärt er. Frechheit wiegt den Verlust anderer Genüsse nicht auf. Er ist nicht gewillt, bei den Bedürfnissen zurückzustecken, sondern möchte ihnen mit List, Unverschämtheit und frei von moralischen Skrupeln Befriedigung verschaffen. Er orientiert sich also nicht an Diogenes, sondern an der Maxime, *gute Weine zu trinken, köstliche Speisen zu schlucken, hübsche Weiber zu besitzen, auf weichen Betten zu ruhen; übrigens ist alles eitel.* Im Kampf darum scheut der »Neffe« vor keiner Intrige, keiner Lüge, keiner Unverschämtheit, keiner Schauspielerei zurück. Aber er ist es seiner Ehre schuldig, selbst zu entscheiden, wie weit und wem gegenüber er sich erniedrigt. *Ich will mich wohl wegwerfen, aber ohne Zwang, ich will von meiner Würde heruntersteigen.* Er bleibt souverän, auch in der Erniedrigung. Ohne demütige Zerknirschung, sondern geradezu stolz erklärt er: *Ihr wißt, ich bin unwissend, töricht, närrisch, unverschämt, gaunerisch, gefräßig.* Der Erzähler will das so denn doch nicht gelten lassen und meint, der »Neffe« habe doch eigentlich eine *zarte Seele*. Darauf der »Neffe«: *Ich? Keineswegs. Der Teufel hole mich, wenn ich im Grunde weiß, was ich bin … niemals falsch, wenn es mein Vorteil ist wahr zu sein, niemals wahr, wenn ich es einigermaßen nützlich finde falsch zu sein. Ich sage die Sachen, wie sie mir ins Maul kommen, vernünftig, desto besser; ungehörig, man merkt nicht darauf. Ich spreche frei vor mich hin.*

Es sind durchaus seine eigenen Erniedrigungen, die der »Neffe« pantomimisch vorspielt, aber in seinen Kommentaren verallgemeinert er sie: Die Gesellschaft insgesamt ist ein System von Erniedrigungen. Souverän ist, wer nicht zu spielen braucht, hatte er zuerst erklärt, aber nun fragt er: Wer ist denn überhaupt souverän?

Hier liegt der Punkt, an dem der Erzähler, der sonst ja als honorige Person auf Abstand bedacht ist, dem »Neffen« sehr nahekommt. Dem Gesellschaftsbild, das der »Neffe« entwirft, gibt er sogar einen noch radikaleren Zug. Auch die vermeintlich souveränen Figuren im Gesellschaftsspiel, erklärt der Erzähler, sind nicht souverän, sie hängen von denen ab, die von ihnen abhängen. Auch die Herren posieren. *Vor seiner Geliebten nimmt der König eine Position an, und vor Gott macht er seinen Pantomimenschritt. Der Minister macht den Schritt des Hofmanns … Die Menge der Ehrgeizigen tanzt eure Positionen auf hundert Manieren, eine verworfener als die andere.*

Dies also ist das Gesellschaftstheater, in dem der »Neffe« alle Rollen spielen kann – widersprüchlich und zerrissen, wie er ist. Doch gerade aus dieser Zerissenheit erwächst sein mimetisches Talent. Er ahmt nicht nur die gesellschaftlichen Positionskämpfe nach, als gescheiterter Komponist und glückloser Musiklehrer ahmt er auch die Konkurrenten nach, die bewunderten und die verachteten, er stellt sogar deren Musik pantomimisch so eindringlich dar, dass der Erzähler (und wir Leser mit ihm) sie zu hören glaubt, etwa ein Klavierstück von Alberti: *seine Finger flatterten über den Tasten. Bald verließ er die Höhe, um sich im Baß aufzuhalten, bald ging er von der Begleitung wieder zur Höhe zurück.*

Die Leidenschaften folgten einander auf seinem Gesicht, man unterschied den Zorn, die Zärtlichkeit, das Vergnügen, den Schmerz, man fühlte das Piano und Forte, und gewiß würde ein Geschickterer als ich das Stück an der Bewegung, dem Charakter, an seinen Mienen, aus einigen Zügen des Gesangs erkannt haben, die ihm von Zeit zu Zeit entfuhren.

Nach dieser eindrucksvollen pantomimischen »Aufführung« der Werke anderer drängt sich dem Erzähler die Frage auf: *wie kommt's, daß Ihr mit der Leichtigkeit, die schönsten Stellen ... mit dem Enthusiasmus, den sie Euch einflößen, wiederzugeben und andere wieder zu entzücken* (könnt) – *wie kommt's, daß Ihr nichts gemacht habt, das etwas wert sei?*

Damit ist der wunde Punkt berührt. Rameau, der geistreiche Kopf, der subtile Musiktheoretiker, der Spötter, der Zyniker, der Schwärmer, der Kuppler, der Schwätzer und Parasit, ist auch und vor allem ein Komponist ohne Fortune, ein Musiker, der an seinem Talent zweifelt und fast wahnsinnig darüber wird. *Und so war, so bin ich voller Verdruß, mittelmäßig zu sein,* sagt er und kann nicht ohne Neid das gelungene Werk eines anderen würdigen. Der Gedanke: *dergleichen wirst du niemals machen* bohrt in ihm. Wohl hat er seine Inspirationen, Eingebungen, doch will er die innere Musik ins Werk setzen, so beginnt ein entsetzliches Drama: *Bin ich allein und nehm' ich die Feder, will ich schreiben, so zerbeiß ich mir die Nägel, nütze die Stirn ab ... der Gott ist abwesend. Ich glaubte Genie zu haben; am Ende der Zeile lese ich, daß ich dumm bin, dumm, dumm.* Dann schlägt er wieder mit der Faust gegen die Stirn und murmelt: *Entweder ist niemand drinnen oder man will mir nicht antworten,* die mehrfach wiederholte Formel seines quälenden Zweifels am eigenen schöpferischen Talent.

Das Schlimmste, was dem »Neffen« widerfahren kann, ist also offenbar, von sich selbst im Stich gelassen zu werden und sich deshalb in die Nachahmungen flüchten zu müssen. Damit aber rührt der »Neffe«, aus der Sicht Diderots, an ein heikles Geheimnis des Schöpferischen. Das Problem dabei ist nämlich: Ist es wirklich so, dass für das Schöpferische ein Zentrum nötig ist? Gibt es wirklich die völlige Neuschöpfung, oder handelt es sich nicht meistens um ein verrückendes Spiel mit Vorgefundenem und um neue Kombinationen von Vorgefertigtem? Ist man beim schöpferischen Tun ganz bei sich, oder ist nicht sogar eine gewisse Ungebundenheit besser? Geht es nicht auch im Inneren zu wie bei einer geselligen Runde, ein Gewimmel von Einfällen, die man aufgreift, nachahmt, variiert? Handelt es sich dabei womöglich um geistige Vorgänge, die zu einem gehören und doch auch wieder nicht, die einen sogar von sich selbst entfremden? Genau so hat es Diderot einmal von sich selbst gesagt: *Ich kann mich auch von mir entfremden – ein Talent, ohne das man nichts vollbringt, was etwas taugt.*

Mit solcher Selbstentfremdung, als Qual, aber auch als Talent, stattet Diderot den »Neffen« aus, der sich vieles ausdenkt, viele Rollen spielt, virtuos durch das Gesellschaftsleben manövriert, ganz darin aufgeht und doch ein Einzelner bleibt, auch wenn er die Leute in seinen Bann zieht mit seinem wilden Denken und Gebaren. Seine erstaunliche Wirkung ist bei alledem, dass er *jedem einen Teil seiner natürlichen Individualität zurückgibt.*

Der Erzähler, anfangs durchaus auf Abstand bedacht, *bewundert* ihn am Ende. Wie in einem Brennpunkt kommen für Diderot in dieser Figur die schöpferischen und zerstörerischen Kräfte der Gesellschaft zusammen, dieses ganze Chaos aus Entfremdung, Geist, Nachahmungen und Irrsinn.

Wir sollten, das war Diderots Überzeugung, realistisch bleiben, wenn wir mit der Gesellschaft abrechnen. Wir verdanken ihr alles, auch die Kritik, die wir an ihr üben. Aus der Gesellschaft können wir nicht fallen, auch wenn wir mit ihr hadern.

Ihr seht, sagt Rameau, *dass wir auch mit Dissonanzen umzuspringen wissen.* Diderot konnte das. Rousseau nicht.

KAPITEL 6

Stendhal oder der Einzelne mit Stil

Am 24. November 1834 beginnt Stendhal, zu dieser Zeit französischer Konsul in Civitavecchia in der Nähe von Rom, mit seiner Autobiographie »Leben des Henri Brulard«. *Ich werde vielleicht, wenn dieses* (Buch) *beendet ist, in drei oder vier Jahren, endlich wissen, was ich gewesen bin, heiter oder traurig, ein Mann von Geist oder ein Dummkopf, beherzt oder ein Feigling und schließlich im ganzen glücklich oder unglücklich.*

Der da über sich selbst schreiben will, gibt vor, nicht zu wissen, wer und was er eigentlich ist. Ähnlich heißt es in seinem ungefähr zwanzig Jahre früher in Italien entstandenen Werk »Rom, Neapel und Florenz«, dem ersten Buch, das unter dem Pseudonym Stendhal erschien: *Was ist das Ich? Ich habe nicht die geringste Ahnung …*

Man muss sein eigentliches, sein »wahres« Ich nicht kennen, um auf sich selbst verändernd einwirken zu können, was von früh an die Absicht des eifrig Tagebuch schreibenden Henri Beyle war, der sich Stendhal nannte. Wahrheit im Sinne von Authentizität erreichen zu wollen ist vergebliche Mühe, weil unerreichbar. Was man erreichen kann, ist, auf sich selbst so einzuwirken, dass man eine erwünschte Wirkung auch bei den anderen erzielt.

Bereits die ersten Tagebucheintragungen des Achtzehnjährigen vom Frühjahr 1801 – Stendhal ist als Unterleutnant in einem Dragonerregiment bei einem der napoleonischen Feldzüge in Oberitalien unterwegs – folgen der Absicht, auf sich einzuwirken, um besser zu wirken. Selbsterkenntnis als Selbstregulierung oder, wie man das heute nennt:

Selbstoptimierung. Ein Einzelner zu werden, der herausragt, nicht, weil er ganz anders, sondern weil er für gewöhnlich einfach besser ist. Man überquert gefährliche Alpenpässe in der Schweiz; die anderen seufzen unter der Anstrengung und zeigen Angst. Er gibt sich kaltblütig. *War es das?* – fragt er seinen Vorgesetzten. Er möchte als Mann der Tat erscheinen, unerschrocken, draufgängerisch. Das hält er nicht lange durch. Wenn es später bei Gefechten ernst wird, sucht er lieber nach Druckposten. Die besorgt ihm sein Vetter, Pierre Daru, als Generalsekretär im Kriegsministerium die rechte Hand Bonapartes.

Der junge Stendhal kennt seine grüblerische Art. Man sollte sie nicht, notiert er, mit Tiefgründigkeit verwechseln. Das Grübeln sei die Unart von Kleinbürgern, denen weltmännische Leichtigkeit, Eleganz und Beiläufigkeit fehlen. Diderot zum Beispiel, schreibt er, habe sich redlich darum bemüht, es sei ihm aber nicht ganz gelungen. Dabei lässt sich dieser Habitus doch lernen, am besten in guter Gesellschaft. Zugang dazu verschafft ihm der Vetter, gegenwärtig bei einem Feldzug in Oberitalien und ab 1802 in Paris. Am 4. September 1804 notiert er im Tagebuch: *Dieser leichten Art muß ich mich soviel wie möglich nähern und jenen mir wesenseigenen Geist aufgeben; er ermüdet und wirkt schwerfällig und pedantisch.* Genau protokolliert er das Ungeschickte und Plumpe seiner Auftritte. Es fehle ihm die *Parkettsicherheit.* Entweder redet er zu viel oder zu wenig. Geistesgegenwart ist gefragt, knappe Logik, nicht pedantische Ausführlichkeit. Man darf aber auch nicht unbedingt geistreich erscheinen wollen, denn alles Forcierte wirkt lächerlich.

Wenn er auch nicht genau weiß, wer er ist, so weiß er doch genau, was er will, nämlich: Erfolg bei den Frauen, Ruhm und Geld. Keine besonders originellen Ziele, doch sie sollen mit Eleganz erreicht werden. Man darf ihm keine Anstrengung anmerken.

Was den Erfolg bei den Frauen betrifft, so zieht er im September 1811, inzwischen Auditor im Staatsrat in Paris, die folgende vorläufige Bilanz der letzten zehn Jahre: Er habe zwar *alle möglichen Romane nachempfunden* und daran eine *äußerste Empfindsamkeit* für die reine, hohe

Liebe entwickelt; doch habe ihm das Elternhaus, diese braven Bürger von Grenoble, die sogenannte *Tugend* verleidet. Und darum habe er in Liebesdingen für einen *Roué,* also einen Lebemann, gelten wollen, nicht nur vor den anderen, sondern auch vor sich selbst.

Nun waren allerdings seine körperlichen Voraussetzungen für die Rolle des erotischen Schwerenöters nicht sonderlich günstig. Henri war ziemlich hässlich, untersetzt, kurzbeinig, dick. Schon in der Schule nannte man ihn den »laufenden Turm«. Da musste denn doch einiges getan werden, um Erfolg bei den Frauen zu haben. Beim Feldzug in Oberitalien notiert er sich am 1. August 1801 die folgende Anleitung: *Ich bin wie viele andere verlegen, wenn es sich darum handelt, zum ersten Mal mit einer ehrbaren Frau zu schlafen. Da gibt es ein ganz einfaches Mittel. Wenn sie liegt, küßt ihr sie ab, erregt sie und so weiter; sie fängt an, Gefallen daran zu finden. Doch gewohnheitsmäßig verteidigt sie sich noch. Da muß man ihr, ohne daß sie es merkt, den linken Unterarm auf den Hals unter das Kinn legen, als wolle man sie ersticken; ihre erste Bewegung ist, mit der Hand dorthin zu fassen. Während dessen muß man mit gestrecktem Daumen und Zeigefinger der rechten Hand das Glied ruhig in das Ding einführen. Bei einigermaßen ruhigem Blut gelingt das unfehlbar.*

Zum fraglichen Zeitpunkt war das offenbar lediglich eine Phantasievorstellung, denn im späteren Rückblick heißt es: *Ich lebte also zwei oder drei Jahre lang ohne Frauen, als mein Temperament am meisten nach ihnen dürstete.*

Stendhals Temperament *dürstete* nach zwei unterschiedlichen Beziehungsarten, einer »niederen« und einer »hohen«. Bei der »hohen« kostet er ein Verlangen aus, ohne es unbedingt befriedigen zu wollen. Er wirbt hingebungsvoll um die begehrte Frau, macht die Wege weit, idealisiert sie. In den frühen Jahren war das zum Beispiel Victorine Monnier. An sie kommt er nicht heran, er schwärmt und versteht es, das unerfüllte Verlangen anderweitig zu befriedigen. Er *nahm sich,* wie er das nennt, eine andere Frau, beispielsweise in Marseille eine gewisse Rosa im Schummerlicht einer Straßenlaterne unter einem Hauseingang: *Ich kam sehr bald um vor Ekel; ich machte es zweimal mit ihr, ließ sie es sechsmal machen und ging angewidert und peinlich berührt um sechs Uhr früh fort. Seitdem habe ich sie nicht wiedergesehen, obgleich ich wieder hingehen müßte.*

Es gibt also Frauen, die er sich *nimmt*, und Frauen, die er anbetet.

Jene Art, Frauen *zu nehmen*, hat den Nachteil, notiert er, dass der *Einbildungskraft* leider nichts mehr zu tun bleibt. Deshalb der Ekel. Bei der »hohen« Liebe, die den Abstand fordert und ermöglicht, bleibt für die *Einbildungskraft* viel zu tun. Die Lust erschöpft sich fast vollständig in der träumerischen Vorlust, dem Stoff, aus dem auch die großen Liebesromane gemacht sind.

Eine Vorlust anderer Art lässt den jungen Henri träumen von einer Karriere als Schriftsteller. Im April 1803 notiert er: *Was will ich? Den Ruf des bedeutendsten französischen Dichters erlangen.*

Erfolg bei den Frauen die erste Leidenschaft und die zweite der Ruhm: Ursprünglich hatte er von militärischen oder diplomatischen Großtaten geträumt. Als er merkte, dass es dazu bei ihm nicht reichte, begnügte er sich mit dem Schriftstellerruhm. Beide Leidenschaften, die für Frauen und die für den Ruhm, gehen bei ihm auseinander hervor: *Die Liebe, wie ich sie mir vorstelle, kann mich nicht glücklich machen, weshalb ich seit einiger Zeit damit begonnen habe, mich in den Ruhm zu verlieben ...*

Das notiert er im Sommer 1803. Zu dieser Zeit geht er in Paris fast jeden Abend ins Theater und analysiert dann im Tagebuch sorgfältig die Stücke. Er will den Autoren auf die Schliche kommen, ihre Technik erlernen, um es dann womöglich noch besser zu machen. Er skizziert fünf Stücke und arbeitet jahrelang an einer Komödie, die nie fertig wird, weil ihm die leichte Hand fehlt. Man trifft am besten, wenn man nicht allzu genau zielt. Er lernt: Auch beim Schreiben muss man Verbissenheit und Pedanterie vermeiden. Wie ein Grandseigneur, nicht wie ein ehrgeiziger, verbissener Kleinbürger, sollte man schreiben, nebenher, aus Liebhaberei. Der Grundsatz, *das einzige Geschäft des Lebens ist das Vergnügen,* sollte auch für das Schreiben gelten. Noch gelingt ihm das nicht. Erst bei den späteren Werken, die Epoche machen werden, ist er so weit. Sie entstehen in einem spielerischen Furioso: Für den voluminösen Roman »Rot und Schwarz« von 1830 braucht er nur wenige Monate, und die noch umfangreichere »Kartause von Parma« diktiert er 1839 in einem Zuge in 54 Tagen.

Die dritte Leidenschaft: Geld. Stendhal spottet über jene, die so tun, als käme es darauf nicht an. Es kommt aber alles darauf an, zum Beispiel fehlt es an Selbstsicherheit, wenn Geld fehlt. *Wenn ich keins* (= Geld) *habe, bin ich überall schüchtern; da es mir oft fehlt, ist die unglückliche Neigung, aus allem, was ich sehe, Gründe zur Schüchternheit herauszufinden, mir schon fast zur Gewohnheit geworden.* Das heißt also: Die Welt schüchtert ein, wenn man ihr nicht mit Geld begegnen kann.

Stendhal wird es nie zu einem großen Vermögen bringen, aber er tritt so auf, als hätte er eines. Er gibt sich mondän, was ihm besonders gut gelingt in seinen ökonomisch besten Jahren zwischen 1809 und 1812 in Paris. Er wohnt luxuriös und leistet sich ein schickes Cabriolet. Er gibt Unsummen für seine Garderobe aus, und natürlich verschuldet er sich hoch, obwohl er als Mitglied des Staatsrates und kaiserlicher Gebäudeinspektor, der auch über die Kunstsammlung im Louvre Aufsicht führt, sehr gut verdient und wohl auch von Bestechungsgeldern profitiert.

Stendhal will nach oben, mit den Frauen, mit der Literatur, mit dem Geld. Um sich gegen Sentimentalitäten abzuhärten, studiert er Machiavelli, *das ist ein wirkliches Heilmittel gegen diese unruhige Empfindsamkeit, die mich zum Weibe macht,* notiert er.

Worauf es ankommt: Herr über sich selbst zu sein. Auch wenn man in irgendwelcher Hinsicht abhängig ist, was in der Regel nicht zu vermeiden ist, sollte man sich solche Abhängigkeiten im äußeren Auftreten nicht anmerken lassen. In den »Aufzeichnungen eines Egotisten« von 1832 bekennt er, dass er ein Leben lang sich in der *Kunst zu scheinen* geübt habe. Egotismus hat einen anderen Bedeutungsakzent als Egoismus. Es geht nicht um bloßes Eigeninteresse bis hin zur Selbstsucht, sondern eher um die Kunst der Selbstdarstellung. Ein wenig Hochstapelei kann dabei nicht schaden, denn manchmal erreicht man dadurch das, was man vorspiegelt. Man sollte nicht denken, das wirkliche Selbst sei etwas Grundlegendes, nein, es ist das, was man aus sich macht. Es ist keine Ursache, sondern ein Effekt. Deshalb sind Inszenierungen, Verwandlungen, Maskierungen unverzichtbar. *Freudig werde ich eine Maske tragen, genußvoll werde ich die Namen wechseln.*

Bei diesen drei Leidenschaften – Frauen, Schriftstellerruhm und Geld – kommt es darauf an, dass man ihnen folgt, doch nicht von ihnen beherrscht wird. Das geschieht im Leben selten genug. Die Literatur aber ist das Feld der beherrschten Leidenschaft, weil hier die Leidenschaften allein aus der Sprache entstehen. Das ist das Wunder der Literatur: die Verfertigung von Leidenschaften aus Worten. Die Literatur, so wie er sie sich vorstellt, schafft allein durch das treffend gewählte Wort einen *Stolz,* der den Sieg davonträgt, *wo immer er auftritt.*

Stendhal schreibt nur noch selten im Tagebuch, seit er mit dem Romanschreiben begonnen hat. Hier lassen sich nun wirklich die Leidenschaften beherrschen, und man wird von ihnen nicht nur mitgeschleift. Er genießt es, wenn er seine Protagonisten mit ihren Leidenschaften in den Tumult des Lebens schicken kann. Stendhal, der auch sonst das Maskenspiel liebt, wird fast zwangsläufig zur Literatur geführt, in eine Welt also, die es einem erlaubt, gleichzeitig Akteur und Zuschauer zu sein. Wie bei der Maskerade: Er ist es und er ist es nicht, er ist zugleich drinnen und draußen, leidenschaftlich und beherrscht.

Doch wie auch immer, um die Leidenschaften dreht sich alles. Leidenschaften zu durchleben, egal welche, ist der Sinn des Lebens. Darüber hinaus gibt es eigentlich nichts von Belang. Gott ist für Stendhal fast schon eine Witzfigur. Angesichts der Übel in der Welt, bemerkt er einmal, ist Gottes einzige Entschuldigung, dass es ihn nicht gibt. Nicht lange vor seinem Tod notiert er einige Wünsche, die er an eine solche unzuverlässige Adresse richten würde. Der erste Wunsch bezieht sich auf den Penis: *Das Glied ist wie der Zeigefinger in Bezug auf Härte und Beweglichkeit, ganz wie es gewünscht wird … zwei Zoll länger als üblich.* Er soll also nicht nur länger sein, sondern, noch viel wichtiger: Die Erektion soll dem Willen und nicht dem Trieb gehorchen. Das erst ist wahre männliche Selbstbestimmung. Dieses Wunschbild der selbstbestimmten Erektion ist durchaus übertragbar auf das literarische Schreiben: Es soll auch eine Art absichtsvoller Selbstaufrichtung sein. Und so schreibt Stendhal, hochgestimmt von schöpferischen Machtgefühlen, seine großen Romane in unglaublich kurzer Zeit.

Was bedeuten ihm diese Romane? Will er lehren, aufklären, entlarven, kritisieren und sich mit alledem irgendwie nützlich machen? Will er das große Ganze verändern? Keineswegs. Was die Veränderung betrifft, so notiert er im Tagebuch: *Eines Tages erwachte ich auf Erden; ich entdeckte, daß ich an einen Körper, an einen Charakter, an ein Schicksal gebunden war. Soll ich meine Zeit mit dem vergeblichen Versuch zubringen, sie zu ändern und dabei vergessen zu leben?*

Und was ist Leben? Noch einmal – es ist Leidenschaft. Sie ist ein Zweck in sich. Auch ihre literarische Darstellung ist ein Zweck in sich, aber schön wäre es doch, wenn sie durch Ruhm geadelt würde und, nicht zu vergessen, auch einiges Geld dadurch hereinkäme. Viel war es bei Stendhal nicht, nur insgesamt etwa fünftausend Francs für seine zu Lebzeiten veröffentlichten Bücher. Zwar war Stendhal zeitweilig in den Pariser Salons in aller Munde, aber trotzdem wurde er wenig gelesen. Seine unverkauften Bücher, spottet er, könnten als Ballast dienen und Schiffen zu Tiefgang verhelfen. Doch er fühlt sich nicht als unverstandener Märtyrer der Literatur. Hundert Jahre später wird man ihn lesen, davon ist er überzeugt. Diesem künftigen Publikum widmet er ausdrücklich seine beiden großen Romane: *To the happy few*. Von diesem künftigen Publikum erhofft er sich, dass es souverän genug ist, von der Literatur nicht mehr Belehrung oder moralische Erbauung oder andere dem ominösen Fortschritt dienende Eigenschaften zu fordern. Literatur spricht eben für sich selbst, wie die Leidenschaften, die auch für sich selbst sprechen. So versteht Stendhal das L'art pour l'art.

Stendhal war bekanntlich kein Außenseiter. Was er anstrebte, wollen die meisten erreichen: Ruhm, Geld, Karriere. Und doch verachtet er die Gesellschaft, jedoch nicht, weil er sich moralisch überlegen fühlt, sondern lediglich für klüger, illusionsloser, abgebrühter hält. Er will sich von den jeweils aktuellen ideologischen, religiösen, politischen Idiotien nicht anstecken lassen. Sein Stolz, ein Einzelner zu sein, bezieht sich genau auf diese Weigerung, sich zum Idioten der Gesellschaft machen zu lassen. Er macht mit, doch mit lässiger Teilnahme, genannt: *desinvolture.*

Stendhal hatte 1812 am Feldzug gegen Russland teilgenommen, in der Nachhut, wie meistens bei gefährlichen Unternehmungen. Er wurde Zeuge des Entsetzlichen, was da geschah, die Massaker, die Plünderungen, der Kannibalismus. Nachdem er dem Grauen glücklich entkommen war, notierte er an einem Mailänder Kaffeehaustischchen: *Das einzige, das in diesem Leben der Mühe wert ist, ist das* eigene Ich. *Das Gute an dieser Denkweise ist, daß ein Rückzug aus Rußland nicht mehr Bedeutung hat als ein Zug aus einem Glas Limonade.*

Stendhal hatte Napoleon schon damals beim oberitalienischen Feldzug als das gigantische, überlebensgroße »Ich« bewundert. Daran änderte auch die russische Katastrophe nichts. Napoleon ist für ihn ganz einfach eine magische Figur, die ihn auf unheimliche Weise zu sich selbst ermuntert.

Nach Napoleons Abdankung notiert er die folgende grundsätzliche Bemerkung zur Politik: *Ich finde es zwar sehr angenehm, in einem Lande zu leben, das eine liberale Verfassung hat; aber falls jemand nicht gerade einen hochempfindlichen Nationalstolz hat und für die Belange des privaten Glücks unempfänglich ist, begreife ich nicht, wieso er dann ein Vergnügen darin finden kann, sich ständig um Fragen der Verfassung und Politik zu kümmern. In Anbetracht der heutigen Gewohnheiten und Vergnügungen eines Mannes von Welt erweist sich die Freude, die er an der Art der Macht-*

verteilung in einem Lande finden kann, als unerheblich: sie kann ihm wohl schaden, aber sie kann ihm kein Vergnügen bereiten.

Napoleon konnte ihm jenseits aller Politik *Vergnügen* bereiten, weil er ihm die ungeheuren Steigerungsmöglichkeiten eines entschlossenen »Ichs« vorlebte und ihn so in seinen Bann zog. Auf das *Vergnügen* aber kommt alles an, bei knapper Lebenszeit und ohne Aussicht auf ein besseres Jenseits. Stendhal bekennt sich dazu, ein Epikureer zu sein. Seine Intelligenz, erklärt er, sollte man dazu gebrauchen, seinen Neigungen zu folgen, und Widerstände sollte man eher überlisten als bekämpfen. Dazu gehört unter Umständen, dass man sich äußerlich anpasst. Stendhal war zuerst Republikaner, ehe er Bonapartist wurde, passte sich dann der bourbonischen Restauration an, um nach der Julirevolution 1830 von Amts wegen dem Bürgerkönigtum, das er verachtete, zu dienen. So manövrierte er durch die Geschichte, stets darauf bedacht, die *Unverschämtheiten*, die einem zugemutet werden, in Grenzen zu halten. Nicht Standhaftigkeit war sein Ideal, vielmehr wollte er einer sein, der nicht zu fassen ist. Bekenntnisse vor einer Öffentlichkeit, die er verachtete, lehnte er ab. Das unterschied ihn von Rousseau, dem er *Geschwollenheit* vorwarf.

Es versteht sich von selbst, dass er sich nicht als moralische Gegeninstanz zur Gesellschaft verstand. Er weiß, dass er Fleisch vom Fleische ist. Auch ihm geht es um Sex, Anerkennung und Geld. Hier unterscheidet er sich gar nicht. Der Unterschied zu den meisten besteht in seiner intelligenten Weigerung, sich mit Haut und Haaren vergesellschaften zu lassen. Er glaubte nicht, woran man sonst so glaubte. Zum Beispiel glaubte er nicht, in sich eine Wahrheit finden zu können, von der aus man eine bessere Gesellschaft erschaffen könnte. Beiträge zur Verbesserung des Menschengeschlechtes bildete er sich nicht ein.

Unbescheiden war er trotzdem nicht. *Man bekommt eine hohe Meinung von sich,* notiert er im Tagebuch, *wenn man seine Überlegenheit auf einem Gebiet entdeckt.*

Überlegenheit worin? Das kommt auf die Situation an. *Überlegen* fühlte er sich, wenn ihm eine erotische Eroberung glückte, wenn es ihm gelang, in kürzester Zeit einen Roman für die *happy few* zu schreiben, wenn er zu Geld kam, das er dann hemmungslos ausgeben konnte. Alles andere zählte nicht so viel. Es gab für Stendhal ja keinen Gott, der einem in seiner Einzelheit begegnet; es gab keinen Fortschritt, den man in seiner Person antizipieren und dem man dadurch dienen könnte. Es gab keine sonstige allgemeinverbindliche moralische Instanz, vor der man sich zu rechtfertigen hätte. Keinem anderen, nur sich selbst konnte man etwas schuldig bleiben. Der Einzelne, Stendhals *Egotist*, steht unter keinem Rechtfertigungszwang, allenfalls kann er sich lächerlich machen; er ist zwar durch und durch ein Gesellschaftsmensch, der aber zum Einzelnen wird, indem er der Gesellschaft ihre Grundmelodie vorspielt.

ZWEITE ZWISCHENBETRACHTUNG

Unter einem *Schleier* lag das Bewusstsein, schreibt Jacob Burckhardt, *der Mensch erkannte sich nur als Rasse, Volk, Partei, Korporation, Familie oder sonst in irgendeiner Form des Allgemeinen.* Dieser *Schleier* verwehte, und es begann jene Entwicklung, in deren Verlauf sich der Einzelne einem Ganzen gegenübergestellt sah. Das Zeitalter der großen Trennungen: ich und die Welt, Subjekt und Objekt, das Individuum und die Gesellschaft und bei Descartes die *res cogitans* und die *res extensa,* der erkennende Geist und die ganze ausgedehnte körperliche Welt. Descartes' berühmtes Experiment mit dem Zweifel – wo finde ich Gewissheit, wenn alles Täuschung wäre? – sollte den Rückschluss auf Gott als Gewissheits-Instanz möglich machen, tatsächlich aber wurde dadurch deutlich, dass Wissen und Empfinden stets eine Bestätigung durch andere benötigt. Gewissheit über das Wissen, Glauben, Empfinden ist nicht in vollkommener Einsamkeit möglich. Die Gotteshypothese verhindert nicht den geistigen Absturz ins Bodenlose, wenn das Soziale fehlt. So war die unbeabsichtigte Folge der radikalen Trennung die Entdeckung des *Gemeinsinns.*

Man musste ihn entdecken, gerade weil es nicht mehr selbstverständlich war, in einem Ganzen enthalten zu sein. Zusammenhänge waren zerrissen, Überwölbungen eingestürzt. Zwar bildeten sich neue Gemeinschaften, neue Verbände und Klassen, also neue allgemeine Formen, und doch gab die Krise einen Vorgeschmack darauf, was es bedeutet, vereinzelt und von allen guten Geistern verlassen zu sein. Dann bleibt nichts anderes übrig, als auf hoher See das Floß, auf dem man durch die Zeiten treibt, irgendwie zu reparieren oder gar neu zu bauen. Eine solche Umbruchszeit war die Epoche der Aufklärung, zu der Rousseau ebenso wie Diderot gehörten.

Rousseau fühlte sich extrem vereinzelt und träumte gerade darum von der bergenden Gemeinschaft, fast schon von einer heiligen Kommunion des Sozialen. Die Entgegensetzung des Ichs hier und der real existierenden Gesellschaft dort war denkbar scharf. Er hielt sich für einen ganz einmaligen Einzelnen: *Ich wage sogar zu glauben, daß ich nicht wie einer der Lebenden gebildet bin.* Nicht nur das. In seiner Einmaligkeit sah er auch eine bessere Zukunft des Menschengeschlechtes vorgebildet. Er spürte in sich eine innere Wahrheit, die er der gesellschaftlichen Entfremdung, der real existierenden Unwahrheit also, glaubte entgegenstellen zu können. Als diese Wahrheit galt ihm die tief in sich empfundene ursprüngliche Natürlichkeit, die Freiheit von gesellschaftlicher Entfremdung und die friedliche Übereinstimmung mit dem *großen Sein.* Das spürte er in seinen besten Augenblicken, die zugleich seine einsamsten waren.

Bei Montaigne war der Selbstbezug noch defensiv, es ging darum, sich von der öffentlichen Unvernunft nicht anstecken zu lassen. Mit Rousseau aber geht der Einzelne zum Angriff über. Ein ungeheures Selbstbewusstsein ist hier am Werk, auch ein starkes Gefühl der schöpferischen Freiheit. Doch diese Freiheit konnte Rousseau nur im Singular leben und erleben. Entweder als eigene Freiheit oder als die Freiheit eines allerdings nur erträumten geeinten Kollektivs, worin dann aber die einzelne Freiheit verschwindet. Rousseaus Problem: Von den Freiheiten der anderen fühlte er sich verfolgt. Er suchte Zuflucht vor ihnen in der Einsamkeit des reinen Selbstseins oder in den letztlich totalitären Phantasien der gesellschaftlichen Kommunion.

Diderots Genie bestand genau darin, nicht nur die vielen Freiheiten ertragen zu können, sondern sich von der Vielfalt der Perspektiven und Lebensentwürfe bezaubern zu lassen. Für Diderot gab es die Freiheit im Plural, faktisch und als angestrebter Wert, als Sein und als Sollen.

Die Rousseau'sche Entgegensetzung, hier der wahre Einzelne, dort die unwahre Gesellschaft, wies er zurück. Die Gesellschaft ist ein Gewimmel, und der Einzelne ist es auch. Weder das eine noch das andere lässt sich hinreichend unter einen Begriff bringen. Aus einem Guss, von einem archimedischen Punkt aus ist hier nichts zu verstehen. Auch deshalb wurde die »Enzyklopädie« Diderots Lebensprojekt. Viele Augen, viele Geister blicken auf die Welt, die einem nicht als etwas Ganzes gegenübersteht, sondern in der man immer enthalten ist.

Diderot konnte sich nicht vorstellen, aus der Welt zu fallen; Rousseau aber konnte das, mal euphorisch, mal geängstigt. Diderot, dieses gesellige Genie, gewann aus der gesellschaftlichen Reibung den Reichtum seiner Einfälle, die er geradezu verschwenderisch wieder zurückgab. So bewegte er sich durch das gesellschaftliche Gelände als ein unverwechselbarer Einzelner, der sich bewahrte, indem er sich hingab, bisweilen irrlichternd und genialisch-unordentlich wie Rameaus Neffe.

Auch Stendhal war ein Einzelner mit geselligen Talenten. Doch er war berechnender. Ein Meister der beabsichtigten Effekte, kalkulierte er klug seine Wirkung auf andere. In der Gesellschaft wollte er sich so schwerelos bewegen wie ein Fisch im Wasser, die Kunst beherrschen, die Gesellschaft zu nutzen, ohne von ihr benutzt zu werden. Das gehörte zu seinem Ideal von Souveränität. Er nannte sie *Egotismus*. Die Gesellschaft war für ihn eine Bühne von Leidenschaften, die gar nicht so sehr erlitten als vielmehr in Szene gesetzt werden. Deshalb war für ihn die Literatur die gesteigerte Geselligkeit, auch wenn er davon überzeugt war, dass sein Publikum und seine Zeit erst noch kommen würden.

Stendhals Einzelner ist durch und durch aus dem Stoff der Gesellschaft gemacht, und er strebt nicht danach, etwas ganz anderes zu sein. Er war ein Einzelner, der nicht anders sein wollte als die anderen, nur besser.

KAPITEL 7

Kierkegaards Einzelner und die Entdeckung der Existenz

Im Dezember 1847 notiert der 34-jährige Kierkegaard in seinem Tagebuch: *Mit der Kategorie »der Einzelne« nahm ich seinerzeit, als alles hierzulande System und aber System war, das System zum Angriffsziel ... Mit dieser Kategorie ist meine mögliche geschichtliche Bedeutung unbedingt verknüpft. Meine Schriften werden vielleicht bald vergessen sein, wie die vieler anderer Schriftsteller. War aber diese Kategorie richtig, war es mit dieser Kategorie in Ordnung, sah ich hier richtig, verstand ich richtig, daß dies meine, wenn auch keineswegs erfreuliche oder bequeme oder dankbare Aufgabe war, war dies mir vergönnt, wenn auch in innerlichen Leiden, wie sie gewiß selten erlebt werden, wenn auch unter äußeren Opfern, die zu bringen nicht alle Tage ein Mensch bereit ist: so stehe ich und meine Schriften mit mir.*

Was aber hat es mit der Kategorie des *Einzelnen* bei Kierkegaard auf sich? Was ist damit gemeint über den bereits damals geläufigen Individualismus hinaus, wonach jeder einen Anspruch hat, wichtig genommen zu werden, jeder aber auch besorgt sein sollte, etwas aus sich zu machen und sich selbst irgendwie zur Geltung zu bringen? Es fiel Kierkegaard nicht ganz leicht, diese inzwischen selbstverständliche Bedeutung des *Einzelnen* gegen seine eigene Definition abzusetzen.

Zum Zeitpunkt der Tagebucheintragung stand bei Kierkegaard die Frage im Mittelpunkt, was es bedeutet, wirklich ein Christ zu sein in einer Gesellschaft, die formell und nominell als christlich gilt. Seine Antwort: Christsein bedeutet, sich als Einzelner *allein vor Gott* gestellt zu fühlen. Kierkegaard war davon überzeugt, dass das Christentum im Unterschied etwa zum Judentum oder dem Islam keine Stammesreligion sei, die eine geistliche und sittliche Formung eines Kollektivs anstrebt und ihren inneren Zusammenhang verbürgt, sondern dass die christliche Offenbarung ursprünglich die Einzelheit des Einzelnen anspricht, sie wachruft, herausfordert. Es geht dabei um innerliche Vorgänge, Glaube, Liebe, Erlösung, denen nur dann Wirklichkeit zukommt, wenn der Einzelne sie auch tatsächlich erfährt und innerlich vollzieht.

Kierkegaard ist sich durchaus bewusst, dass auch das Christentum inzwischen längst zur Stammes- und Staatsreligion geworden ist, zu einer Form geistiger Vergesellschaftung und insofern eine oberflächliche Angelegenheit, an die sich die meisten anpassen, ohne davon sonderlich ergriffen zu werden. Und so sieht er es als seine Aufgabe an, das Christentum wieder zu verinnerlichen, und das heißt: zu vereinzeln. Sein ursprünglicher Sinn soll wiederhergestellt werden, der vollständig verloren geht, wenn, wie etwa seinerzeit in Dänemark, die protestantische Taufe mit der Staatsbürgerschaft verbunden war, die man bei ausdrücklich erklärtem Unglauben verlor. Dieser Glaube als Staatsbürgerpflicht und damit als Angelegenheit des öffentlichen Anstands sollte wieder *existentiell* verstanden werden. Es war Kierkegaard, der diesen Ausdruck zum ersten Mal emphatisch verwendete als Bezeichnung für das, was den Einzelnen unbedingt angeht und wodurch er sich womöglich überhaupt erst in seiner Einzelheit erfährt.

Der Einzelne, heißt es in der oben zitierten Tagebucheintragung, *ist die Kategorie, durch welche, in religiöser Hinsicht, die Zeit, die Geschichte, das menschliche Geschlecht, hindurch muß.*

Mag sein, dass alles durch die Kategorie des *Einzelnen* wie durch einen Filter *hindurch*muss, um seine eigentliche Bedeutung zeigen zu können, zunächst aber muss er selbst, Sören Kierkegaard, *hindurch.* Wie verhält es sich bei ihm selbst mit seiner Einzelheit?

Im Rückblick sieht es Kierkegaard so: Er sei immer ein Außenseiter gewesen, in der Schule und dann auch an der Universität. Man habe ihn in scheußliche Klamotten gesteckt, nicht aus Gründen der Sparsamkeit, sondern der Frömmigkeit, grober Stoff, der scheuerte, wie eine Vogelscheuche sei er herumgelaufen, die Hosen nicht lang genug und zu steif. Damit konnte man nur staken. Der Überzieher viel zu lang und geräumig für den spindeldürren Knaben. Als Student rächte er sich dann für diesen Tort, den man ihm angetan hatte, indem er bunt wie ein Papagei herumlief. Man bespöttelte ihn, doch er fühlte sich seinen Mitschülern und später den Kommilitonen geistig haushoch überlegen. Er lebte diese Überlegenheit aus, indem er mit ihnen spielte, manchmal ohne dass sie es merkten. So hielt er sie zum Narren. Auch von den Lehrern ließ er sich nichts sagen. Als einer die Widerreden des aufsässigen Schülers nicht länger ertrug und erklärte: Entweder gehen Sie oder ich, antwortete er trocken: Ich gehe! Man bewunderte und fürchtete seinen Witz und seine ironischen, manchmal auch zynischen Bemerkungen. Körperlich schwächlich, zeigte er sich geistig sehr schlagfertig. Das scharfsinnige Argumentieren hatte er beim Vater gelernt, der, vom armen Bauernsohn zum wohlhabenden Wollwarenhändler in Kopenhagen aufgestiegen, sich früh zur Ruhe gesetzt hatte und seine Tage mit religiösen Grübeleien und Spekulationen verbrachte, in die er den jüngsten Sohn verwickelte. So bekam Sören auch die Schwermut des Vaters zu spüren, der ein Strafgericht befürchtete, weil er einst, als armer Hirtenjunge einsam mit seinem Schicksal hadernd, in der Heide von Jütland von einem großen Findlingsstein herab Gott verflucht hatte. Diese Geschichte hatte der Vater dem Sohn erzählt und mit dunklen Andeutungen ausgeschmückt; wahrscheinlich spielten sexuelle Fehltritte eine Rolle. Im Tagebuch erzählt Kierkegaard: *Es war ein Vater und ein Sohn. Beide geistig hochbegabt, beide witzig, besonders der Vater. Jeder, der ihr Haus kannte und dorthin kam, fand gewiß, daß es sehr unterhaltsam war. Gewöhnlich disputierten sie nur zusammen und unterhielten sich miteinander wie zwei gute Köpfe, ohne Vater und Sohn zu sein. Selten einmal, wenn der Vater auf den Sohn blickte und sah, daß er sehr bekümmert war, stand er vor ihm still und sagte: Armes Kind, du gehst in einer stillen Verzweiflung. (Aber er fragte ihn niemals näher, ach! Und das konnte er nicht; denn er ging auch selbst in einer stillen Verzweiflung).*

Der Vater lebte in der ständigen Erwartung einer Katastrophe und deutete den frühen Tod einiger seiner Kinder als Strafgericht. Er hatte auch mit dem Bankrott seines Geschäftes gerechnet, und es wirkte geradezu unheimlich auf ihn, dass er bei der großen Geldentwertung von 1813 zu den wenigen Glücklichen gehörte, die ihr Vermögen nicht verloren. Gott schone ihn einstweilen, so dachte er, aber die Strafe würde ihn doch noch treffen, vielleicht würde sie auch an Sören vollstreckt werden, der in diesem Jahr des allgemeinen Bankrotts zur Welt kam. Sören war für den Vater ein Todeskandidat, und der hatte die düstere Erwartung des Vaters tatsächlich verinnerlicht und rechnete später fest damit, den Vater nicht zu überleben.

Dieser hochbegabte und vielversprechende Sören, der Jüngste in der Reihe der sieben Geschwister, wurde vom Vater bevorzugt und sorgfältig umhegt. Auch später sah der Vater ihm manches nach, bezahlte die Schulden, die Sören in der Zeit seines Dandytums bei Schneidern, Buchhändlern, in Tabakgeschäften, Restaurants und Konditoreien gemacht hatte.

Zu Beginn seines Studiums sah sich Kierkegaard erst einmal in allen Fakultäten um, ärgerte seine Kommilitonen und auch die Professoren, weil er sofort begann, sie zu belehren. Schließlich blieb er bei der Philosophie und Theologie hängen. Das alles fiel ihm leicht, zu leicht. Die *Schwermut,* die vom Vater auf ihn übergegangen war und von der er sagte, sie sei sein ständiger Begleiter, diese *Schwermut* also konnte solche *Leichtigkeit* nur schwer ertragen. Es musste etwas geschehen.

Im Sommer 1835 verließ er mit 22 Jahren plötzlich Kopenhagen, reiste in den Norden der Provinz Seeland in ein kleines Dorf, Gilleleje, wo er mehrere Wochen blieb. Tagsüber wanderte er alleine herum, abends schrieb er wie besessen. Er hatte sich dorthin zurückgezogen, in der

Absicht, zu sich selbst zu kommen. Was er wollte: im Gestöber der Möglichkeiten, auf die er sich bisher unverbindlich und wie probeweise eingelassen hatte, endlich das für ihn Wirkliche zu finden und zu fassen. Er empfand diese Wochen, in denen er auch mit seinen Tagebuchaufzeichnungen begann, als Zäsur. *Wenn ich … jetzt versuche, mit mir selbst über mein Leben ins reine zu kommen, so kommt es mir anders vor. Ebenso wie es lange dauert, ehe das Kind lernt, sich von den Gegenständen zu unterscheiden … so wiederholt sich die gleiche Erscheinung in einem höheren geistigen Bereich.*

Er will lernen, sich abgelöst zu sehen von dem, womit er sich gerade beschäftigt, er möchte sich einmal ganz für sich selbst haben, und dabei soll sich dann herausstellen, was es mit ihm auf sich hat. Er fühlt sich mit seiner schnellen Auffassungsgabe geradezu verloren an eine Welt von Erkenntnissen, die ihn eigentlich nichts angehen. Es kommt ihm so vor, als hätte er ein großes Haus erworben, das er aber gar nicht beziehen will. Was will er denn nun aber? *Was mir eigentlich fehlt, ist, daß ich mit mir selbst ins reine komme,* was ich tun soll, *nicht darüber, was ich erkennen soll.* Er hat genug von den unverbindlichen Wahrheiten, er sucht existentielle Wahrheit, eine Idee, *für die ich leben und sterben will.*

Eine solche Idee hat sich ihm bisher noch nicht gezeigt. Er empfindet seine *Lebensironie,* die ihm erlaubt hatte, über alles hinzugleiten und damit zu spielen, inzwischen als fragwürdig. Was ihm fehlt: Entschlossenheit! Doch wofür? Für die eigene *Individualität*? Aber wie soll das möglich sein, wenn man noch gar nicht imstande ist, sich *innerlich selbst zu verstehen*?

In diesen um die Selbstentdeckung kreisenden Überlegungen taucht zum ersten Mal der Begriff des *inneren Handelns* auf. Es kommt nicht auf das »Was« an, sondern auf das »Wie«, auf die Intensität, die Leidenschaftlichkeit, darauf, dass etwas nicht nur vorgestellt, sondern innerlich vollzogen wird. *Ich will nun versuchen, den Blick geruhig auf mich selbst zu heften, und will beginnen, innerlich zu handeln; denn nur dadurch werde ich imstande sein, ebenso wie sich das Kind bei seiner ersten mit Be-*

wußtsein vorgenommenen Handlung »ich« nennt, mich in tieferer Bedeutung »ich« zu nennen.

Gelegenheit zu einer *inneren Handlung* bietet sich zwei Jahre später an, im Jahre 1837. Er verliebt sich in die vierzehnjährige Regine Olsen. Hier gibt es nun Intensität, Leidenschaftlichkeit, ein inneres Erleben, das ihn jäh aus der Zerstreuung, der *Unbestimmtheit,* herausholt und ihn auf Regine hin *bestimmt* sein lässt, ihn in eine innerlich dichte Sphäre komprimiert, die sich endlich so wie ein wirkliches »Ich« anfühlt, vielleicht noch nicht ganz entschlossen, doch wenigstens aufgeschlossen. Aber handelt er innerlich, oder geschieht da nur etwas mit ihm? Er nennt es ein *Hineinschlingen* ihres Daseins in das seine. Für kurze Zeit vermeidet er das äußere Handeln. Selbstverständlich ist das Mädchen noch zu jung, schon allein deshalb muss man abwarten. Zuerst einmal das Studium abschließen. Vorher aber, im August 1838, stirbt der Vater, der eine Verbindung mit Regine ganz gerne gesehen hätte. Als Kierkegaard im Sommer 1840 sein Examen ablegt und damit fertig ist für einen bürgerlichen Beruf, sei es als Pfarrer oder Professor, entschließt er sich endlich, die Geschichte mit Regine aus der Innerlichkeit ins äußere Handeln zu übersetzen. Er verlobt sich mit ihr, fast handstreichartig. Wie es dabei zuging, schildert er einige Zeit später im Tagebuch: *Im Sommer 1840 machte ich das Theologische Amtsexamen ... Am 8. September ging ich aus dem Hause mit dem festen Vorsatz, das ganze zur Entscheidung bringen zu wollen. Wir trafen uns auf der Straße unmittelbar vor ihrem Hause. Sie sagte, es sei niemand zu Haus. Ich war tollkühn genug, eben dies als eine Einladung zu verstehen, als das, was ich brauchte. Ich ging mit hinauf. Da standen wir beide allein im Wohnzimmer. Sie war ein wenig unruhig. Ich bat sie, ein wenig für mich zu spielen, wie sie es sonst tat. Sie tut es, aber es will mir nicht gelingen. Da nehme ich plötzlich das Notenbuch, schließe es nicht ohne eine gewisse Heftigkeit, werfe es vom Klavier und sage: »Ach was schert mich die Musik; Sie sind es, die ich suche, Sie habe ich seit 2 Jahren gesucht«. Sie blieb stumm. Im übrigen habe ich nichts getan, um sie zu betören; ich habe sogar vor mir selbst gewarnt, vor meiner Schwermut ...*

Sie blieb wesentlich stumm … Ich ging unmittelbar hinauf zum Etatsrat (Regines Vater). *Ich weiß, ich war in einer schrecklichen Angst, einen zu starken Eindruck auf sie gemacht zu haben …* Der Etatsrat stimmt zu, doch überlässt er der Tochter die letzte Entscheidung. Beim nächsten Treffen gibt Regine ihr Jawort.

Am 10. September 1840 verloben sich die beiden, was Kierkegaard bereits einen Tag später bereut, am liebsten möchte er alles wieder rückgängig machen. Aber das wagt er nicht. Er wartet ein Jahr. Zahlreiche Briefe gehen hin und her. Seine Briefe sind manchmal ein indirektes Abschiednehmen, etwa wenn er schreibt, seine Briefe würden wohl bald *Repräsentanten einer entschwundenen Zeit* sein. Er unterhöhlt die Gegenwart, indem er von einer imaginären Zukunft her auf sie zurückblickt. Ein Jahr lang hält er die Verlobung aufrecht, von der er selbst sich innerlich schon längst verabschiedet hat. Am 11. August 1641 schickt er ihr den Ring zurück und schreibt: *Vergiß vor allem den, der dies hier schreibt, vergib einem Menschen, welcher, ob er gleich etwas vermochte, doch nicht vermochte, ein Mädchen glücklich zu machen.*

Regine ist verzweifelt, Kierkegaard schuldbewusst. Es sei viel schwieriger, notiert er im Tagebuch, sich aus einem Menschen *hinauszudenken*, als sich in ihn *hineinzudenken*, mit anderen Worten: Das Verlieben war ein Kinderspiel, das Entlieben verlangt Meisterschaft. Um Regine zu schonen, will er sich von ihr so lösen, dass sie sich gleichwohl als Siegerin empfinden kann. Er spielt sich als Scheusal und Schwerenöter auf, damit sie ihn als ihrer unwürdig ansehen kann. Er deutet andere Liebschaften an, die es nicht gibt.

Eine Weile kämpfte sie noch um ihn, dann wurde sie krank. Doch schon bald gab sie einem hohen Staatsbeamten, der schon früher um sie geworben hatte, das Jawort. Das kränkt Kierkegaard, aber es erleichtert ihn auch. Die Ehe wäre unmöglich gewesen, schreibt er rückblickend im Tagebuch, weil er die nötige *Redlichkeit betreffs der früheren Zeit* nicht hätte aufbringen können. *Aber hätte ich mich erklären müssen, so müßte ich sie einweihen in entsetzliche Dinge, mein Verhältnis zu Vater, seine Schwermut, die ewige Nacht, die zuinnerst brütet, meine Verirrung, Lüste und Ausschweifungen, die doch in Gottes Augen nicht so himmelschreiend sind; denn es war doch Angst, die mich dazu brachte, in die Irre zu gehen …*

Nicht einmal hier im Tagebuch wagt er es, deutlicher zu werden. Zur Sprache kommt eben nur die vom Vater überkommene Schwermut, die Schuldgefühle über angedeutete Ausschweifungen und die Unmöglichkeit, sich Regine gegenüber ganz zu öffnen. Darum, so schreibt er, schrecke er vor der Ehe zurück.

Doch da gibt es noch ein anderes, ziemlich offensichtliches Motiv: Kierkegaard wollte seine Freiheit und Unabhängigkeit, die sich für ihn mit der Schriftstellerexistenz verbanden, nicht verlieren, auch wenn er sich andererseits danach sehnte, im normalen bürgerlichen Leben Fuß zu fassen.

Erst als Schriftsteller fühlt er sich als wirklicher Einzelner. Als Ehemann ist er wie alle anderen.

Diese doppelte Sehnsucht, die nach Normalität und Geborgenheit unter dem Dach des *Allgemeinen* einerseits und die nach ungehemmter Einzelheit andererseits, ist das Thema des ersten großen Buchs, das ihn mit einem Schlag berühmt macht: »Entweder – Oder«.

Er schreibt es in der Zeit der Auflösung seiner Verlobung, und er verteidigt die Ehe als Verwirklichung einer wahrhaft ethischen Lebenseinstellung, die dazu verpflichtet, mit der Freiheit nicht nur zu spielen, sondern Verantwortung zu übernehmen. Das erst sei reife Menschlichkeit. Mit dieser philosophisch glanzvollen Verteidigung der Ehe durch einen Autor, der soeben vor der Ehe Reißaus nimmt, verhält es sich ähnlich wie mit dem Erziehungsroman »Emile«, den Rousseau schrieb, nachdem er seine fünf Kinder im Findelhaus abgegeben hatte.

Die Pointe des zweiten Teils, also der Verteidigung der ethischen Lebenseinstellung und der Ehe, liegt darin, dass hier jemand ein Einzelner ist, indem er sich bindet und Verantwortung übernimmt; indem er sich also für die bürgerliche Normalität entscheidet. Als Einzelner entscheidet er sich gegen die Vereinzelung. Er will sich im äußeren Lebenshabitus nicht unterscheiden von den anderen, während im Kontrast dazu die Figur des Ästheten im ersten Teil alles auf dieses Sich-Unterscheiden setzt. Der eine will originell, unvergleichlich, einzigartig sein, der andere lebt äußerlich ein gewöhnliches Leben, doch innerlich ist er ein Mensch der kraftvollen, existentiellen Entschlossenheit.

»Entweder – Oder« enthält zwei Bücher in einem, dazu noch tritt als Herausgeber ein pseudonymer Autor auf, dem, so die Fiktion, der Zufall die beiden Manuskripte in die Hand gespielt habe. Das eine Buch wird einem A, das zweite einem B zugeschrieben, der Erste ist Ästhet und künstlerisch-erotischer Tausendsassa, der Zweite ist, wie gesagt, Ehemann, Amtmann, ein Mensch von ethischer Strenge. Beide reagieren aufeinander, kritisieren und spiegeln sich. Der Ästhet ist seinerseits Herausgeber eines Manuskriptes, genannt »Das Tagebuch des Verführers«, worin die ästhetische Lebenseinstellung so weit radikalisiert wird, dass selbst A dafür nicht die Verantwortung übernehmen will, ein Text im Giftschrank also, vom wirklichen Autor Kierkegaard durch drei Ebenen getrennt.

In diesem »Tagebuch« spricht sich der Typ des raffinierten und reflektierten Verführers aus, der nicht das Mädchen liebt, sondern die eigenen verführerischen Kräfte, die er so gekonnt ins Werk setzt. Es geht um die Eroberung und eben Verführung eines Madchens, aber eigentlich geht es um Macht, eine gewissenlose, selbstverliebte Macht. Im gedanklichen Aufbau des ganzen Buches findet sich hier die Extremposition des Ästhetischen und eben auch Züge von Kierkegaard selbst, der ja schließlich auch mit einigem Raffinement ein Mädchen verlassen hat. Von einer Selbstverurteilung freilich kann man wohl doch nicht sprechen, dazu ist dieser *Verführer* auf zu brillante Weise ins Dämonische gesteigert.

Das alles ist höchst verwickelt und ironisch gebrochen und lebt vom romantischen Unbehagen an der Normalität und vom moralfreien Willen zur spielerischen Souveränität. In dem Kapitel »Die Wechselwirtschaft« entwickelt A, der Ästhet, seine Theorie der Lebenskunst, deren Geheimnis in der genießerischen Beliebigkeit als bindungsloser Freiheit liegt, die über dem Dasein schwebt und es vermeidet, sich in einzelnen Lebensverhältnissen, wie Beruf oder Ehe, *festzurennen*. Wer diese Freiheit und Beweglichkeit aufgibt, so A, gerät unweigerlich unter die Macht der Langeweile. Sie ist das bedrohliche Nichts, das allem zugrunde liegt. *Langeweile ruht auf dem Nichts, das sich durch das Dasein schlingt, ihr Schwindel ist wie jener, der uns befällt, wenn wir in einen unendlichen Abgrund blicken.* Kulturen und Gewohnheiten sind letztlich nur Ablenkungen, Zerstreuungen, Schutzvorrichtungen gegen das drohende Nichts. Der Ästhet weiß das, er lebt ohne Illusionen und nutzt die flüchtigen Gelegenheiten, die Augenblicke der intensiven Empfindung, die nicht dauern und keine stabile Lebensgrundlage bilden. Der ästhetische Lebenskünstler weiß: Es gibt keinen übergreifenden Sinn, dem man sich unterordnen sollte und von dem man Kraft empfängt, es gibt nur den Sinn, den man selbst schafft, auf sich gestellt, allein, ohne dass man sich auf andere verlassen kann. Als Einzelner. Der Ästhet meidet das Kollektiv, macht sich nicht gemein, und es ist sein Stolz, dass er sich unterscheidet. Auf Originalität kommt es an. Der Ästhet wirft dem Ethiker vor, dass er sich gemeinmacht, dass er offenbar Anlehnungen braucht, normative Ordnungen, Verpflichtungen, Bindungen. Der Ästhet hält sich für frei und den Ethiker für abhängig.

Dagegen nun der Ethiker. Der Gerichtsrat und treue Ehemann B beansprucht, die radikalere Form der Freiheit zu leben. Sie ist nicht, wie beim Ästheten, wechselndes Belieben, Genuss, das Nutzen von Gelegenheiten. Der Ästhet ist abhängig von dem, was sich bietet. Der Mittelpunkt liegt nicht in ihm selbst. Anders der Ethiker, der nicht von etwas anderem angelockt wird, sondern seine Gründe in sich selbst findet. Der eine genießt und lässt bloß geschehen, der andere tut etwas. Der Ethiker illustriert das am Beispiel der Liebe. Der Ästhet, erklärt er, kann sich eigentlich nur verlieben. Bis zur Treue und damit zur wirklichen Liebe bringt er es nicht, denn Treue fliegt einen nicht an, wie das

Gefühl der Verliebtheit; Treue muss man leisten, sie hat etwas mit Entschiedenheit und Verlässlichkeit zu tun. Der ästhetische Mensch setzt auf den Augenblick, den er zu nutzen weiß, der ethische auf die Dauer, für die er sich entscheidet.

Überhaupt die Entscheidung. Sie ist für den Ethiker – entscheidend. Der Ethiker wählt die Wahl. Er ist bereit, diesen Weg zu gehen und nicht den anderen und auch nicht alle möglichen Wege gleichzeitig. Er entscheidet sich, vom Möglichkeitsmenschen zum Wirklichkeitsmenschen zu werden. Wir würden ja gerne im Besitz aller Möglichkeiten bleiben. Optionen nennt man das heutzutage. Man will Herr über seine Handlungsmöglichkeiten bleiben. Die Wirklichkeit erscheint demgegenüber als eine Verengung, denn sie reduziert die Möglichkeiten. Sie ist das, was übrig bleibt, wenn der Reichtum der Möglichkeiten durch das Nadelöhr der Entscheidung gezogen wird. Aber immerhin, sie ist wenigstens wirklich und nicht bloß möglich. Es kann nicht ausbleiben, dass die Wirklichkeit, für die man sich entschieden hat, einen verstrickt in die unabhängige Logik der Tatsachen, auch wenn man selbst es ist, der sie geschaffen hat. Was so zur unwiderruflichen Tat wird, muss dann verantwortet werden. Der Rückweg in die bloße Möglichkeit ist versperrt. Das Handeln kann nicht mehr ungeschehen gemacht werden. Dafür aber ist man damit auch erst richtig zur Welt gekommen. Entscheidungen und damit verbundene Handlungen führen den eigenen Faden in die unabsehbare Textur des Wirklichen, doch immerhin ist es der eigene Faden. Man hinterlässt eine Spur, man ist erkennbar. Die ästhetische Lebenseinstellung, so das Urteil des Ethikers, vermeidet diese Realisierung der Freiheit, dieses Wirklich-Sein, und die damit verbundene Festlegung und Verbindlichkeit. Für den Ästheten kann alles immer noch anders sein, anderes bedeuten. Er bewahrt den Reichtum der Möglichkeiten und scheut vor der Wirklichkeit zurück.

Der Ästhet möchte als origineller Einzelner die freie Selbstgestaltung praktizieren und ist doch ein vom eigenen Verlangen und von den äußeren Anziehungskräften Getriebener. Der Ethiker will als gar nichts Besonderes gelten, er ist eher unauffällig, gewöhnlich und ist doch jemand, der sich gewählt hat und der deshalb existentielle Substanz hat.

Der Ästhet will alles Mögliche und verfehlt sich selbst. Der Ethiker verzichtet auf alles Mögliche und wählt dafür sich selbst.

Als im Sommer 1843 »Entweder – Oder« erschien, blieb es beim Publikum nicht lange zweifelhaft, auf welche Seite denn nun Kierkegaard selbst gehörte. Er war eine stadtbekannte Erscheinung, man kannte ihn als bizarren, überklugen, witzigen Einzelgänger mit dandyhaftem Betragen. Ein Ästhet also, wie er im Buche steht. Dazu passte auch, dass er, wie man in der ganzen Stadt ja wusste, soeben seine Verlobte hatte sitzen lassen. Nein, als Mensch der ethischen Lebensform konnte er – von außen gesehen – einstweilen gewiss nicht gelten. Für jene aber, die das Buch gründlicher gelesen hatten, wurde die Angelegenheit undurchsichtiger. Der Ästhet war verführerisch beschrieben, der Ethiker auf seine Weise aber auch. Wie ernst also ist es dem Autor mit dem Ernst des Ethikers? So viel jedenfalls ist klar: Wäre die Gesamtperspektive eine ästhetische, so müsste der Titel lauten: »Sowohl – Als auch«, denn die ästhetische Haltung vermeidet das rigorose »Entweder – Oder«. Dieser Titel signalisiert ethische Ernsthaftigkeit.

Was aber genau bedeutet – Ernsthaftigkeit?

Die Antwort, die der Ethiker gibt: Ernsthaft ist, was die Existenz des Einzelnen wirklich berührt, dasjenige, woraus man leben und sterben kann. Die ein Jahr nach »Entweder – Oder« erschienenen »Philosophischen Brosamen« und die dazugehörige »Unwissenschaftliche Nachschrift« kreisen um dieses Problem der Ernsthaftigkeit. Wissenschaftliche und ästhetische Betrachtungen, so heißt es dort, neigen dazu, *die Existenz, die beständig das Einzelne bietet, zu verlassen,* während doch die eigentliche Schwierigkeit darin liegt, *die Existenz zu erreichen.* Es ist so leicht, sich in Abstraktionen zu ergehen und in Gefühlen zu schwelgen, von denen man nicht genau weiß, ob es die eigenen sind. Es ist überhaupt ziemlich leicht, anderswo und nicht bei sich selbst zu sein, zum Beispiel in der Menge, im gesellschaftlichen Umtrieb, in dem, was »man« so denkt und fühlt, wo gilt: Keiner ist er selbst, und jeder ist wie der andere.

Jedes Selbst ist anders, das versteht sich von selbst. Das ist die Verschiedenheit, die von außen wahrgenommen wird. Da das Selbst aber ein Selbstverhältnis ist, kommt alles darauf an, ob man für sich selbst die Tatsache realisiert, dass man einzeln ist, unverwechselbar, unvertretbar – und das versteht sich durchaus nicht von selbst. Man muss sich aus dem Ganzen herausreflektieren, und darin war Kierkegaard ein Meister. Dazu kommt nun noch seine soziale Situation, sein Leben als Rentier, der vom Vermögen lebt und keinem Broterwerb nachgehen muss, was ihn von den Rollenzwängen des gewöhnlichen Berufslebens befreit. Wer aber auf diese Weise sozial unterbestimmt ist, dem kann das auch als eine Leere vorkommen, die den Bedarf an Selbstbestimmung erhöht. Das mag durchaus als quälend erlebt werden. Kierkegaard notiert im Tagebuch: *Nein, aber mit meinem Scharfsinn und mit meiner Schwermut und dann mit Geld! O, was für eine Begünstigung, um alle Martern der Selbstquälerei in meinem Herzen zu entwickeln.*

Diese *Selbstquälerei* aus Scharfsinn, Schwermut und Entlastung von Geldsorgen wird dann noch gesteigert durch das religiöse Motiv, durch ein überaus anspruchsvolles Gottesverhältnis.

Gott macht den Menschen auf radikale Weise zum Einzelnen – das ist der Kern der religiösen Erfahrung Kierkegaards. Vor Gott erst, im Glauben also, wird man wahrhaft zu sich selbst gerufen. In »Furcht und Zittern«, Kierkegaards zweitem Buch, gibt es eine Reflexion über die angebliche Leichtigkeit, mit der man *über den Glauben hinaus kommt.* Wer über den Glauben hinaus ist, ist überzeugt, er sei nun endlich in der Wirklichkeit angekommen. Er hat aber nur, so Kierkegaard, seine Kraft zur Hingabe verloren. Er ruht sich auf den vermeintlichen Tatsachen aus und verfehlt sich dabei, oder er bleibt armselig in sich selbst verkrümmt. Glaube, verstanden als Hingabe, ist nicht eine Art Überzeugung, die man mit anderen teilt, auch nicht bloß ein gemeinschaftliches Ritual; er erschöpft sich nicht in guten Taten und sittlich korrekten Überzeugungen, durch die man sich Ansehen verschafft. Glaube ist für Kierkegaard, so könnte man sagen, ein vertikaler Akt, den jeder Einzelne ganz alleine vollziehen muss, ohne horizontale Absicherung. Glaube ist eben kein Gemeinschaftswerk, alleine muss man dazu imstande sein, alleine vor Gott.

Eindringlich erzählt und deutet Kierkegaard die Geschichte, wie Abraham, der glaubt, Gottes Befehl gehört zu haben, fast seinen Sohn Isaak geopfert hätte; dargestellt wird der Vorgang einer geradezu ungeheuerlichen Vereinzelung im Glauben. Nur an Abraham hat sich die Stimme gewendet, keiner sonst hat sie gehört, und keinem sonst kann er deshalb verständlich machen, was er tut. Er bleibt mit seiner Tat allein. Auch noch in einem anderen Sinne bleibt er allein; denn diese Opferung, wenn sie denn vollzogen worden wäre, verstößt vollkommen, so Kierkegaard, gegen das *Allgemeine* des gewöhnlichen sittlichen Verstandes. *Aber wer das Allgemeine aufgibt, um etwas noch Höheres zu ergreifen, das nicht das Allgemeine ist, was tut der?* Nun, er beginge in diesem Falle ein Verbrechen, er würde seinen Sohn ermorden. Wie soll das etwas *Höheres* sein? Unmissverständlich ist die Aussage des Engels, der der Menschenschlachtung Einhalt gebietet: *Lege deine Hand nicht an den Knaben und tu ihm nichts; denn nun weiß ich, daß du Gott fürchtest und hast deines einzigen Sohnes nicht verschont um meinetwillen.*

Der Gehorsam gegen Gott wird Abraham also als Verdienst angerechnet. Das aber ist zu glatt, das ist zu sehr vom Ende her gesehen, wenn Gott dieses Opfer, das er zunächst gefordert hat, wieder zurückweist. Anstößig bleibt, dass Gott unter dem Vorwand eines Opfers einen Mord gefordert haben soll und Abraham bereit ist, ihn zu begehen. Daran knüpft aber Kierkegaard noch eine andere Interpretation. Könnte es denn nicht sein, dass nicht nur Abrahams Gehorsam auf die Probe gestellt wird, sondern dass er in Versuchung geführt wird, ob er seinem Gott wirklich zutraut, was sonst nur Götzen fordern, nämlich die Darbringung von Menschenopfern? Kierkegaard hat also nicht nur das gute Ende der Geschichte im Blick, sondern vertieft sich eindringlich in jenen Moment, da Abraham, allein mit seinem Gott, solchen abgründigen Zweideutigkeiten schutzlos ausgeliefert ist. Wird sein Gehorsam überprüft oder sein Gottesbild? Wäre Gottes Befehl unzweideutig, so bräuchte er ihn nicht seiner Frau, dem Knecht und dem Sohn zu verschweigen. Aber er schweigt. Abrahams Bereitschaft, seinen Sohn zu schlachten, ist durch nichts Irdisches, durch keine Vernunft und Moral zu rechtfertigen, wenn es aber Gottes Befehl ist, so würde es sich um einen Gott handeln, der nicht nur über der Moral steht, sondern ihr ins Gesicht schlägt.

Die gewöhnliche Menschlichkeit wird dramatisch übersprungen, und es bleibt ungewiss, ob hier das Menschliche überboten oder unterboten wird. Für Kant war die Sache eindeutig. Diese Geschichte gilt ihm als Beispiel für *Religionswahn und Afterdienst Gottes.* Der Befehl, den Abraham gehört haben will, ist entweder ein *Trick des Teufels* oder entstammt der *Einbildungskraft.* Kierkegaard aber belässt es bei der schwer erträglichen Ambivalenz. Abraham ist beides, ein Glaubensheld und ein potentieller Mörder, und weil er beides zugleich ist, so ist diese Geschichte eben nicht *erbaulich,* sondern weckt eher die Angst vor dem, worauf man sich womöglich einlässt. Man ist nämlich, wie Abraham, ganz allein mit seinem Gott, von den Üblichkeiten und der sonst verbindlichen Moral abgespalten, man ist also auf eine ungeheure und schwer erträgliche Weise vereinzelt, wenn man den *Sprung* des Glaubens wagt.

Der *Sprung* ist die für Kierkegaard maßgebliche Kategorie des *inneren Handelns* und damit der Freiheit. Den Vorgang des *Sprungs* kontrastiert Kierkegaard mit dem naturwissenschaftlichen Begriff der Kausalität einerseits und dem Hegel'schen Begriff der *Vermittlung* andererseits. Kausalität ist die Notwendigkeit, dass und wie A auf B folgt. Die Natur macht keine Sprünge, heißt es. Hier gibt es einen allseitigen Zusammenhang, der Freiheit ausschließt. Die andere Art, den *allseitigen Zusammenhang* zu verstehen, war zu Kierkegaards Zeit die Hegel'sche

Vermittlung. Wenn etwas mit etwas *vermittelt* ist, so wird ein bedingender Zusammenhang konstatiert, der zwar nicht so eng und strikt ist wie Kausalität, aber doch objektiv genug, um das Plötzliche, Spontane, bloß Unwillkürliche zurückzuweisen. Auch die dialektische Welt der Vermittlungen macht keine *Sprünge.*

Die ominösen *Sprünge* ereignen sich für Kierkegaard, wenn der einzelne existierende Mensch seine Freiheit ergreift, indem er sich entscheidet. Mit jeder Entscheidung ist ein Sprung verbunden, er kann größer oder kleiner sein. Je individueller das Leben geführt wird, desto diskontinuierlicher, sprunghafter verläuft es. Diese selbstbestimmte Sprunghaftigkeit antwortet auf die Zumutung, wie mit einem sonst umgesprungen wird.

Entscheidung als Sprung ist für Kierkegaard die existentielle Situation schlechthin. Diese Deutung der menschlichen Situation wird er an den Existentialismus des 20. Jahrhunderts weitergeben, allerdings ohne den christlichen Glaubenssinn dieses Sprungs.

Wohin springt man denn nun, wenn man christlich *springt*? Der Abgrund ist tief und breit, wie bereits Lessing sagte, und die Zumutung ist groß: Gott ist in Christus Mensch geworden, und im Gekreuzigten ist das Menschliche in gequälter, elender Gestalt geheiligt. Daran will Kierkegaard glauben.

Er unterscheidet zwei Arten von Religion. Der einen liegt das Prinzip der Identität zugrunde, der anderen ein Dualismus. Eine Religion der Identität ist eine, die keine Offenbarung nötig hat. Eine vertiefte Erfahrung, ein vertieftes Denken entdeckt das Göttliche in der Welt und in sich selbst. Zwischen der Welt und der Transzendenz gibt es keinen Abgrund, der überbrückt werden müsste. Das sind in neuerer Zeit die Vernunftreligionen, die letztlich das Göttliche als gesteigerte, aber diesseitige Moralität deuten, die am Ende das Göttliche überflüssig machen. Das sind aber auch, mehr im Gefühl begründet, die mystischen Einheitserfahrungen. Das sind also Religionen der Identität.

Eine Religion des Dualismus indes kennt den Abgrund, der nur durch ein Eingreifen des Göttlichen überbrückt werden kann, beispielsweise das Erscheinen des Christus, des Sohnes Gottes. Kierkegaard bekennt sich zu diesem Typus von Religion, deshalb ist bei ihm der Glaube ein Sprung. Man muss in die *Gleichzeitigkeit* mit Christus zurückspringen. Das bedeutet *Nachfolge*.

Gemessen am vernünftigen Realitätsprinzip und dem neueren Fortschrittsglauben, ist das selbstverständlich – *Torheit*. Deshalb, so Kierkegaard, dient diese Religion auch nicht der allmählichen Verbesserung der Welt, eher einem Ausstieg aus ihr. Sie ist Weltfremdheit, Weltabkehr. Sie begnügt sich nicht mit Hoffnungen auf jenseitige Erlösung, auf ein erfülltes Leben nach dem Tod. Schon jetzt gibt es Augenblicke, da der Gläubige sich erlöst fühlt; das war wohl gemeint, wenn Jesus von dem *inneren Himmelreich* spricht. Erlösung also kann es, im Glauben, jetzt schon geben – wenn man den Sprung gewagt hat. Darum ist sie nicht nur ein Versprechen, sondern eine Erfahrung, nicht nur ein minderes Wissen, sondern eine Umwandlung des inneren Menschen.

Das große Problem für Kierkegaard aber war nun: Er war die meiste Zeit kein Gläubiger, sondern ein Dichter des Glaubens; seine religiöse Einbildungskraft, das wusste er, war überwältigend: Er konnte bis ins kleinste Detail die Situation beschreiben und reflektieren, wenn man auf dem Sprung ist – zu springen. Ebenso gut konnte er sich vorstellen, wie es sich anfühlt, wenn man gesprungen ist. Doch beim Sprung selbst genügt es eben nicht, ihn sich lebhaft vorstellen zu können, man muss ihn für sich allein, allein vor Gott, vollziehen. Es gab offenbar durchaus einige glückhafte Augenblicke solchen Vollzugs. Einmal, es ist der 19. Mai 1837, notiert er im Tagebuch: *Es gibt eine* unbeschreibliche Freude, *die uns ebenso unerklärbar durchglüht, wie des Apostels Ausbruch unbegründet hervorbricht: »Freuet euch, und abermals sage ich: Freuet euch« – Nicht eine Freude über dies und jenes, sondern der Seele vollgültiger Ausruf … »Ich freue mich an meiner Freude« …*

Es gibt also die seltenen Augenblicke der *Freude*. Solche Verzückungsspitzen lassen sich nicht auf Dauer stellen. Unvermeidbar sind die Mühen der Ebene. Wie lässt sich dann leben? Bei der Nachfolge Christi genügen Klugheitsregeln und kantische Moral nicht, es müsste schon die Bergpredigt sein. Das erst wäre Christentum, meint Kierkegaard. Natürlich geht es im offiziellen, oft staatskirchlichen Christentum damals wie heute anders zu. Kierkegaards Urteil: Seit das Christentum in der westlichen Welt gesiegt hat, seit sie sich »christlich« nennt, ist es mit dem wahrhaften Christentum vorbei. Es gibt nur noch *Einzelne,* für die es lebendig ist, bis hin zur Bereitschaft des Märtyrertums; das sind dann die *Glaubenszeugen.* Die Pfarrer, die aus dem Christentum ihren Broterwerb machen, gehören in der Regel nicht zu diesen *Einzelnen.* Kierkegaard, der nicht auf Broterwerb angewiesen ist, nennt sie die *Legion gewerbetreibender Gauner.*

Gegen Ende seines Lebens will Kierkegaard den Reflexionsraum verlassen und zur Tat schreiten. Er beginnt als Einzelkämpfer seinen Feldzug gegen die dänische Staatskirche. Er wartete aus Pietät noch den Tod des Bischofs Mynster ab, den sein Vater verehrt hatte, dann geht er zum Angriff über. Unter dem Titel »Der Augenblick« lässt er Flugschriften erscheinen mit ihm als einzigem Autor und mit einem einzigen Thema: die Unchristlichkeit der gegenwärtigen Kirche. Mit dem Titel wird angespielt auf jenen *Augenblick,* wenn Gott in das Leben einbricht und der Einzelne zur Entscheidung aufgerufen ist, den Sprung in den Glauben zu wagen. In solchem existentiell erhitzten Augenblick wird ja die historische Zeit, die den Einzelnen von Christus trennt, bedeutungslos; die ganze Kulturtradition, worin die Religion als kultureller Besitz und konventionelle Moral mitgeschleppt wird, verbrennt vor der herausfordernden *Gleichzeitigkeit* Christi, und wer ihn annimmt, muss das Kirchenchristentum verwerfen.

Das ist die einzige Botschaft dieser Flugschrift, die in zehn Nummern zwischen Mai und September 1855 erscheint und mit der Kierkegaard den Rest seines ererbten Vermögens verbraucht. Er ahnt, dass er mit diesem ultimativen Crescendo der Verdammung des gegenwärtigen Christentums auch das eigene Leben erschöpft haben wird.

So war es dann auch. Am 2. Oktober 1855 erleidet er auf der Straße einen Schlaganfall, bricht zusammen und wird ins Krankenhaus geschafft, wo er am 11. November stirbt.

Mit dem »Augenblick« hatte er noch ein letztes Mal für einen Moment großes Aufsehen erregt, das aber schwächer wurde, als sich die Angriffe wiederholten. Man ging zur Tagesordnung über und ließ Kierkegaard gewähren, der sich inzwischen in die Rolle des Märtyrers hineingedichtet hatte, indem er es für möglich hielt, wegen Ruhestörung in Haft genommen zu werden. Doch warum sollte man das tun, er war doch nur – ein Einzelner.

KAPITEL 8

Stirner. Der Einzelne, der sein' Sach' auf Nichts gestellt hat

Kierkegaard fühlt sich als Einzelner vor Gott gestellt. Zur selben Zeit beginnt Max Stirner sein Buch »Der Einzige und sein Eigentum« mit dem von Goethe entlehnten Satz *Ich hab' Mein Sach' auf Nichts gestellt.* Gott auf der einen und das Nichts auf der anderen Seite, das sind die gegensätzlichen Richtungen der beiden im 19. Jahrhundert wohl radikalsten Antworten auf die Herausforderung, ein Einzelner zu sein. Doch unüberbrückbar ist der Gegensatz nicht, denn Stirners *Nichts* ist nicht als Leere, als toter Punkt gedacht, sondern als etwas Schöpferisches: Man findet es, wenn man dem Bann überindividueller Mächte widersteht. Das Nichts ist auch eine Art immanente Transzendenz, es ist die schöpferische Freiheit.

Kierkegaard und Stirner treten auf in einer Zeit, in der zwar viel von Freiheit und Fortschritt die Rede ist, doch das einzelne Individuum steht im Schatten der kollektiven Mächte, praktisch und theoretisch. Nicht der Einzelne fasziniert, sondern das, was sich in allgemeine und gesetzmäßige Formen bringen lässt. Bevorzugt wird ein Typ des Wissens, der dem ökonomischen Nutzen und der Naturbeherrschung dient und der damit Kollektive – die Klasse, die Nation – auf unerhörte Weise zusammenzuschweißen vermag. Der Grundzug der Epoche ist die Formierung größerer Einheiten, befeuert von der industriellen Revolution, eine neue Massenzivilisation zieht herauf, ein robuster Realismus und Materialismus beginnen den Zeitgeist zu prägen.

Dieser Realismus der zweiten Hälfte des 19. Jahrhunderts wird das Kunststück fertigbringen, klein vom Menschen zu denken und doch Großes mit ihm anzustellen, wenn man denn die moderne technisch-wissenschaftliche Zivilisation, von der wir alle profitieren, »groß« nennen will.

Mit dem Idealismus eines Hegel war es vorbei. Man verlangte nicht mehr Höhenflüge des Geistes, sondern suchte den Boden der Tatsachen. Empirismus, Positivismus, Sensualismus waren gefragt. In einer der vielen einschlägigen Kampfschriften warnt der Arzt und Philosoph Heinrich Czolbe davor, *die erkennbare Welt durch Erfindung einer übersinnlichen verbessern und den Menschen durch Beilegung eines übersinnlichen Teiles zu einem über die Natur erhabenen Wesen machen zu wollen … Begnüge dich mit der gegebenen Welt.*

Doch was war einer solchen Sinnesart nicht alles »gegeben«! Die Welt des Werdens und Seins – ein Gestöber von Materieteilen und Umwandlungsformen von Energien. Individuelles Selbstbewusstsein – eine Selbstüberschätzung. Der Geist, der im Menschen lebt, nichts anderes als eine Gehirnfunktion.

Der Siegeszug dieser selbstverständlich auch religionskritischen Denkart war kaum aufzuhalten, schon deshalb nicht, weil ihr ein religiöses Element beigemischt war: der Glaube an den Fortschritt. Wenn wir die Dinge und das Leben herunteranalysieren bis auf seine elementaren Bestandteile, dann werden wir, so lehrt dieser Glaube, das Betriebsgeheimnis der Natur entdecken. Wenn wir herausfinden, wie alles gemacht ist, sind wir imstande, es nachzumachen. Ein Bewusstsein ist hier am Werk, das allem auf die Schliche kommen will, auch der Natur, die man – im Experiment – auf frischer Tat ertappen muss und der man, wenn man weiß, wie sie läuft, zeigen kann, wo es langgeht. Das gilt ebenso für die mächtig aufkommende Gesellschaftswissenschaft. Auch Marx will das vormals Hohe und Erhabene, den Geist, herunteranalysieren. Er führt ihn, als Überbau, auf die Basis der gesellschaftlichen Arbeit zurück.

Überhaupt die Arbeit. Noch weit über ihre praktische Bedeutung hinaus wird Arbeit zum Bezugspunkt, von dem her immer mehr Aspekte des Lebens interpretiert und bewertet werden. Der Mensch ist, was er arbeitet, die Gesellschaft ist eine Arbeitsgesellschaft, und auch die Natur arbeitet sich gewissermaßen durch die Evolution. Die Arbeit entwickelt sich zu einer Art Mythos, der die Gesellschaft zusammenhält. Das Bild der großen Gesellschaftsmaschine, die den Einzelnen zum Rädchen und Schräubchen macht, okkupiert die Selbstdeutungen der Epoche und spannt den Orientierungshorizont auf.

Vom Einzelnen und seinen Freiheitsräumen ist dabei kaum die Rede. Zwar spielte der politische Kampf um Freiheitsrechte in der Vormärzzeit eine bedeutende Rolle, doch stand auch hier nicht der Einzelne, sondern die soziale Gruppe im Mittelpunkt. Man formierte sich im Namen der Freiheit zu Parteiungen, die sehr streng auf Geschlossenheit hielten. Bei Freiligrath hieß es zwar: *Der Dichter steht auf einer höhern Warte / Als auf den Zinnen der Partei.* Ihm antwortete Herwegh: *Partei! Partei! Wer sollte sie nicht nehmen, / Die noch die Mutter aller Siege war.* Auch bei den Befreiungskämpfen sollte sich der Einzelne kollektivieren. Heine konnte ein Lied davon singen.

Desto größer war das Aufsehen, als Ende 1844, im politischen Vormärz also, ein Buch mit dem geradezu trotzigen Titel »Der Einzige und sein Eigentum« erschien. Der Autor nannte sich Max Stirner, mit bürgerlichem Namen hieß er Johann Caspar Schmidt. Wenige aus der Berliner Szene kannten ihn, er kam wie aus dem Nichts und verschwand auch bald wieder aus der Öffentlichkeit bis zum Ende des Jahrhunderts; dann erst wird man ihn wiederentdecken.

Eine Aura des Verfemten umgab ihn und sein Werk. Die Akteure der damaligen Geisteskämpfe, von Feuerbach bis Marx und Engels, hatten sich sogleich nach Erscheinen über das provozierende Buch hergemacht, zuerst fasziniert und dann auf so boshafte Weise kritisch und herabsetzend, als wollten sie es dem Autor heimzahlen, dass er sie für einen Moment verführt hatte. Marx zum Beispiel schrieb einen langatmigen Verriss, der umfangreicher geriet als das rezensierte Buch selbst und den er schließlich in der Schublade liegen ließ. Feuerbach nannte Stirner den gegenwärtig *genialsten und freiesten Schriftsteller,* doch dabei blieb es. Husserl sprach von der *versucherischen Kraft* Stirners, Georg Simmel von einer *merkwürdigen Art von Individualismus.* Carl Schmitt bekannte, von Stirner *heimgesucht* worden zu sein.

Nietzsche beauftragte einen Studenten in Basel, für ihn Stirners Buch bei der Universitätsbibliothek auszuleihen. Er wollte offenbar nicht mit dem Namen Stirner in Verbindung gebracht werden. Als einmal, so berichtet Ida Overbeck, das Gespräch auf Stirner kam, habe Nietzsche sich in einer Aufwallung zu diesem verfemten Autor bekannt, dann aber vorsichtig hinzugefügt: *Nun habe ich es Ihnen doch gesagt, und ich wollte nicht davon sprechen. Vergessen Sie es wieder. Man wird von einem Plagiat reden, aber Sie werden das nicht tun, das weiß ich.*

Wenn auch der Name Stirner in Nietzsches Veröffentlichungen nirgendwo auftaucht, so finden sich doch Spuren in seinem Werk, sogar bei einem zentralen Gedanken. *Das Wissen* muss *seinen Stachel gegen sich selbst kehren,* heißt es bei Nietzsche und bei Stirner, *der Einzelne erkennt die Besessenheit allerorten. So will er durch das Denken die Gedanken auflösen.*

Diese Wendung des Denkens gegen sich selbst ist nicht nur für Nietzsche, sondern auch für Stirner höchst bedeutsam. Das Denken kehrt sich gegen jene Gedanken, welche die schöpferische Freiheit behindern. Diese Inversion gibt es bei Nietzsche und eben auch schon bei Stirner: *Ich bin nicht Nichts im Sinne der Leerheit, sondern des schöpferischen Nichts, das Nichts, aus welchem ich selbst als Schöpfer Alles schaffe. Fort denn mit jeder Sache, die nicht ganz und gar Meine Sache ist!* Sie ist nicht *meine Sache,* wenn sie nicht von meinem gegenwärtigen Leben ganz erfüllt und ergriffen ist. Sie ist das existentiell Konkrete, alles andere ist Schall und Rauch, auch wenn es Macht über mich beansprucht. Wir lassen uns von Begriffen, Ideen und den Mächten, die in ihrem Namen agieren, bezaubern. Deshalb weg damit!

Stirner war der radikalste Nominalist in der Philosophie des 19. Jahrhunderts. Die Konsequenz, mit der er die nominalistische Destruktion betrieb, war aberwitzig und doch auch genial. Wie die mittelalterlichen Nominalisten bezeichnete er die Allgemeinbegriffe, insbesondere die auf Gott bezüglichen, als »Hauch«, als Namen ohne Realität. Im Kern des Menschen entdeckt er eine schöpferische Kraft, die Phantome erzeugt, um sich dann von den eigenen Erzeugnissen bedrücken zu lassen. Der ganze Glaubensapparat der Religion – nichts als Gedankengespenster. Aber auch der ganze Apparat der Fortschrittsideologien – Gedankengespenster.

Diese Idee von der Selbstfesselung des Denkens durch seine eigenen Phantome hatte zwar bereits Feuerbach in seiner Kritik der Religion entwickelt. Und Marx hatte diese Struktur einer sich selbst fesselnden Produktivität auf die Arbeit und die Gesellschaft insgesamt übertragen. Insofern gehört Stirner in die Tradition der Entfremdungskritik des linken Hegelianismus. Doch Stirner verschärft die Kritik. Man habe das *Jenseits außer uns*, also Gott und die gesellschaftliche Moral, destruiert. Insoweit sei das *Unternehmen der Aufklärung vollbracht*. Doch wenn dieses *Jenseits außer uns* verschwindet, so bleibt das *Jenseits in Uns* davon unberührt. Gott ist tot, aber in vielen Gestalten gespenstert er in uns weiter. Dagegen nun geht Stirner vor.

Dieses *Jenseits in Uns* bedeutet zum einen, was Freud später das *Über-Ich* nennen wird, das durch Familie und Gesellschaft eingepflanzte Gewissen also. Stirner aber meint darüber hinaus die in uns aufgerichtete Herrschaft der normativen Allgemeinbegriffe wie »Menschheit«, »Humanität«, »Freiheit«, denen zuliebe man etwas tun oder etwas unterlassen soll. Es sind die verpflichtenden Universalien des gesellschaftlichen Zusammenhalts. Der *Einzige*, wenn er zum Bewusstsein erwacht, findet sich in einem Netzwerk von solchen Begriffen gefangen, durch die er besonders heimtückisch vergesellschaftet wird und dabei sein Bestes, die eigene Existenz, verfehlt.

Bei Stirner war wie auch bei Kierkegaard der existentialistische Stil vorgeprägt: Die Existenz kommt vor der Essenz. Man findet sich als existierend vor, ehe man sich einen Reim darauf machen kann. Die Existenz ist also die Basis, dann kommt die Essenz, also das, was man sich ausdenkt, was andere sich ausgedacht haben, was für verbindlich erklärt wird, diese ganze Welt des Sollens. Das ist die Sphäre der *Gespenster*, die einen *besessen* machen, in vielerlei Gestalt. Da gibt es die vermeintliche »Logik« der Geschichte, die sogenannten Gesetze der Gesellschaft, die Ideen des Humanismus und des Fortschritts, des Liberalismus und des sogenannten Proletariats mit seiner historischen Mission. Für den Nominalisten Stirner sind das alles bloß »nomen«, Universalien des Denkens also, die an sich keine Realität haben, doch wenn man von ihnen besessen ist, können sie Realitäten hervorbringen. Dann wird der Spuk zur Wirklichkeit.

Besonders kritisiert Stirner die zumeist gut gemeinten Redensarten über *Menschheit*. Die Menschheit ist ein ursprünglich zoologischer Begriff, der ethisch aufgeladen und zur Norm umgedeutet wird. Stirner als Nominalist besteht nun darauf, dass es nur unzählige Einzelne gibt, von denen jeder seine eigenen Erfahrungen macht. Jeder hört zwar von Erfahrungen der anderen, erfährt sie aber nicht. So kommt keiner wirklich aus sich heraus, auch wenn sie miteinander kommunizieren. Und das Kollektiv, in dem man jeweils steckt, ist kein höheres Wesen mit eigener Sinnhaftigkeit, sondern eine bloße Ansammlung. Die Suggestion der größeren Zahl aber ist verführerisch, in dem Sinne etwa, als sei die Wahrheit bei der Mehrheit. Auch so eine *Besessenheit*, von der man sich befreien sollte.

»Freiheit« – ein anderer normativer Allgemeinbegriff. Mit beißender Ironie schildert Stirner die Versuche, eine Gesellschafts- und Geschichtsmaschine zu konstruieren, die »Freiheit« hervorbringen soll; bis dahin agieren die Menschen als Bediener dieser Befreiungsmaschine. So verwandelt sich der Wille zur Freiheit in die Bereitschaft, einer Logik zu dienen, die angeblich zur Befreiung führt. Die Geschichte des real existierenden Sozialismus hat die Befürchtungen Stirners bestätigt.

Stirners Nominalismus will also durch das Denken herrschende Gedanken auflösen. Das ist nicht nur gesellschaftsbezogene Ideologiekritik. Das ist auch Selbstkritik. Man sollte, so Stirner, keinem dienstbar sein, noch nicht einmal den eigenen Gedanken, die man gestern gedacht hat. Gestern habe ich so geurteilt. Wer hindert mich, heute anders zu urteilen? Konsequenz! Doch Vorsicht, auch Konsequenz ist ein fragwürdiges Postulat. *Jedes Urteil, welches Ich über ein Objekt fälle,* (ist) *das* Geschöpf *meines Willens ..., und wiederum leitet Mich jene Einsicht dahin, dass Ich Mich nicht an das* Geschöpf, *das Urteil, verliere, sondern der* Schöpfer *bleibe, der Urteilende, der stets von neuem schafft.*

Das Ich existiert im Augenblick der schöpferischen Spontaneität. Was dieses Ich hervorbringt, kann zur fertigen Gestalt erstarren, welche das schöpferische Ich einzuschränken und zu fesseln droht. Warum sollte man sich beherrschen lassen von dem, was gestern war? Besser ist es, in Fühlung zu bleiben mit dem eigenen schöpferischen Grund, dann erst ist man ganz gegenwärtig und hängt nicht dem vergangenen Ich nach, um am Ende von ihm abhängig zu werden. Das lebendige Ich fängt immer wieder mit sich selbst neu an. Es fixiert sich nicht, sondern realisiert sich in einer diskontinuierlichen Gestaltenreihe.

Das Ich ist also beides: Schöpfer und Geschöpf. Und es kommt alles darauf an, dass der Schöpfer nicht in die Abhängigkeit von seinen Geschöpfen gerät: *Wie du in jedem Augenblicke bist, so bist Du Dein Geschöpf, und eben an dieses »Geschöpf« magst Du Dich, den Schöpfer nicht verlieren. Du bist selbst ein höheres Wesen, als Du bist, und übertriffst Dich selbst.*

Der mittelalterliche Nominalismus hatte den unbegreiflichen schöpferischen Gott gegen eine Vernunft verteidigt, die ihn in ihren Begriffsnetzen einfangen wollte. Der Nominalist Stirner verteidigt das unbegreifliche schöpferische Ich gegen die religiösen, humanistischen, liberalen, soziologischen und sonstigen Deutungen und Festlegungen. Und so wie für den mittelalterlichen Nominalisten Gott jenes Ungeheure ist, das sich selbst und die Welt aus dem Nichts geschaffen hat, so gilt auch von Stirners *Einzigem*, dass er sein' *Sach' auf Nichts gestellt hat.*

Ehe man nun dem Kleinbürger Stirner seine soziale Situation vorrechnet, die seinen *Einzigen* doch gewaltig einschränkt und bedingt, ist zunächst an die Freiheitsspielräume zu erinnern, daran – was schon die Stoa wusste –, dass wir nicht nur von den objektiven Realitäten beeinflusst werden, sondern von unseren Meinungen darüber. Auf die objektiven Verhältnisse haben wir in der Tat nur beschränkten Einfluss, sehr wohl aber können wir die Art beeinflussen, wie wir sie sehen, wie wir mit ihnen umgehen und welche Meinungen wir uns darüber bilden. Hier haben wir vieles in der Hand, hier können wir uns als souverän erweisen. Darum hat Stirner durchaus auch recht, das Schöpfertum des Ichs so zu betonen und auf die großen, meist nicht ausgeschöpften Spielräume hinzuweisen.

Und doch hat Stirners existentieller Befreiungsschlag auch etwas unfreiwillig Komisches. Stirner gebärdet sich nämlich als umgekehrter Don Quichotte. Er kämpft nicht, wie jener, gegen Windmühlen, als handle es sich um eine bedrängende Wirklichkeit, sondern er kämpft gegen die bedrängende Wirklichkeit, als handle es sich bloß um Windmühlen, um *Gespenster* also, die sich leicht verscheuchen lassen. Daher der hochfahrende Ton, der Gestus der Überlegenheit. Der da sein' Sach' auf Nichts gestellt hat, will beweisen, dass er sich von nichts einschüchtern lässt. Er hat, in der Einbildung wenigstens, mit allem gebrochen, was ihn ohne sein Zutun bindet, und erklärt stolz, dass für ihn nur noch jene Bindungen gelten, die er selbst eingegangen ist. Er glaubt also, durch einen bloßen Willensentschluss die sozialen *Gespenster* vertreiben und *tabula rasa* machen zu können. Darum war die Stirner'sche Philosophie, die den *Stachel des Wissens gegen das Wissen* kehrte, zwar einerseits ein grandioser Befreiungsschlag, doch war sie auch das wunderliche Unternehmen eines Einzelgängers, der seine Möglichkeiten überschätzt.

Stirner zieht aus der Inversion des Denkens nicht nur die Konsequenz der Selbstermächtigung, sondern auch die der Selbstaufhebung: durch Bedenken die *Unbedenklichkeit* hervorbringen. Es sei, erklärt er, eine besonders hartnäckige Selbsttäuschung der Denkenden zu glauben, *im Denken liege das Heil.* Man sollte Probleme, die das Denken schafft, nicht partout durch das Denken auflösen wollen, man sollte frei genug sein, sich mitunter einer vitalen Unbedenklichkeit zu ergeben. Stirner rühmt die *Willkür, welche nicht viel Federlesens mit den Bedenken macht,* und das *gedankenlose Jauchzen,* wenn endlich die *lange Nacht des Denkens und Glaubens* ein Ende hat.

Das unbefangene Leben ist das Ideal, nicht das zergrübelte, kritisch zermürbte. Sein statt Denken. Denken, um endlich damit aufhören zu können – darauf läuft der Gedankengang hinaus, und das ist zugleich die Überbietungsfigur, die Stirner in den Wettstreit der Radikalismen der kritischen Kritik im Vormärz einbringt: kritisieren, um endlich mit dem Kritisieren aufhören und in die unkritische Ruhe einkehren zu können; Stirners Einziger will leben und nichts als leben, für sich allein und allenfalls mit ein paar anderen Einzelnen – verbunden im lockeren *Verein,* dem man beitreten und den man auch wieder verlassen kann, ganz wie es einem beliebt. Ohne Verbindlichkeit, nur mit sich selbst verbunden.

Egoismus nennt Stirner diesen radikalen Selbstbezug und Selbstbesitz. Es ist damit aber nicht Eigensucht gemeint, wie im üblichen Sprachgebrauch. In diesem Sinne hat man Stirner oft missverstanden. Egoismus bedeutet vielmehr, die eigene Existenz zu ergreifen und sie sich nicht rauben zu lassen von überindividuellen Instanzen. Jeder lebt sein Leben, jeder stirbt seinen Tod, unvertretbar und jeweils einzig.

Einzig bedeutet auch nicht einzigartig im Sinne des Hervorragenden, sondern einzig eben nur im Sinne der existentiellen Unvertretbarkeit. Was der jeweils Einzelne ist, kann die Sprache, die ja etwas Allgemeines und Allgemeinverbindendes ist, nicht zureichend darstellen. Es bleibt etwas Unsagbares. Es vollzieht sich eine Art Häutung: Eine Schale nach der anderen wird abgestreift. Diese Schalen, die nicht zum eigentlichen Selbst gehören, sind die Ideen, Ideologien, Überzeugungen, Moralvorstellungen. Schale ist auch noch die Sprache, denn sie verstrickt uns in das gesellschaftliche Netz von Bedeutungen. Gewiss hilft sie einem, aus sich selbst herauszukommen, doch man kann sich auch an sie verlieren. Statt zu sprechen, wird man gesprochen. Deshalb Stirners radikale Sprachkritik: *Was Stirner* sagt, *ist ein Wort, ein Gedanke, ein Begriff; was er* meint, *ist kein Wort, kein Gedanke, kein Begriff. Was er sagt, ist nicht das Gemeinte, und was er meint, ist unsagbar.* Es ist unsagbar, weil es eben nur gelebt werden kann.

Stirner versteht sein Denken als Befreiungsakt. Dieses Verlangen nach geistigem Raumgewinn ist jedoch überraschenderweise verbunden mit etwas sehr Engem, nämlich mit einem grundlegenden Misstrauen, das keine unbefangene Hingabe erlaubt. Da werden einerseits offensiv und schwungvoll Illusionen, Heucheleien und Fanatismus destruiert, und defensiv und geradezu ängstlich dagegen wird das Ich als *Eigentum* verteidigt. Das misstrauische Ich, das sich bloß nicht übertölpeln lassen will, mauert sich ein und verteidigt sein Terrain. Es kann sich kein Weltvertrauen leisten. Jede Hingabe steht unter dem Verdacht, eine *Besessenheit* zu sein. Bloß kein Kontrollverlust. Deshalb muss der *Einzige* alles, was über ihn hinausgeht, entweder ignorieren oder sich zum *Eigentum* machen, andernfalls würde er sich davon bedroht fühlen. Das gilt sogar für die Liebe: *Mein eigen ist meine Liebe erst, wenn sie durchaus in einem eigennützigen und egoistischen Interesse besteht, mithin der Gegenstand meiner Liebe wirklich* mein *Gegenstand oder mein Eigentum ist. Meinem Eigentum bin ich nichts schuldig … hüte ich es dennoch mit größter Sorgsamkeit, so geschieht das Meinetwegen … Ob dies noch Liebe heißen kann? Wisset Ihr ein anderes Wort dafür, so wählt es immerhin; dann mag das süße Wort der Liebe mit der abgestorbenen Welt verdorren … Ich wenigstens … bleibe … bei dem alten Klange und »liebe«* meinen *Gegenstand – mein Eigentum.*

Stirner stellt sich selbst die Frage, ob er mit dieser Haltung nicht doch die Welt und die Anderen bloß *benutze.* Gewiss, antwortet er und bekennt sich dazu. Aber was heißt – *benutzen*? Es heißt, sich *jedem Eindruck offen erhalten, ohne von einem derselben Mir selbst entrissen zu werden.*

Da sind sie wieder, diese Enge, dieses Misstrauen gegenüber möglicher *Besessenheit* und diese Angst, sich selbst *entrissen* zu werden. Für dieses misstrauische und ängstliche Subjekt ist die Welt der Inbegriff dessen, woran man sich verliert, wenn man nicht imstande ist, sie zu seinem Eigentum zu machen. Die Welt der Anderen bedeutet entweder drohender Selbstverlust oder Gegenstand des Selbstgenusses, etwas Drittes gibt es für diesen *Einzigen* nicht. Entweder man wird Eigentümer, oder man wird enteignet. Es ist keine Entspannung in Sicht, man muss stets auf der Hut sein. Von Gelassenheit kann so jemand nur träumen.

Der *Einzelne* kämpft um seine Souveränität. Wer ist er, wenn er, von den *Gespenstern* befreit, zu seinem Selbst findet? Das zeigt sich im Leben, sagt Stirner. Und was zeigt sich, wenn man die wenigen Lebensspuren des Johann Caspar Schmidt alias Max Stirner verfolgt?

Es zeigt sich ein Mensch, dem in seinem Leben das meiste misslungen ist, die Berufskarriere, die als schlecht bezahlter Lehrer an einer privaten »Lehr- und Erziehungsanstalt« für Mädchen endete; zwei gescheiterte Ehen; der bereits nach wenigen Monaten im Bankrott endende Versuch eines Milchvertriebs in Berlin; ärmliche Kommissionsgeschäfte, die ihn nicht davor bewahrten, zweimal ins Schuldengefängnis geworfen zu werden; ein über weite Strecken wohl einsames Leben, in den letzten Jahren in elenden Wohnquartieren. Als er 1856 starb, hatte ihn die Öffentlichkeit längst vergessen.

Der da sein' Sach' auf Nichts gestellt hatte, war wirklich zu einem sozialen Niemand geworden, der sich unter Menschen bewegte, mit denen er wohl wenig Gemeinsamkeit hatte, vollkommen vergessen – wenn da nicht dieses eine Buch gewesen wäre, »Der Einzige und sein Eigentum«.

Das Werk behält Strahlkraft, doch die Figur des Autors ist etwas Verkümmertes. Dostojewski hatte Stirner vor Augen bei seinem Mann *aus dem Kellerloch,* den er sagen lässt: *Der Mensch braucht einzig und allein* selbständiges *Wollen, was diese Selbständigkeit auch kosten und wohin sie auch führen mag.*

Es stimmt schon: Stirners große Leidenschaft war die *Selbständigkeit.* Doch diesem *Einzigen,* der sich nichts *vormachen* lassen und allem *dahinter*kommen wollte, der stolz zur Selbstermächtigung ermunterte, blieb die bittere Erfahrung demütigender Ohnmacht wohl nicht erspart.

KAPITEL 9

Thoreau. Rückzug und Vereinzelung als Experiment

Im Jahr, als Stirners »Der Einzige und sein Eigentum« erschien, zog sich auf der anderen Seite des Atlantiks Henry David Thoreau an den Walden-Teich in Massachusetts zurück, um herauszufinden, wie es sich anfühlt, ein Einzelner zu sein: ein Experiment, mit dem er berühmt wurde und das er am 4. Juli 1845 begann, am Unabhängigkeitstag. Er bezog eine Hütte am Teich, die er selbst gebaut hatte. Thoreau suchte kein extremes Abenteuer in einer fernen einsamen Wildnis, denn sein Quartier war nur einige Meilen von Concord entfernt, seinem eigentlichen Wohnsitz, und er lebte auch nicht in vollkommener Einsamkeit, vielmehr empfing er Besuche und machte auch selbst welche. Eine markante Zäsur sollte es gleichwohl sein. Auf den gewöhnlichen Zivilisationskomfort wollte er verzichten und von dem leben, was er rund um die Hütte anbauen, im See angeln und in den Wäldern jagen konnte. Er wollte überprüfen, wie weit er auf die Bequemlichkeiten, Anreize und Ablenkungen einer städtischen Umgebung verzichten könnte. Der Geist, schreibt er, sollte endlich einmal nicht bloß eine Art *Kneipe* sein, wo alles Eingang findet und Aufmerksamkeit beansprucht. Er suchte einen Ort, an dem es ihm leichter fallen würde, die Richtung seiner Aufmerksamkeit selbst zu bestimmen. Er war neugierig darauf, welches Selbst sich dabei zeigen würde.

Ich zog in den Wald, schreibt Thoreau in »Walden oder Leben in den Wäldern«, *weil ich den Wunsch hatte, mit Überlegung zu leben, dem ei-*

gentlichen, wirklichen Leben näher zu treten, zu sehen, ob ich nicht lernen konnte, was es zu lehren hatte, damit ich nicht, wenn es zum Sterben ginge, einsehen müßte, daß ich nicht gelebt hatte. Ich wollte nicht das *leben, was nicht Leben war ... Wir wollen uns niedersetzen und arbeiten und durch den Schlamm und Kot der Meinungen, der Vorurteile, der Tradition, der Täuschung und des Scheins* (dringen) *..., bis wir auf harten Boden und Felsen an einen Ort gelangen, den wir Wirklichkeit nennen.*

Thoreau zieht sich in die Waldeinsamkeit zurück auf der Suche nach dem, was auch Stirner sucht: die wirkliche Wirklichkeit. Und wie auch Stirner ist Thoreau davon überzeugt, dass man zuerst den *Kot der Meinungen* – bei Stirner sind es die *Gespenster* der Ideologien – hinter sich lassen muss, ehe man auf seine Eigenheit zurückkommen kann.

Stirner kommt an bei sich selbst, seinem *schöpferischen Nichts*. Für Thoreau aber öffnet sich eine ganze Welt: Er entdeckt eine Natur, wie er sie bisher noch nicht erlebt hat, eine Natur, die ihm erlaubt und ihn auch dazu zwingt, von sich selbst abzusehen und die Herausforderung ihrer überwältigenden Präsenz anzunehmen. Stirner verliert bei seinem Befreiungsversuch die Welt, Thoreau gewinnt sie. Der eine schrumpft, der andere weitet sich. Der eine verarmt bei der Abwehr, der andere gewinnt bei der Hingabe.

Thoreau wollte mit seinem Rückzug in die Natur seine Fähigkeit zur Autonomie und zur Autarkie überprüfen. Was die Autarkie betrifft, die Selbstversorgung also, so würde sie ihm nur gelingen, das war ihm klar, wenn er als Einzelner die nötigen praktischen Fertigkeiten besaß. Thoreau war außerordentlich praktisch begabt. Teile des elterlichen Hauses hat er selbst gemauert; bei Nachbarn half er als Dachdecker aus. Für die Gemeinde Concord war er, zunächst ohne dafür bezahlt zu werden, als Landschaftspfleger, Gärtner und später als Landvermesser tätig. Und als er zeitweilig bei Ralph Waldo Emerson lebte, der vollkommen unpraktisch war, machte er sich dort als eine Art Faktotum nützlich. Er kümmerte sich um Wasserschäden, reparierte Leitungen, setzte einen Ofen, pflegte den Garten und legte Dielen im Haus. Das alles zu können gehörte für Thoreau zum Ideal des *ganzen Menschen*, der in einer Person die gesellschaftliche Arbeitsteilung aufhebt. Als ein solcher *ganzer Mensch* unternahm er das Walden-Experiment, baute eine Hütte, machte das Land urbar, fischte und jagte und widmete sich damit den elementaren zivilisatorischen Tätigkeiten, die zum Lebensunterhalt notwendig sind. So weit die Autarkie. Die Autonomie in einem anspruchsvollen Sinne war für ihn nur auf dieser Basis möglich. Wer für sich selbst bestimmen will, muss zunächst einmal für sich selbst sorgen können.

Thoreau war 28 Jahre alt, als er für gut zwei Jahre an den Walden-Teich zog. Sohn eines verarmten Bleistiftfabrikanten im berühmten Concord – hier befand sich einst die erste Siedlung der Pilgerväter in Neuengland –, hatte er am nahen Harvard College mancherlei studiert, Altphilologie, Philosophie, Mathematik, Zoologie und Botanik, manches davon aber auch autodidaktisch. An einem Abschluss dieser fragmentarischen Studien lag ihm wenig, doch die Eltern drängten. Er widersetzte sich und gab schließlich das Studium ganz auf, denn ihm schien die Welt der Bücher, in die er sich vertiefte, doch nur die halbe Welt zu sein – und deshalb zog es ihn hinaus. Er durchstreifte auf langen Wanderungen die Gegend, meistens allein. Er galt als Einzelgänger. Doch war er kein introvertierter, vergrübelter Typ. Er war aufgeschlossen gegenüber den Menschen, aber mehr noch für die Natur, die er hellwach mit allen Sinnen ergreifen wollte. Der Blick nach innen nahm bei ihm stets den Umweg über das Außen.

Im Herbst 1837 begann er sein Tagebuch, das er bis zu seinem Lebensende gewissenhaft führte. In der ersten Eintragung heißt es: *Zum Alleinsein erachte ich es als nötig, der Gegenwart zu entrinnen – ich meide mich selbst.* Nur was da draußen geschieht und irgendwie auf ihn einwirkt, ist für ihn wert, aufgezeichnet zu werden. Das schließt selbstverständlich nicht die Aufzeichnung eigener Gedanken und Empfindungen aus. Es sollten aber auch wirklich nur die eigenen Gedanken und Empfindungen sein, darauf will er achten. Es gehört für ihn zum städtischen Leben, von dem überflutet zu werden, was *man* so denkt, ohne dass darin etwas Eigenes enthalten ist. Davor will er sich bewahren.

In seinem »Walden«-Tagebuch schildert er, wie er sich einmal einen Anzug nach seinen Vorstellungen hatte anfertigen lassen wollen und die Schneiderin ihm erklärte, *man* mache das jetzt nicht so. Sie sprach dabei so, *als ob sie eine so unpersönliche Autorität zitiert wie das Schicksal … Wir beten nicht die Grazien und nicht die Parzen, sondern nur die Mode an. Sie spinnt und webt und schneidet ab mit voller Autorität. Der Oberaffe in Paris setzt eine Reisemütze auf, und alle Affen in Amerika tun das gleiche.*

Wie die Schneiderin über den selbst entworfenen Anzug urteilte, so urteilten die Leute von Concorde über Thoreaus Rückzug an den Walden-Teich: Was soll das? Das tut man nicht, man hat doch seine Pflichten! *Als ob die Menschen die gewöhnliche Lebensweise wählten, weil sie diese jeder anderen vorziehen. Dem aber ist nicht so, sie sind nur überzeugt, daß ihnen keine Wahl gelassen sei … Es ist nie zu spät, unsere Vorurteile aufzugeben … Was heute jeder als wahr nachplappert oder stillschweigend geschehen läßt, kann sich morgen als falsch erweisen – als bloßer Ansichtsdunst.*

Thoreau ging in den Wald, um aus diesem *Ansichtsdunst* herauszukommen. Jeder ist einem äußeren Schicksal unterworfen, doch auch die zirkulierenden Meinungen können zum Schicksal werden, die einen schließlich daran hindern können, einen solchen Schritt zu tun wie Thoreau. Es geht nicht nur um die Meinungen der anderen, sondern auch um die Meinungen, die man über sich selbst hat, das Selbstbild, das man mit sich herumträgt. Jeder kann zum *Sklaven und Gefangenen* seiner Meinung über sich selbst werden. Im Tagebuch übt Thoreau seine Beweglichkeit, um den eigenen Bildern über sich selbst zu entkommen.

Nachdem Thoreau Harvard verlassen hatte, wurde er in Concord sogleich als Lehrer ans Gymnasium übernommen, eine Stelle, die er bereits nach wenigen Wochen quittierte aus Ärger über die Schulleitung, die ihn gerügt hatte, weil er auf *körperliche Züchtigung* verzichtete. In Concord schüttelte man den Kopf über den jungen Mann, der einen so gut bezahlten Job einfach wegwarf. Thoreau ließ sich in seiner pädagogischen Leidenschaft nicht beirren und gründete zusammen mit seinem zwei Jahre älteren Bruder eine Privatschule, wo er Griechisch, Latein, Mathematik und Wandern als praktische Naturkunde unterrichtete. *Wir sollten danach trachten,* schreibt er einem Kollegen, *Partner der Schüler zu sein, und wir würden genauso von ihnen lernen wie mit ihnen.*

Die Schule bestand gute zwei Jahre und war sehr erfolgreich. Es bewarben sich mehr Schüler, als aufgenommen werden konnten. Attraktiv waren die liberalen Unterrichtsmethoden sowie die Verknüpfung von theoretischen und handwerklichen Fertigkeiten: Beispielsweise sollten bei der Herstellung von Taschenmessern metallurgische Kenntnisse erworben werden.

Hatte man zuvor über die Eigenwilligkeit Thoreaus gelästert, so fand er nun Anerkennung, und das Bedauern war groß, als die Schule Anfang 1841 ihre Pforten schloss, weil Thoreau nach dem Tode seines Bruders die Schule nicht alleine weiterführen wollte.

Inzwischen hatte sich Thoreau mit der angesehensten Persönlichkeit am Ort befreundet, mit dem fünfzehn Jahre älteren Ralph Waldo Emerson, den man später den Begründer der amerikanischen Philosophie nannte. Emerson war schon berühmt, man pilgerte zu ihm. Er stand für den sogenannten »Transzendentalismus«, eine Lehre, die romantisches Naturempfinden, kirchenferne Spiritualität in romantischem Geist – *Sinn und Geschmack für das Unendliche* (Schleiermacher) – und praktisch-liberale Lebenskunst miteinander verband. Die Programmschrift dieses Transzendentalismus war Emersons schmales Büchlein »Natur«, das für Thoreau so bedeutsam war, dass er es in seine Hütte mitnahm.

Emerson empfahl seinen Zeitgenossen, es mit dem Respekt vor der alteuropäischen Überlieferung nicht zu übertreiben und sich zu erkühnen, einen ganz eigenen kulturellen Anfang zu wagen. Jeder steht unmittelbar zu Gott und braucht deshalb die tradierten Kirchen eigentlich nicht, ebenso unmittelbar steht der Einzelne dem Zauber der Natur gegenüber. Jeder soll sich seine eigene Lichtung schlagen. Diese kühne, selbstbewusste Geste der Neugründung faszinierte Thoreau und regte sein Lebensexperiment am Walden-Teich an. Er las bei Emerson: *Warum sollten nicht auch wir uns eines ursprünglichen Verhältnisses zum Universum erfreuen dürfen? Warum sollten nicht auch wir eine Dichtkunst und Philosophie der Einsicht statt der Überlieferung haben und eine Religion der Offenbarung statt der Geschichte? Wir leben für eine kurze Zeit im Schoße der Natur, deren Lebensfluten uns umströmen und durchwallen und die durch ihre Kräfte uns einlädt, ihr gemäß zu handeln; warum sollten wir in den trockenen Knochen der Vergangenheit herumwühlen oder die jetzt lebende Generation mit den Masken ihrer verstaubten Gewänder verkleiden? Auch heute scheint die Sonne. Mehr Baumwolle und Flachs wächst heute auf den Feldern. Wir wissen von neuen Ländern, neuen Menschen, neuen Gedanken. Laßt uns unsere eigenen Werke, Gesetze und unsere eigene Andacht fordern.*

Emerson schwärmt ein wenig schöngeistig von den *Lebensfluten der Natur*, in die man eintauchen sollte. Thoreau hatte davon eine robustere Vorstellung. Er setzte sich Wind und Wetter aus, wollte den Unbilden der Natur standhalten. Die Natur war ihm eben nicht nur eine bergende Heimat, sondern auch eine gefährliche Herausforderung. Er nahm sie an und war stolz darauf, sich die schützende Hütte mit eigenen Händen gebaut zu haben. *Es machte mir Freude, meine Arbeit allmählich so rechtwinkelig und festgefügt aufwachsen zu sehen.*

Doch sollte man es mit der Häuslichkeit nicht übertreiben. Man muss für Durchzug und Austausch sorgen. Das Abgestandene ist nicht gut, weder für das Haus noch für den Charakter. Melancholie, notiert er einmal, entstehe notwendig, wenn die Leute nicht mehr vors Haus gingen. *Für den, der mitten in der Natur lebt und noch seine Sinne beisammen hat, wird es keine wirklich schwarze Melancholie geben.*

Thoreau hatte es also nicht auf die Naturidylle abgesehen. Er nennt zwar die Tiere seine *Nachbarn,* beschreibt sie auch bisweilen liebevoll, doch schildert er beispielsweise auch den gnadenlosen und grausamen *Ameisenkrieg,* der sich vor seinen Augen auf den Bodendielen abspielt. Er setzt einige der Kämpfer unter Glas: *Noch eine halbe Stunde lang rangen sie unter dem Glas … Als ich wieder hinsah, hatte der schwarze Soldat die Häupter seiner Feinde vom Rumpfe getrennt, die beiden noch lebenden Köpfe hingen ihm auf jeder Seite … gleich gespensterhaften Trophäen am Sattelbogen.*

Im Spiegel der Natur kann man auch die eigene Art ganz gut erkennen. Man sollte die Natur auch dort suchen, wo sie einen abstößt: *Wir haben noch keine reine Natur gesehen, wenn wir sie nicht so unendlich und trostlos und unmenschlich gesehen haben.* Ein andermal lässt er einen Berg, nachdem er ihn bestiegen hat, zu ihm sprechen: *Dieser Boden ist nicht für dich … Ich habe diese Erde nicht für deine Füße, diese Luft nicht für deinen Atem, diese Felsen nicht zu deinen Nachbarn gemacht …*

Das hat denn doch wenig zu tun mit der fast pantheistischen Naturschwärmerei eines Emerson, dem Thoreau später dann auch vorwirft, dass er die wirkliche Nähe zur Natur eher scheue. Man muss erst das Abschreckende der Natur erfahren haben, ehe man ihre aufrichtende Kraft zu spüren vermag. *Ein paar Wochen, nachdem ich in den Wald gezogen war, war ich in Zweifel, ob nicht die Nähe eines Mitmenschen zu einem heitern, gesunden Leben notwendig sei. Da war mir das Alleinsein etwas Unangenehmes … Als mich während eines feinen Regens diese Gedanken noch beherrschten, kam auf einmal das Gefühl einer so süßen, wohltuenden Geselligkeit in der Natur über mich: im Rauschen des Regens, in jedem Laut und Blick um mein Haus herum.*

Zu dieser *Geselligkeit in der Natur* gibt es für Thoreau keinen schärferen Kontrast als das Erlebnis der Massengesellschaft bei einem Besuch in New York. *Ich schäme mich meiner Augen, welche sie* (die Masse) *erblicken. Sie ist tausendmal gewöhnlicher, als ich es mir hätte vorstellen können … Wann wird die Welt lernen, dass eine Million Menschen ohne Bedeutung sind, verglichen mit* einem *Menschen?*

Doch nach und nach erfährt Thoreau, dass für das Erlebnis der Masse Ähnliches gilt wie für das Überwältigende der Natur. Wendet man sich ihr im Einzelnen zu, so kann man zum guten Nachbarn werden. Thoreau lernt bei seinem New-York-Besuch einzelne Einwanderer kennen, Norweger, Engländer, Deutsche. Und er beobachtet, wie mühsam sie um ihren Platz im neuen Leben kämpfen müssen, *lauter achtenswerte, aber gezeichnete Leute.* Erschreckend dann aber auch die Gleichgültigkeit, mit der diese Leute auf den Straßen aneinander vorbeieilen, diese massenhafte Vereinzelung im atemberaubenden Gedränge. Man kann sich gar nicht dagegen wehren, so seine kritische Selbstbeobachtung, dass beim Anblick der großen Zahl der einzelne Mensch seine Bedeutung verliert: *Wenn man Tag für Tag so viele Leute sieht, dann empfindet man zuletzt weniger Achtung vor Fleisch und Blut ...*

Als bloße *Menschenherde* erscheint die Masse nicht nur dem distanzierten Beobachter von außen, sondern auch wer mitten darin ist, erleidet einen dramatischen Selbstwertverlust. Das hat er an sich selbst erlebt und auch die Versuchung, das verminderte Selbstgefühl zu kompensieren, indem man sich von den Massenstimmungen treiben lässt. Man erkennt sich selbst nicht wieder.

Thoreau wird durch die Erfahrung der Masse aufs Neue zum Nachdenken über die Demokratie angeregt, die er im Prinzip befürwortet. Muss der Einzelne sich stets den Beschlüssen der Mehrheit beugen? So etwa hat er die Zahlung der Kopfsteuer an den Staat Massachusetts verweigert, weil dieser den Krieg der Union gegen Mexiko mitträgt und ein Gesetz akzeptiert, wonach geflohene Sklaven an ihre Besitzer in den Südstaaten ausgeliefert werden müssen. Für Thoreau sind das Verbrechen gegen die Menschlichkeit. Gleichwohl, er beansprucht ein Recht auf Ungehorsam gegen den Staat. Zwar lobt er an der Demokratie die *Entwicklung hin zur wahren Achtung vor dem Individuum,* doch bemängelt er, dass die Bedeutung des Individuums in den Mehrheitsentscheidungen und letztlich überhaupt in der Volkssouveränität verschwindet. *Es wird nie einen wirklich freien und aufgeklärten Staat geben, solange der Staat nicht endlich das Individuum als höhere und unabhängige Macht anerkennt.*

Doch wie anders als durch mehrheitliche Willensbekundung soll die Volkssouveränität sich realisieren? Gewiss, das Volk besteht aus Individuen, und insofern geht die Souveränität, wie Thoreau sagt, von den Individuen aus. Doch es führt kein Weg daran vorbei, dass die Individuen sich vereinigen müssen, um ihrer Souveränität Ausdruck zu geben – was Thoreau am Ende auch anerkennt. Dafür richten sie Institutionen ein, wählen Organe und beschließen Gesetze, welche wiederum die Individuen binden. Doch müssen die Mehrheiten die Würde des Einzelnen achten, daran hält er, ausdrücklich gegen Rousseaus *volonté générale* gewendet, fest. *Ich finde Vergnügen daran*, schreibt er, *mir einen Staat immerhin vorzustellen, der es sich leisten kann, zu* allen *Menschen gerecht zu sein und den Einzelnen wie einen Nachbarn respektvoll zu behandeln; einen Staat, der es nicht für unvereinbar mit seiner Würde hält, wenn einige sich distanzieren und weder mitwirken noch sich vereinnahmen lassen wollen, aber doch alle Pflichten eines Nachbarn und Mitmenschen erfüllen.*

Der Einzelne soll gewissenhaft wählen, doch er gibt sein Gewissen mit der Wahl nicht an die Organe der Gesetzgebung und Regierung ab. Beim Steuerstreik wegen des Krieges gegen Mexiko und wegen der Unterstutzung der südstaatlichen Sklaverei hat er diesen Gewissensvorbehalt in die Tat umgesetzt. Beim ersten Mal hat ihn das nur eine Nacht im Gefängnis gekostet, weil eine Tante, ohne dass er es wusste, seine Steuerschuld beglich. Riskanter wurde für ihn die Zusammenarbeit mit jenen, die im Untergrund die Flucht von Sklaven ins benachbar te Kanada organisierten. Er bekannte sich sogar öffentlich dazu, ohne freilich Details zu verraten.

In den letzten Lebensjahren, als am Vorabend des Amerikanischen Bürgerkriegs die Auseinandersetzungen um die Sklavenbefreiung eskalierten, ließ er, der sonst Abstand zur aktuellen Politik hielt, sich zunehmend in diese Kämpfe hineinziehen. *Ich habe zugelassen, dass die*

Gesellschaft bei mir eingedrungen ist und mich überrannt hat. Er will sich aber nicht abschirmen, weil ihn zu sehr empört, was da alles um ihn herum geschieht: *Vorher habe ich vielleicht in der Illusion gelebt, dass mein Leben nur irgendwo zwischen Himmel und Hölle verlief, aber jetzt kann ich mir nicht mehr einreden, dass ich nicht gänzlich in der Hölle lebe.*

Er übertreibt ein wenig, denn er kommt sonst in Concord und seinen Wäldern ganz gut zurecht, doch er fühlt sich eben auch herausgefordert und kann, wie er im Tagebuch notiert, nur in Übereinstimmung mit sich bleiben, wenn er sich engagiert. Und so zieht er über Land und hält flammende Reden gegen die Sklaverei. Er solidarisiert sich dabei sogar mit dem berühmten und berüchtigten Farmer John Brown aus Kansas, der aus Rache ein Massaker unter Sklavenhaltern begangen hatte, die er beschuldigte, einen seiner Söhne umgebracht und einen anderen bis zum Wahnsinn gefoltert zu haben. John Brown begann in der Folgezeit einen regelrechten Feldzug gegen die Sklaverei, versuchte eine Art Befreiungsarmee aufzustellen, zog über Land, predigte und sammelte Spenden; kam auch nach Concord, kurz bevor er am 16. Oktober 1859 mit 21 Kämpfern, sieben weißen und vierzehn schwarzen, ein US-Waffenarsenal im Sklavenhalterstaat Virginia angriff, in der Hoffnung, die Sklaven überall im Lande würden sich endlich dem Kampf anschließen. Doch Brown und seine Leute wurden überwältigt; wenigen gelang die Flucht. John Brown wurde gehängt.

Thoreau verteidigt ihn bis zum Ende. *Ich will nicht töten oder getötet werden, aber ich kann mir Umstände vorstellen, in denen es unvermeidlich wäre … Ich glaube, dass im Falle der Sklavenbefreiung Gewehre und Revolver in einer gerechten Sache verwendet werden. Die Werkzeuge waren in den Händen derer, die sie gebrauchen konnten … Er* (John Brown) *hat die Unsterblichkeit errungen. …*

Thoreau war einst in den Wald gezogen, um dem *wirklichen Leben näher zu treten.* Ob er seinem Leben dort am Walden-Teich wirklich nähergekommen ist als später, beispielsweise in diesem seinem letzten Kampf gegen die Sklaverei?

Jedenfalls hat er sich beide Male als ein Einzelner bewährt und hat erfahren, dass man aus der Erfahrung, ein Einzelner zu sein, überraschende Kräfte gewinnen kann.

Das Leben im Wald hatte ihn gelehrt, dass die Natur ihn zu sich selbst zurückruft, dass sie ihm die Verantwortung für seine Existenz nicht abnimmt. Sie spendet nicht das Glück pränataler Geborgenheit. Sie ist keine Mutter. In der Natur hatte er sich entdeckt inmitten von etwas Absolutem, das man nicht besitzen kann, sondern dem gegenüber man sich nur behauptet, wenn man es versteht, sich einzufügen. Dort am Walden-Teich war ihm etwas gelungen, was ihm das Leben in der Gesellschaft allein nicht hätte geben können: nämlich draußen in der Gesellschaft mitzukämpfen für die Befreiung und dabei mit sich selbst verbunden zu bleiben.

DRITTE ZWISCHENBETRACHTUNG

Für Kierkegaard, Stirner und Thoreau bedeutete die Gesellschaft eine Macht, die tief ins Innere hineinreicht und doch nicht zu einem gehört und die vom Wesentlichen abhält. Für Kierkegaard war es der Bezug zu Gott, für Stirner das eigene schöpferische Nichts und für Thoreau die Nähe zur Natur, der eigenen und der äußeren.

Wer sich ausdauernd in der Gesellschaft bewegt, der *hat von sich lange nichts mehr gehört,* sagte Thoreau und brachte damit das Unbehagen, das alle drei empfanden, auf den Punkt. Beim energischen Versuch, nur auf sich selbst zu hören, stoßen sie auf den trägen Widerstand der Gesellschaft. Mitte des 19. Jahrhunderts ist es die Gesellschaft der bürgerlichen Denk- und Lebensform, der gegenüber sie sich in Opposition befinden. Aus der Perspektive der bürgerlichen Mitte gelten sie darum als Außenseiter, als Extremisten.

Diese bürgerliche Denk- und Lebensform, die damals zu dominieren beginnt, ist realistisch und materialistisch, arbeitsam und orientiert am wirtschaftlichen Erfolg, dem auch Kunst, Moral und Wissenschaft direkt oder indirekt zu dienen haben. Es gilt das Geld, die Nützlichkeit und Verwertbarkeit. Hoch angesehen sind Fleiß, Pünktlichkeit, Ordnung, Sparsamkeit. Die bürgerliche Welt ist aber auch dynamisch infolge der Konkurrenz, die wirtschaftliches Wachstum und politische Liberalisierung, Demokratisierung und Emanzipation zur Folge hat. Die durch Technik und Wissenschaft ermöglichten Lebenserleichterungen bewirken eine Integration in diese funktionell geschlossene Welt des ökonomischen Nutzens. In dieser bürgerlichen Welt Mitte des 19. Jahrhunderts ist die Grundstimmung eher optimistisch, fortschrittsgewiss.

Die drei reagierten auf unterschiedliche Aspekte der Verbürgerlichung und gaben deshalb auch ihrer Vereinzelung jeweils einen anderen Gehalt.

Kierkegaard reagierte auf die Verbürgerlichung des Christentums. Von der Position ekstatischer Religiosität aus führte er einen Kampf gegen das zur Stammesreligion verflachte Christentum. Die Christus-Nachfolge, so erklärt er, ist eine extreme Anforderung, die nicht vereinbar ist mit der bürgerlichen Wertschätzung von Maß und Mitte und mit der Orientierung an gesellschaftlichem Erfolg und wirtschaftlichem Nutzen. Im bürgerlichen Weltbild ist Gott allenfalls der Garant der gängigen Moralvorstellungen, letztlich aber kann man auch auf ihn verzichten und wird auch bald auf ihn verzichten. Den Tod Gottes sah Kierkegaard kommen, ebenso auch die Verkümmerung des Menschen, der mit Haut und Haaren und ohne Transzendenz in diese bürgerliche Welt eingebürgert wird. Kierkegaards Rede von der *Existenz* ist ein an den Einzelnen gerichteter Weckruf gegen solche Verbürgerlichung. Er wird ein Echo finden im Existentialismus des 20. Jahrhunderts.

Stirner sah in den bürgerlichen Werten und in der bürgerlichen Moral nichts anderes als – *Gespenster.* Er richtete seine Energie darauf, sich nicht von ihnen vereinnahmen zu lassen. Die bürgerliche Welt hat ihn trotzdem tief geprägt, indem er die innere Befreiung in Eigentumsbegriffen deutete: Er wollte Eigentümer seiner selbst bleiben, und es kam ihm darauf an, die geistigen Enteignungsdrohungen abzuwehren. Die bürgerliche Gesellschaft mit ihren Einrichtungen und Ideen empfand er als Mächte des Übergriffs auf seine Eigenheit. Es handelt sich dabei um raffinierte Mächte, die sich im Inneren des Einzelnen meist unerkannt einnisten, deshalb ist misstrauische Geistesgegenwart vonnöten.

Die Eigenheit entspricht der Kraft, sie zu verteidigen. So wird das Eigene überhaupt erst angeeignet. Dazu gehört eine innere Macht, die stark genug ist, die geistigen Übergriffe – die *Gespenster* – abzuwehren. Es ist die Macht, der Enteignung durch Andere Einhalt zu gebieten und das womöglich verlorene Terrain der Eigenheit zurückzuerobern. Das so verstandene umkämpfte *Eigentum* des *Einzigen* ist eine dynamische Größe. Nietzsche wird es später den *Willen zur Macht* nennen. Doch Stirner will nur über sich selbst herrschen und über andere nur, sofern sie ihn an diesem Selbstbesitz hindern wollen. Er selbst will keinem zu eigen sein, keiner anderen Person, keiner Institution, keiner Sache, keinen Regeln, die er sich nicht selbst gegeben hat. Dieser Einzelne will vor allem auch nicht Eigentum des Staates sein. So wird der am Ende des Jahrhunderts wiederentdeckte Stirner dem Anarchismus wichtige Stichworte liefern.

Thoreau opponierte gegen die bürgerliche Zerspaltung des ganzen Menschen in arbeitsteilige Funktionen und gegen den rücksichtslosen Umgang mit der Natur. Er wollte überprüfen, inwieweit der Einzelne noch allein auf sich gestellt leben kann, ob er sich das Lebensnotwendige, das sonst von der gesellschaftlichen Arbeitsteilung bereitgestellt wird, zur Not selbst verfertigen und anschaffen kann. Er wollte erkunden, wie die Distanz zur Gesellschaft und die dabei unmittelbar erlebte Angewiesenheit auf die Natur sich anfühlt und welche bisher verborgenen Aspekte seiner Person dabei zum Vorschein kommen. Er wollte auch herausfinden, was mit seinem Geist geschieht, wenn er nicht mehr *gepflastert und asphaltiert* wird und wenn nicht mehr die *Räder der Reisenden* über ihn rollen, sondern er endlich mit sich selbst wieder ins Gespräch kommt. Erkunden wollte er auch, was ihm die Natur bedeutet jenseits von Ausbeutung und Romantisierung. Er wollte, so hat er es selbst ins Bild gefasst, das Senkblei in den Teich hinablassen, um herauszubekommen, wie tief man gehen muss, um auf Grund zu kommen. Er hatte ja das Gefühl, dass die bürgerliche Welt sich in immer komplizierteren Formen auftürmt, schwindelerregend hoch über dem Grund, und nun wollte er wenigstens für Augenblicke und vielleicht auch nur annäherungsweise dieser Zivilisation – auf den Grund kommen. Es war auch ein Versuch, ob es nicht wenigstens zeitweilig ein richtiges Leben im falschen gibt. Das Ergebnis des Experiments gab nicht Anlass zu Euphorie, doch fühlte er sich gekräftigt durch die Einsicht, dass man gewinnen kann, wenn man verzichtet.

KAPITEL 10

Stefan George und Georg Simmels individuelles Gesetz, Max Webers innerer Dämon

Ein Spielkamerad aus gemeinsamen Kindertagen in Bingen erzählt, wie er und Stefan George König und Minister gespielt hätten. Stefan hätte die Regeln bestimmt und sei zu Anfang der »König« gewesen. Nach vier Wochen sollten die Rollen gewechselt werden. Stefan aber habe sich geweigert abzudanken, und damit endete dann das Spiel.

Der einzelgängerische Stefan erfand auch eine Geheimsprache, in die er sich und seine Welt einhüllte. Nur wenige Kameraden wurden eingeweiht. Dafür war ein kompliziertes Ritual vorgesehen. Das kleine Reich blieb durch die eigene Sprache geschützt. Jene Geheimsprache hat George auch später noch gelegentlich benutzt bei Aufzeichnungen, die unentzifferbar bleiben sollten. Vielleicht sind die zwei Verse der letzten Strophe des Gedichtes »Ursprünge« im »Siebenten Ring« die einzige noch erhaltene Spur dieser Geheimsprache: *Doch an dem flusse im schilfpalaste / Trieb uns der wollust erhabenster schwall: / In einem sange den keiner erfasste / Waren wir heischer und herrscher vom All. / Süss und befeuernd wie Attikas choros / Über die hügel und inseln klang: / CO BESOSO PASOJE PTOROS / CO ES ON HAMA PASOJE BOAN.*

Bereits im Gymnasium in Darmstadt galt George bei den Mitschülern als herrischer Einzelgänger. Einer machte auf ihn die spöttischen Verse: *Der Worte Sinn weiß er schön auszuklauben, / Aber ihm in die Karten zu gucken, wird er niemand erlauben.* Ein anderer Mitschüler erzählt, wie George bei einem gemeinsamen Spaziergang an einer Kegelbahn anhielt und sagte: *also nimm an, das hier wäre das Heiligtum, von dem wir gesprochen haben. Wenn Du das ernsthaft glauben kannst, wenn Du mit so viel Glaubenskraft begabt bist, dann ist es wirklich das Heiligtum. Hast Du den Mut, mit mir hineinzugehen …?*

Ungefähr aus dieser Zeit stammen wohl die »Teuflische Stanzen« genannten Verse: *Noch jeder Gott war menschliches Geschöpfe / Die immer seligen sind allein die tröpfe / Nur was die narren sprechen ist orakel / Nur was nie war ist frei von jedem makel.* George gab diese Verse als eine anonyme Einsendung an die »Blätter für die Kunst« aus. Unter den Eingeweihten aber schrieb man sie dem Meister zu, der auch sonst gerne sardonische Spottverse auf den eigenen Kreis mit einem *äginetischen Lächeln* vorzutragen pflegte. Der Meister liebte Mystifikationen, ließ aber auch gerne durchblicken, dass es welche waren.

Georges magische Wirkung. Max Kommerell hat sie nach seiner Trennung vom Kreis so beschrieben: *und nun war die ganze Gegend verzaubert durch den, der unentrinnbar schien, wo immer er aufstieg, das sagenhafte weisse Haupt wiegend … und die Füße wussten nichts anderes mehr, als mich zu ihm hinzutragen. Was folgte darauf? Eine 9jährige freiwillige Dienstbarkeit, mit wilden, aber nur inneren, wie vor 3000 Jahren in einem fernen Reich geschehenen Abenteuern.*

Der Vater, ein recht wohlhabender und angesehener Weinhändler in Bingen, ließ dem Sohn nach dem Abitur alle Freiheiten. Er durfte sich zuerst einmal die Welt ansehen, und so reiste Stefan, vom Vater mit dem nötigen Geld versehen, zwischen 1888 und 1889 nach London, in die Schweiz, nach Italien, Spanien und nach Paris. Hier fand er Zugang zum Kreis um Mallarmé, und hier entschied sich auch seine weitere Lebenslaufbahn. Statt einen bürgerlichen Beruf zu erlernen, will er Dichter werden. Dichter, nicht Schriftsteller. Schriftsteller gehören für ihn bereits zur bürgerlichen Welt, sie arbeiten für den literarischen Betrieb, wollen sich im gesellschaftlichen Leben irgendwie nützlich machen und fühlen sich einer Öffentlichkeit verpflichtet. Nichts davon reizt George. Bei Mallarmé gerät er in die Werkstatt eines Wortalchemisten, der die Poesie von den naturalistischen und realistischen Beimischungen reinigt. Hier geht es um die »Poésie pure«, um eine Kunst, die nur sich selbst will; die ihr eigenes Reich begründet, ihren eigenen Bedeutungs- und Empfindungskosmos. Das erinnerte George an den von ihm begründeten poetischen Geheimbund an der Schule, und so stieg er denn an jedem Dienstagabend zu Mallarmés Wohnung im vierten Stock empor, wo der Dichter seine jungen Bewunderer in Filzpantoffeln empfing und um einen runden Tisch zu Lesung und Gespräch versammelte.

George hatte bis dahin – 1889 – noch nichts veröffentlicht; er verdankte es wohl nur seiner persönlichen Ausstrahlung, in den Kreis der Auserwählten aufgenommen worden zu sein. Er gab sich selbstbewusst, sein Auftreten war distinguiert, doch nicht blasiert, man spürte bei ihm die bedingungslose Hingabe an die Poesie. Sie war ihm absoluter Mittelpunkt des Lebens. Die leitende Idee des Mallarmé-Kreises war auch die seine, nämlich die Erfindung von Bedeutungen und Empfindungen, die nur in der poetischen Wortfügung existieren und nirgendwo sonst. Das Gedicht verstanden als absolute Singularität, als ein subtiles Geflecht von Sinnbezügen, ohne Außenbezug und ganz nach innen gekehrt; die in sich geschlossene Welt eines hermetischen Symbolismus. Selbstverständlich grenzten sich die Anhänger dieses Poesie-Kultes vornehm ab gegen die übrige literarische Welt. Die geistesaristokratische Selbstinszenierung nahm bei Stefan George schon bald einen besonders herrischen Charakter an, da gab es keine Filzpantoffeln wie bei Mallarmé. Ludwig Klages, selbst ein imperialer Typus, nannte George, mit dem er später konkurrierte, *eine ins Künstlerische geratene, um nicht zu sagen entgleiste, Täternatur.*

Zuerst ging es um das L'art pour l'art, dann aber um eine Reform des Lebens im Zeichen der Kunst. Das Gedicht als Modell für Zucht, strenge Form und Stilisierung. Zuerst also wird die Kunst – defensiv – vom

Leben abgespaltet, dann soll sie – offensiv – das Leben umgestalten. Zuerst soll die Schönheit vor dem Alltag bewahrt werden, dann soll die Schönheit den Alltag durchdringen. Dazu braucht es die Kraftquelle eines Einzelnen im Zentrum eines Kreises. Einen solchen Kreis hatte George bereits in der Schule gebildet, er hatte ihn wiedergefunden im vierten Stock unterm Dach bei Mallarmé. Zurück in Deutschland, beginnt er erneut damit, einen Kreis um sich zu sammeln, bei dem nun der homoerotische Charakter, das Männerbündische, stärker ausgeprägt ist. Allmählich wird daraus eine Art Orden mit strengen Regeln und hierarchischem Aufbau, mit einem subtilen System innerer und äußerer Kreise. *Wer je die Flamme umschritt / bleibet der Flamme trabant.* Was George nach seiner Rückkehr aus Paris bis ans Lebensende antrieb, war die Einsicht, *dass Dichten ein Herrschen ist.*

Herrisch trat George auch auf, als es Ende 1891 in Wien zu einem ersten Zusammentreffen mit Hofmannsthal kam. Es war im Café Griensteidl, wo der Gymnasiast Hofmannsthal häufig verkehrte. Der fünf Jahre ältere George hatte sich wohl ein bisschen verliebt in den achtzehnjährigen schönen Jüngling, der als »poetisches Wunderkind« galt. George trat, so erzählt es Hofmannsthal später, an seinen Tisch heran, *mit einem hochmütig leidenschaftlichen Ausdruck im Gesicht,* fragte einiges und bemerkte dann, es deute manches darauf hin, *daß ich unter den wenigen in Europa sei ..., mit denen er Verbindung zu suchen habe: es handle sich um die Vereinigung derer, welche ahnten, was das Dichterische sei.*

George wollte Hofmannsthal in seinen Kreis ziehen. Doch der sperrte sich, auch wenn er Georges kurz zuvor erschienene Gedichtbände »Hymnen« und »Pilgerfahrten« bewunderte. Nach der ersten Begegnung im Dezember 1891 schickte Hofmannsthal ihm ein Gedicht, in dem es heißt: *du hast mich an dinge gemahnet / die heimlich in mir sind / du warst für die saiten der seele / der nächtige flüsternde wind.* Nach außen blieb Hofmannsthal höflich und verbindlich, wie es seine Art war, im Tagebuch aber notierte er: *Inzwischen wachsende Angst: das Bedürfnis den Abwesenden zu schmähen.* Er hat ihn zwar nicht geschmäht, doch um sich dieser *Angst* zu erwehren, verfasste er ein Gedicht mit dem Titel »Der Prophet«, das mit den Versen beginnt: *In einer Halle hat er mich empfangen / Die rätselhaft mich ängstet mit Gewalt / … / Von seinen Worten, den unscheinbar leisen / Geht eine Herrschaft aus und ein Verführen / Er macht die leere Luft beengend kreisen / Und er kann töten, ohne zu berühren.*

Hofmannsthal gab sich spröde, zurückhaltend. George fühlte sich beleidigt und forderte ihn zum Duell. Hofmannsthals Vater schaltete sich ein und beendete die Angelegenheit ohne weitere Peinlichkeiten. Die beiden nahmen dann wieder ihre Beziehung auf, von Seiten Georges herrisch-werbend, von Seiten Hofmannsthals bewundernd und auf Distanz bedacht. An den Vater Hofmannsthal schrieb George, sein Verhalten rechtfertigend: *für mich bleibt er* (Hugo v. H.) *immer die erste Person auf deutscher Seite die ohne mir vorher näher gestanden zu haben mein schaffen verstanden und gewürdigt (hat) – und das zu einer Zeit wo ich auf meinem einsamen Felsen zu zittern anfing.*

Es fällt nicht leicht, sich diesen stolzen Stefan George als jemanden vorzustellen, der auf *einsamen Felsen* zittert. Und doch war es offenbar so. Stark fühlte er sich, wenn ihm ein Gedicht gelang. Dann bezog er eine Kraft daraus, die ihn weitertrug – bis zum nächsten Gedicht oder bis zum nächsten Menschen, den er in seinen Bann zog. Dazwischen konnte er an sich zweifeln, sogar verzweifeln und in trübe Stimmungen versinken. Wenn er sie überwand und ihm ein Gedicht gelang, war das wie ein Siegeszeichen, um das er seine Getreuen versammelte.

Als Hofmannsthal zehn Jahre später, im Sommer 1902, in einem Brief seine Schaffenskrise eingestand, antwortete George: *ich glaube dass kaum eines der drückenden Gespenster worunter Sie dulden mich verschont hat. In meiner jugend war ich stark genug um auch das widrigste zu besiegen und ohne hilfe – später aber wär ich gewiss zusammengebrochen hätt ich mich nicht durch den Ring gebunden gefühlt.*

Dieser *Ring* wurde geschaffen durch Gedichte, in denen eine einzigartige Persönlichkeit den formstrengen Auftritt suchte. Für George bedeutete die ästhetische Form alles. Sie erst gab dem Leben die Würde. Als Hofmannsthal jemanden mit den Worten vorstellte: *er gehört völlig dem Leben an, keiner Kunst*, antwortete George, er empfinde diesen Satz *fast als lästerung*, denn *wer gar keiner Kunst angehört darf sich der überhaupt rühmen dem leben anzugehören?*

Schließlich fand Hofmannsthal eine Formulierung, auf die sich beide einigen konnten. Ist es nicht so, schrieb Hofmannsthal, dass man sich mit dem Leben niemals recht verknüpfen kann, wenn man sich ihm *nicht zuerst in der geheimnisvollen Weise entfremdet, deren Werkzeug das Aufnehmen von Dichtungen ist.*

Dichtung ist also Distanz vom gewöhnlichen Leben, sogar eine Entfremdung von ihm, jedenfalls eine ganz andere Sphäre des Bedeutsamen; insofern gehört sie auf den ersten Blick nicht zum gewöhnlichen Leben, und man kommt auch ohne sie aus; auf den zweiten Blick aber gehört sie doch zum Leben, in einer tieferen, *geheimnisvollen* Dimension. Man muss dem Leben zeitweilig fremd gegenüberstehen, um es in seiner Tiefe zu erfassen. Das geschieht in der Dichtung. So viel Entfremdung vom Leben – durch Dichtung – ist erforderlich, um sich recht mit ihm verknüpfen zu können.

Poesie entfremdet vom gewöhnlichen Leben und steigert es dadurch. Nietzsche hatte solche Lebenssteigerung *Verzückungsspitzen* genannt. Nicht jedem sind sie zugänglich. Deshalb konnte George im Gespräch mit Edith Landmann erklären: *Das Dichterische steht dem Religiösen entgegen; die Religion ist demokratisch, sie findet für jeden ein Unterkommen … aber eine künstlerische Natur würde da ihr Genüge nicht finden.* Poesie ist für ihn also das Individuelle schlechthin, in der denkbar größten Entfernung zum Gemeinplatz, wo die vielen sich versammeln, die er schroff zurückweist: *schon eure zahl ist frevel.*

Es war ein kleines, erlesenes Publikum, das sich am 14. November 1897 im Hause Lepsius im Berliner Westend zu einer Lesung mit Stefan George einfand. *Bekannte Menschen waren zugegen. Nur in gedämpften*

Tönen wurde gesprochen. Dann glitt aus einer Seitentür ein Mann herein und setzte sich, nach einer Verbeugung, an das gelbverhüllte Licht, hinter ihm eine japanische golddunkle Stickerei … Niemals in meinem Leben ist mir ein so merkwürdiges Gesicht begegnet. Blass, verarbeitet, mit müden, schweren Lidern, mit herbem, ausdrucksvoll vibrierendem Mund … mehr und mehr wurden wir hypnotisiert, in die Stimmung hinein gebannt.

So der Bericht in der »Vossischen Zeitung«. Lou Andreas-Salomé, die zusammen mit Rilke auch zur Lesung eingeladen war, schrieb in der Zeitschrift »Pan«, sie habe noch niemals durch die Persönlichkeit eines Dichters *eine solche siegreiche und überwältigende Umwandlung erlebt.*

Bei dieser Lesung im Hause Lepsius war auch der Philosoph Georg Simmel zugegen, der sich gerade mit dem Problem des Individualismus beschäftigte. Der Eindruck, den er von Georges Persönlichkeit und seinen Gedichten empfing, gab ihm eine lebendige Anschauung dessen, was er seitdem das *individuelle Gesetz* nannte.

Nun hatten Georges Auftreten, Haltung, Körpersprache tatsächlich etwas Strenges und Durchgestaltetes und insofern etwas Gesetzförmiges, und ebenso streng und formbewusst waren seine Gedichte. Gewöhnlich ist das Gesetzmäßige etwas Allgemeines. Hier aber erscheint es als die selbst gewählte Form des Individuellen, eben als individuelles Gesetz; als selbst gewählte Norm, um die innere Substanz der Individualität in eine Form zu bringen und damit zu bereichern. Edith Landmann, eine Schülerin Simmels und langjährige Vertraute Georges, schreibt dazu: *In Georges Wesen wurde uns … eine Norm wiederum sichtbar, die sich in der Formung seines ganzen Wesens ausprägte, darin, daß Wesen, Leben und Lehre so völlig eins in ihm waren, daß sein Leben bei extremer Einfachheit, Gleichförmigkeit und Unscheinbarkeit doch in jedem Zuge einer höchsten geistigen Forderung gemäß und bis ins letzte von dem durchwaltet war, was Nietzsche den großen Stil nannte. Der große Stil will einen starken Grundwillen und verabscheut am meisten die Zerfahrenheit.*

Wenige Monate nach der ersten Begegnung im Hause Lepsius veröffentlicht Simmel 1898 einen ersten Aufsatz über George, über den sich die beiden noch im selben Jahr bei einem Zusammentreffen in Rom besprachen, woraus dann 1901 der zweite, ausführlichere Text entstand, »Stefan George. Eine kunstphilosophische Studie«.

Simmel war beeindruckt von Georges streng individualisierter Ausdrucksgebärde, die etwas Abschirmendes und Asketisches hat. *Bei den Gedichten Georges hat man den Eindruck, daß ihr Inhalt durchaus in keiner anderen Form als in der poetischen gesagt werden kann; es wirkt in ihnen kein der Kunstform gegenüber selbstständiger Reiz ihres Stoffes mit.* So heißt es in dem ersten Aufsatz über George. Im zweiten präzisiert Simmel, welche Reize abgewehrt werden sollen: Es sind die des *naturalistischen Trieblebens.*

Das *naturalistische Triebleben* ist nach Simmel gerade nicht das, was uns zu Individuen macht, die sich voneinander unterscheiden. Es ist die gemeinsame biologische Substanz. Das strenge *ästhetische Formgesetz* erst bringt Individualisierung zustande. Das illustriert Simmel an Georges Gedichten, die für ihn Exempel eines Individualisierungs- und Sublimierungsprozesses sind, der *die Inhalte des Lebens über das Leben selbst hinauswachsen läßt.* Dieses Hinauswachsen aber ist nichts anderes als *ästhetische Formung,* die in Simmels Verständnis eine Steigerung des Lebens in der hoch individualisierten Gestalt zur Folge hat.

Simmel nimmt Werk und Habitus Georges zum Ausgangpunkt seiner Idee des *individuellen Gesetzes.* Auch hat ihn Nietzsches Formel *Werde, der du bist* angeregt.

Das *individuelle Gesetz* müsste ja etwas sein, das nur für den Einzelnen gilt; etwas, an dem sich der Einzelne orientiert, um das Eigene hervorzubringen, der innere Kompass, das innere *Telos,* das den Einzelnen leitet. Der bloße Wille, sich zu unterscheiden, genügt nicht, denn damit bleibt man negativ fixiert auf die anderen. Anders zu sein als die anderen muss noch nicht zur Eigenheit führen. Simmel demonstriert das am Beispiel der Mode. Sie begünstigt eben nicht den eigenen Stil, sondern bewirkt die *Einschmelzung des Einzelnen in die Allgemeinheit* der jeweils Modebewussten.

Wie aber entdeckt man nun und folgt man dem *individuellen Gesetz*? Es kann sich nicht um das normativ Allgemeine handeln. Es muss eine Richtschnur, ein Sollen sein, das, wie Simmel sagt, aus der *Lebenstotalität des Ichs* herauswächst und dabei ausgestattet ist mit der Würde und Verbindlichkeit, die sonst nur den allgemeingültigen moralischen Imperativen und gesetzlichen Vorschriften zustehen. Das *individuelle Gesetz* hängt also nicht vom Belieben und der Willkür des Einzelnen ab, es ist Ausdruck einer aus dem eigenen Selbst stammenden und sich selbst auferlegten Verbindlichkeit.

Diese Konzeption ist gegen Kant gerichtet, der bei der Selbstbestimmung nur die allgemeinverbindlichen moralischen Gesetze und Regeln gelten lässt. Kant denkt dualistisch: Das moralische Gesetz in uns gehört zur Sphäre des Allgemeinen und steht dem individuellen Menschen mit seinen geistigen und gefühlsmäßigen Besonderheiten gegenüber.

Diesen Dualismus will Simmel überwinden, indem er das Individuelle aufwertet: Es gibt ein Sollen, das nicht aus der Sphäre des Allgemeinen stammt, sondern dem individuellen Leben entspringt; ein Sollen mithin, das inniger verbunden ist mit dem persönlichen Sein als der kategorische Imperativ oder andere allgemeine ethische Regeln.

Sehr subtil vermag Simmel zu zeigen, dass dieses jeweilige *individuelle Gesetz* nicht etwa kategorisch fordert, sondern dass es einen eher spüren lässt, was einem *gemäß* ist. Es kann durchaus etwas zu tun haben mit *Geschmack*. Es veranlasst ein Verhalten und Handeln, das zu einem passt. Es wirkt auch als Gewissen, auf das man hört, aber nur, weil es zu einem gehört. Ein Gewissen, das einen zu sich selbst aufruft. Es gibt dem Leben den jeweils eigenen *Stil*.

Das *individuelle Gesetz* entbindet nicht von den Verpflichtungen gegenüber der allgemeinen Sittlichkeit und Moral, doch es führt darüber hinaus. Die *Logik des kategorischen Imperativs*, heißt es bei Simmel, erspart einem *das Schöpferische des Sittlichen.* Das *Schöpferische* bei der Sittlichkeit ermöglicht erst die Orientierung am *individuellen Gesetz.* Mit seiner Hilfe bildet sich *jener unbeschreibliche Stil und Rhythmus einer Persönlichkeit, ihre Grundgeste, die jede ihrer ... Äußerungen zu etwas unverwechselbar* ihr *Zugehörigem macht.*

Was das *individuelle Gesetz* leistet, lässt sich nicht theoretisch zureichend beschreiben und auch nicht in einem Regelkodex fixieren, sondern es lässt sich nur anschaulich machen an Beispielen. Simmel ist es an der Gestalt Georges aufgegangen, und auch seine nach dieser Begegnung geschriebene Goethe-Monographie ist dieser Thematik des *individuellen Gesetzes* gewidmet. Goethe verkörperte für ihn auf vollkommene Weise das Leben nach dem *individuellen Gesetz.* Goethe selbst hat es in den berühmten Versen aus »Urworte. Orphisch« so formuliert: *Nach dem Gesetz wonach du angetreten. / So mußt du sein. Dir kannst du nicht entfliehen. / ... / Und keine Zeit und keine Kraft zerstückelt / Geprägte Form die lebend sich entwickelt.*

Goethe ist diesem *individuellen Gesetz* gefolgt, indem er seinem Gefühl traute, das ihm signalisierte, ob etwas passt oder nicht, ob es ihm *gemäß* war. Als Goethe an seiner Farbenlehre arbeitet und ihm empfohlen wurde, sich doch auch um Mathematik zu kümmern, und er dann auch einige Wochen Unterricht in Jena nahm, brach er diese Studien schließlich mit den Worten ab: *ich werde dies zu meinem Wesen nicht brauchen können.* Das ist jene glänzende Ignoranz im Dienste des individuellen Lebens, die Simmel an Goethe rühmt, ohne die es Goethes Gestaltungskraft nicht gegeben hätte. Sein Horizont war sehr weit, er nahm unendlich viel Welt in sich auf, aber doch nur so viel, wie er verarbeiten konnte. Er musste, wie er sagte, *produktiv darauf antworten können.* Das Unzukömmliche hielt er von sich fern, so weit wie möglich. Die aufnehmenden, die verarbeitenden und die sich äußernden Kräfte mussten gut ausbalanciert sein. Es kommt nicht auf die tausend Möglichkeiten an, mit denen man spielt, sondern auf das, was man wirklich zu leben imstande ist. Solche Lebensentscheidungen fungieren als

Nadelöhr: Was von dem Möglichen hier durchkommt, kann erst als das Eigene gelten. Der Möglichkeitsmensch muss sich begrenzen, um ein Wirklichkeitsmensch zu werden. *Wer allgemein sein will, wird nichts; die Einschränkung ist dem Künstler so notwendig als jedem, der aus sich was Bedeutendes bilden will.*

Einen besonderen Akzent legt Simmel auf Goethes *Häutungen*, also die Kunst, ein anderer zu werden und doch sich selbst treu zu bleiben; damit war auch die Methode verbunden, sich dem *Allgemeinen*, wenn es ihn nicht zu viel kostete, anzupassen, um unter diesem Schutz ungestört seine *Besonderheit* weiterhin pflegen zu können. Das war seine Version der Regel: »Gebt dem Kaiser, was des Kaisers ist …« Nicht jeder Widerstand lohnt sich, so Goethe, manchmal genügt auch oberflächliche Anpassung. Auch diesen Sinn hat die *Häutung*: Man gibt die Haut preis und entkommt so dem Zugriff.

An Goethe also konnte Simmel sehr gut illustrieren, was es auf sich hat mit dem *individuellen Gesetz*. Auf die Idee dazu aber hatte ihn, wie gesagt, der stilbewusste und formstrenge Stefan George gebracht.

George, dieser herrische und zugleich bescheidene Mensch im eleganten Gewande eines Monsignore, der mit seinen zwei Stofftaschen herumreiste und bei seinen Jüngern Quartier nahm wie ein König in seinen Pfalzen, hatte seinem Kreis den eigenen geistesaristokratischen Stil aufgeprägt. Er war selten allein, er konnte ohne seinen Kreis nicht leben, doch als dessen *Meister* war er im eminenten Sinne – ein Einzelner.

Simmel pflegte Umgang mit ihm zwischen 1897 und 1907; immerhin fühlte er sich ihm so nahe, dass er das Buch »Die Probleme der Geschichtsphilosophie« von 1905 mit der Widmung versah: *Stefan George, dem Dichter und Freund.*

George seinerseits fühlte sich durch die Aufmerksamkeit des Philosophen für seine Person und sein Werk zunächst sehr geehrt, wenn er den Philosophen auch nicht immer genau verstand. Im Kreis sprach man spöttisch vom *Versimmeln*. Gleichwohl verkehrte George, wenn er in Berlin war, gerne im Hause Simmel. Mit Simmels Ehefrau Gertrud stand er sich fast noch besser.

Wie Simmel von George zum *individuellen Gesetz* angeregt wurde, so war Max Weber, wie Thomas Karlauf in seiner George-Biographie plausibel macht, ungefähr zur selben Zeit in der Begegnung und Auseinandersetzung mit George und seinem Kreis auf den Begriff der *charismatischen Herrschaft* gekommen.

Im Jahr 1910 kam es zur ersten persönlichen Begegnung zwischen Max Weber und George. Die Kreise der beiden überschnitten sich in Heidelberg. Friedrich Gundolf und Edgar Salin zum Beispiel gehörten beiden an. Max Weber hatte Stefan George schon eine Weile aus der Ferne beobachtet, und der herrisch-entschiedene Ton seiner Gedichte hatte ihn beeindruckt. In diesen Jahren öffnete sich Weber, von Else Jaffé angeregt, überhaupt mehr den Künsten, plante auch eine groß angelegte Kultursoziologie. Er hatte Simmel bei einem Besuch in Berlin über George ausgefragt. Noch nannte er ihn ein wenig spöttisch den »Weihen-Stefan«.

Als im Sommer 1910 ein Freund, Arthur Salz, die gemeinsame Urlaubsreise absagte wegen eines angekündigten Besuches von George, schrieb Weber verständnisvoll, auch für ihn wäre *die Bekanntschaft oder besser gesagt: der Eindruck – eines Mannes von so gewaltigem* Ernst *auch etwas, was ich nicht nur einer Reise, sondern* sehr *vielem oder Allem Andren voranstellen würde.*

Der George-Mythos war also inzwischen bei Max Weber angekommen, und so erstaunt es nicht, dass bei Georges erstem Besuch Max Weber zunächst *ein wenig verlegen* war, wie Marianne Weber in ihrem Erinnerungsbuch festhält. George habe sich *ohne Pose* gegeben, *mit schlichter Würde und Herzlichkeit.* Deshalb auch sei Weber bereit gewesen, *das Außergewöhnliche in ihm zu verehren, das gebietende Gewicht eines in der eignen Schöpferkraft beruhenden adligen Menschentums auf sich wirken zu lassen.*

In diesem Sommer der persönlichen Begegnung taucht erstmals in einem Brief Webers der Begriff *Charisma* auf, und zwar eben im Zusammenhang mit George. Wenig später, auf dem ersten Soziologentag in Frankfurt im selben Jahr, kommt Max Weber nochmals auf Stefan George zu sprechen: *Die von künstlerischen Weltgefühlen getragenen Sekten gehören in soziologischer Hinsicht … zum Interessantesten, was es geben kann; sie haben noch heute, ganz wie eine religiöse Sekte, ihre Inkarnation des Göttlichen gehabt – ich erinnere an die Sekte Stefan Georges –, und die Prägung der praktischen Lebensführung, der inneren Attitüde zum gesamten Leben, die sie in ihren Anhängern erzeugen, kann eine sehr weitgreifende sein … wobei ich den Ausdruck Sekte gänzlich wertfrei gebrauche. Der Ausdruck ist ganz ohne Grund bei uns so eigentümlich in Verruf, weil man den Begriff der »Enge« damit verbindet. Spezifische, fest umrissene Ideale können aber gar nicht anders als zunächst im Wege der Bildung einer Sekte begeisterter Anhänger … ins Leben getragen werden.*

Charismatische Herrschaft – von nun an ein zentraler Begriff bei Max Weber – bezeichnet den Vorgang, wenn um eine Person von großer Ausstrahlung, einen Einzelnen, ein Herrschaftsbereich entsteht. Charisma bindet mit der Kraft des Glaubens. Max Weber gibt der charismatischen Herrschaftsform im Zeitalter der Massengesellschaft eine große Zukunft, weil sie das Versprechen enthält, die *Rationalisierung* (Weber) der Lebensbereiche in der Moderne kompensieren zu können. *Rationalisierung*, die Durchdringung der Lebens- und Arbeitswelt mit Technik, Wissenschaft und rechnerischem Geist, wirkt, so Max Weber, als *Entzauberung*. Die Frage ist, wie tief sie geht. Ob sie die ganze Person mit Geist, Sinn und Gefühl ergreift. Für Max Weber ist jedenfalls klar: Rationalität ist nicht alles. Später wird er in seinem berühmten Vortrag »Der Beruf zur Wissenschaft« davon sprechen, dass nur der einen richtigen Gebrauch von der Rationalität macht, der *den Dämon findet und ihm gehorcht, der* seines *Lebens Faden hält*. Stefan George war für ihn so jemand, der offenbar sehr stark und entschieden von seinem *inneren Dämon* geführt wurde.

Diese Art *Dämon* ist seit dem platonischen Sokrates bekannt. Er ist die in der Persönlichkeit wurzelnde Innensteuerung, zu der man sich rational verhalten kann, die aber nicht aus der Rationalität stammt. Dass in dieser Sphäre der Mensch auch offen ist für eine transzendente Dimension, gibt Max Weber durchaus zu (und daran wird später der Weber-Bewunderer Karl Jaspers anknüpfen), wenngleich er selbst, der von sich sagte, er sei *religiös unmusikalisch,* an diesem Punkt Stillschweigen bewahrt.

Bei einem späteren Resümee seiner Forschungen zum Problem der Rationalisierung kommt Max Weber ein letztes Mal auf Stefan George und seinen Kreis zu sprechen, eindringlich, doch ohne Namen zu nennen. *Es ist das Schicksal unserer Zeit, mit der ihr eigenen Rationalisierung und Intellektualisierung, vor allem: Entzauberung der Welt, daß gerade die letzten und sublimsten Werte zurückgetreten sind aus der Öffentlichkeit, in die Brüderlichkeit unmittelbarer Beziehung der Einzelnen zueinander. Es ist weder… zufällig, … daß heute nur innerhalb der kleinsten Gemeinschaftskreise, von Mensch zu Mensch, im pianissimo, jenes Etwas pulsiert, das dem entspricht, was früher als prophetisches Pneuma in stürmischem Feuer durch die großen Gemeinden ging und sie zusammenschweißte.*

Max Weber behielt Stefan George im Blick. Dieser war für ihn offenbar einer der wenigen Einzelnen, bei denen noch das einst *stürmische Feuer* brennt. *Pianissimo,* aber immerhin.

KAPITEL 11

Ricarda Huchs Glaube und die Kritik der Entpersönlichung

Auf dem Höhepunkt der öffentlichen Anerkennung Ricarda Huchs als Romanautorin, Historikerin und Essayistin schreibt Thomas Mann 1924 zu ihrem 60. Geburtstag, man habe nicht nur *die erste Frau Deutschlands,* sondern wahrscheinlich *die erste Europas* zu feiern.

Ricarda Huch empfand solche Lobeshymnen als übertrieben. Sie wollte sich nie so hoch stellen, war aber durchaus mit sich selbst im Reinen, weil sie ihrem *inneren Dämon* gefolgt war. Sie benutzte ausdrücklich diesen Ausdruck. Sie hatte ihn allerdings nicht bei Max Weber gefunden, sondern bei Goethe. *Es täte uns not, daß der Dämon uns täglich am Gängelband führte und uns sagte und triebe, was immer zu tun sei.*

Der *innere Dämon* war für sie jene Kraft, die dem Einzelnen hilft, das Eigene zu entwickeln. Glaube also an ein Selbst, das dem noch unbewussten Ideal, dem inneren Telos folgt oder, wie es Georg Simmel genannt hatte, seinem *individuellen Gesetz.*

Ricarda Huch war empfindlich gegen Eitelkeit und Selbstgefälligkeit, die beim Versuch, einen eigenen Weg zu gehen, im Spiel sein können. Ein abschreckendes Beispiel war ihr Stefan George, dem sie in ihrer Münchener Zeit um 1900 bei den Wolfskehls vorgestellt worden war. Man wollte sie in den Kreis ziehen, doch sie hielt Distanz. Sie rechnete es George, von dem sie sagte, er habe *einige wunderschöne Gedichte* gemacht, zwar als Verdienst an, *den Deutschen seiner Zeit wieder in Erinnerung gebracht zu haben, daß Dichtung eine Kunst ist,* doch habe er andererseits die Eitelkeit auf die Spitze getrieben. *Mich berührte die Individualität Georges,* schreibt sie, *eher unangenehm; die Feierlichkeit seines Auftretens* sei nur durch seinen *Mangel an Humor* zu erklären. Man sollte sich durchaus ernsthaft der Kunst widmen, doch auch nicht vergessen, dass sie ein schönes Spiel ist, nichts Heiliges. Übertriebene Feierlichkeit sei fehl am Platz.

Vertrauter war sie mit Wolfskehl. An ihm schätzte sie, dass er zwar einerseits den *Hohenpriester* des Kreises gab, andererseits, wie er ihr gegenüber durchblicken ließ, das Ganze dann doch nicht so ernst nahm. Er lebte eben *in zwei Welten,* und das war ihr sympathisch. Auch sie selbst achtete darauf, sich nicht mit Haut und Haaren irgendeinem Dogma zu verschreiben. Freiheit ging ihr über alles. Dass es auch bei George um Freiheit ging, nämlich um die Freiheit von den nivellierenden Zwängen der Massenkultur, war ihr durchaus bewusst. Auch sie sei gegen die *Vermassung,* schrieb sie, doch *man bekämpft Vermassung nicht durch Absonderung, und Vergottung des Führers kommt eher der Vermassung zugute als der Hochschätzung des Individuums.* Außerdem fühle sie sich mehr *mit dem arbeitenden Volke verbunden* als mit Leuten, die eher darauf bedacht seien, *daß ihre Krawatte den erforderlichen aristokratischen Sitz hatte.*

In der Auseinandersetzung mit dem George-Kreis und seinen *Verstiegenheiten* waren ihr damals die eigenen Quellen der Selbstbewahrung und Selbstbehauptung erst so richtig bewusst geworden. In dieser Zeit hatte Ricarda Huch durch frühe Lebenskrisen zu jenem religiösen Glauben gefunden, der sie auf ihrem Weg gehalten und geführt hat. Sie hat ihn nicht einfach übernommen, sondern sich neu erworben und zu etwas Eigenem gemacht, und sie wird darüber Rechenschaft ablegen in ihren religionsphilosophischen Essays, vor allem »Luthers Glaube« (1916) und »Entpersönlichung« (1921).

Begonnen aber hatte die 1864 geborene Ricarda Huch in jungen Jahren als Lyrikerin und Romanautorin. Sie hatte eine sorglose, behütete Kindheit und Jugend erlebt, bis es zu einem leidenschaftlichen Liebesverhältnis kam zwischen ihr und dem Mann ihrer älteren Schwester, der zugleich ihr Vetter war. Diese komplizierte Beziehung wird für einige Jahrzehnte ihr Schicksal bestimmen. Die unhaltbare Situation zu Hause veranlasste sie, nach Zürich zu ziehen, wo sie ein Studium der Geschichte, Literatur und Philosophie begann, was einer Frau in Deutschland damals noch nicht möglich gewesen wäre. Sie war dann auch eine der ersten deutschen Frauen, die promoviert wurde. Von Jugend an zog sie das literarische Schreiben an. *Es war mir immer bewußt, daß dies meine Aufgabe und meine Leidenschaft war, der ich irgendwann einmal genügen würde.* Zunächst einmal aber arbeitete sie bei der Stadtbibliothek von Zürich und unterrichtete in einer Privatschule.

Die ersten beiden Romane »Erinnerungen von Ludolf Ursleu dem Jüngeren« von 1893 und »Michael Unger« von 1903 sind autobiographisch geprägt und verarbeiten die schwierige Liebesbeziehung zu ihrem Vetter und Schwager Richard Huch. Diese Liebe, so heißt es im ersten Roman, sei *wahrhaftig einem Feuer zu vergleichen, insofern, als sie sich niemals begnügt, sondern stets mehr Nahrung will, sich reckt und riesenhoch anschwillt zu furchtbarer Schönheit und zum Verderben alles dessen, was ihr im Wege steht.*

Im Wege standen vor allem Richards Verantwortungsgefühl für seine Kinder, denn als das Liebespaar 1897 einen eigenen Anfang in Paris wagen wollte, zog Richard im letzten Augenblick zurück, weil er es nicht über sich brachte, seine Kinder zu verlassen. Ricarda stürzte in eine tiefe Lebenskrise: *Ich weiß nicht, wozu ich aufstehe, wozu ich esse, wozu ich arbeite, wozu ich existiere,* gesteht sie ihrer Freundin Marie Baum.

Sie zog nach Bremen und dann nach Wien. Dort verliebte sie sich in den Arzt Ermanno Ceconi, den sie bald darauf heiratete und mit dem sie eine Tochter hatte, Marietta. Es war zunächst eine glückliche Verbindung. Doch als ein paar Jahre später, inzwischen lebt die kleine Familie in München, Richard Huch sich wirklich von seiner Frau trennte, war Ricarda sofort bereit, sich wieder mit ihm zu verbinden. Ihrer

Freundin schrieb sie am 16. Oktober 1905: *ich habe Richard wiedergesehen. In einem Augenblick sind neun Jahre ausgelöscht … Während dieser Tage war es, als ob der Stein, den ich auf meine Vergangenheit gelegt hatte, sich gewaltsam löste.*

Ricarda trennte sich 1905 von Ceconi und heiratete Richard Huch, die Tochter lebte abwechselnd bei Ricarda und bei ihrem Vater Ceconi. Doch der endlich verwirklichte Traum wird zum Albtraum. Eine Kälte, die alles erstarren lässt, breitet sich zwischen den beiden aus. Ricarda bereut die Trennung von Ceconi. *Was für trostlose Verwicklungen, alles die Folgen meiner Liebe zu Richard, in dem ich als halbes Kind mehr einen Gott als einen Menschen sah. Die hingebende Liebe der Frauen zu den Männern ist offenbar* das *Verbrechen der Frau, das an ihr heimgesucht wird. Sie soll lernen, auf sich selbst zu stehen.*

In dieser Krise wird ihr bewusst, dass zur persönlichen Reifung mehr gehört, als nur einer Leidenschaft zu folgen. Was sie lernen und woran sie arbeiten will, ist genau dies: auf *sich selbst zu stehen,* also Selbstständigkeit zu bewahren auch in der liebenden Hingabe an einen Mann. In dieser Situation hilft ihr der neu erwachte Glaube. Formell war sie ja evangelisch erzogen worden, doch das war nicht tief in sie eingedrungen. Glaube war zuerst noch keine Herzenssache gewesen, doch das ändert sich jetzt. Sie sucht sich darüber klar zu werden, was das eigentlich ist: Glaube.

Glaube reicht für sie tiefer als die Konstruktion von religiösen Dogmen, von denen man überzeugt ist oder zu denen man sich im Sinne des Für-wahr-Haltens bekennt, ist also nicht bloß eine Sache der Überzeugung und der rituellen Gewohnheiten; Glaube, den sie in dieser Krisenzeit neu entdeckt, liegt überhaupt nicht auf dieser kognitiven Ebene, ist nicht eine mit Phantasien und Einbildungen durchsetzte Art des Wissens, also letztlich ein vermindertes Wissen; Glaube ist vielmehr die Erfahrung, an einer ganz eigenen und zugleich universellen Kraftquelle teilzuhaben; die Erfahrung der Umwandlung des inneren Menschen in der Folge des Einströmens einer universellen Kraft.

In »Luthers Glaube« ist denn auch weniger von Luther die Rede als von ihrem eigenen Glauben, ihrer Erfahrung, teilzuhaben an einer Kraft, die Freiheit schenkt und die Unbekümmertheit, den ängstlichen Moralismus zu überwinden. Dieser Glaube löst von Kollektivzwängen und weckt den Sinn für die eigene Existenz. Aus Gottvertrauen entspringt bei ihr Selbstvertrauen.

Der berühmte Religionssoziologe Ernst Troeltsch hatte in seiner Rezension des Luther-Buches sehr gut begriffen, worauf es bei Ricarda Huchs Glaubensverständnis hinausläuft, nämlich auf eine aus Gottvertrauen entsprungene *unbefangene Lebensfreude …, wovon der moderne Mensch der Wissenschaft, des Denkens, der Bewußtheit, der Staatsmaschine und des wirtschaftlichen Fortschritts keine Ahnung mehr hat.*

Tatsächlich, so stellt Ricarda Huch lakonisch fest, *wird im allgemeinen im Abendlande nicht mehr an Gott geglaubt,* übrig geblieben sei allenfalls *die Beobachtung der Moralgesetze.* Doch in der moralischen Gewissenhaftigkeit liegt nicht das Heil. Hier knüpft Ricarda Huch durchaus an Luthers Gnadenlehre an, wonach nicht die Gesetzeshörigkeit, sondern die in Christus verkörperte Gnade den Menschen vor Gott rechtfertigt und ihn frei macht. Dieser Gott aber ist für sie nicht eine jenseitige Instanz; man begegnet ihm nur, wenn man ihn in sich selbst findet. Es ist der *Gott in uns,* wie sie, eine romantische Tradition aufnehmend, schreibt. *Gott ist eine Kraft, die nicht von außen, außerhalb der Natur und Menschheit, sondern von innen heraus auf den Menschen wirkt, wenn sie auch den Menschen über sich selbst hinaus reißt.*

Dieser Glaube bewahrt die Würde der einzelnen Person, indem er ein Gegengewicht schafft zu den kollektivistischen, rationalistischen und mechanistischen Zwängen. Der Glaube hilft gegen die in der Moderne wirksamen Kräfte der *Entpersönlichung,* deren Logik und Geschichte Ricarda Huch in dem Buch gleichen Titels untersucht. Mit dem Gottesbezug wird die Einzel-Persönlichkeit gestärkt, denn deren horizontale Verflechtungen werden durch eine Vertikale durchschnitten. Wird der Gottesbezug, die vertikale Verankerung, schwächer oder verschwindet er vollständig, nehmen die horizontalen kollektiven Mächte überhand. Der Mensch erfährt sich dann als vollkommen integriert, mechanisiert und instrumentalisiert in der großen Gesellschaftsmaschine. *An die Stelle der unendlichen Entwicklung des Einzelnen trat seit Bacon die Idee des Fortschritts, welcher nicht im Menschen, sondern in seinen Werkzeugen und Einrichtungen liegt und welcher, um die Idee der persönlichen und unendlichen Entwicklung zu ersetzen, gleichfalls als unendlich angenommen werden mußte.*

Was Max Weber *Rationalisierung* genannt hat, heißt bei Ricarda Huch *Entpersönlichung.* Und Max Webers *innerer Dämon,* der seines Lebens Faden hält, ist bei Ricarda Huch der Glaube, der ihr hilft, als Einzelne ihre geistige, aber auch politische Existenz zu bewahren.

Während der Novemberrevolution 1918 verfolgte sie die Improvisationen des Rätesystems mit einiger Sympathie; sie ließ sich sogar in den »Rat geistiger Arbeiter« wählen, den sie aber bald wieder verließ, weil man dort, so schreibt sie in einem Brief, *ganz unpolitisch sein will, nur den Zweck der Wahrung der Berufsinteressen hat.* Danach bewirbt sie sich bei Friedrich Naumanns »Deutscher Demokratischer Partei« um eine Kandidatur für die Weimarer Nationalversammlung. Ohne Erfolg, doch sie hatte damit ihre Bereitschaft gezeigt, politische Verantwortung im demokratischen Prozess zu übernehmen.

Die Öffentlichkeit war einigermaßen überrascht, als Ricarda Huch, die man politisch eher der liberal-konservativen Sphäre zurechnete, 1923 mit einer Biographie über den Anarchisten Bakunin hervortrat. Darin porträtiert sie Bakunin als einen Einzelgänger ganz nach ihrem Geschmack: ein Mann von natürlicher Autorität, doch ohne Herrschsucht, impulsiv, leidenschaftlich, philosophisch entflammt, sein Lieblingsbuch war Fichtes »Anweisung zum seligen Leben«. Er träumte von der Liebe als gesellschaftlichem Band, deshalb verwarf er die großen, zentralistischen Staatsgebilde und bevorzugte kleine, sich selbst verwaltende Gemeinschaften wie die Mir, die traditionelle Dorf- und Produktionsgemeinschaft der freien Bauern in Russland.

Mit großer Sympathie erzählt Ricarda Huch seine Lebensgeschichte. Bakunin, geboren 1814 als Spross eines russischen Aristokratengeschlechts, wollte nicht von seinen Pfründen leben, sondern sich seinen Lebensunterhalt selbst verdienen, zeitweilig als Mathematiklehrer, was ihm allerdings selten gelang. Eine Karriere beim Militär und bei der Verwaltung schlug er aus. Schließlich nahm er dann doch Unterstützung von zu Hause an, oder er lebte auf Pump, wobei er seine Schulden selten beglich, was man ihm zumeist verzieh, weil er seinerseits sich stets großzügig zeigte, wenn er gut bei Kasse war. Er verachtete das Geld und überhaupt jede Form von Eigentumsfixierung. In Moskau studierte er vor allem deutsche Philosophie. Er war Mittelpunkt eines Freundeskreises, zu dem Alexander Herzen, Belinski und Turgenjew gehörten. 1840 zog es ihn in den Westen, wo er in Berlin Schelling hörte (er hätte dort auch Kierkegaard begegnen können).

Wo er auftrat, wurde dieser geistvolle, riesenhafte, schöne Mann mit den sanften Augen und der angenehm sonoren Stimme sogleich zum anziehenden Mittelpunkt. Bei den Machthabern galt er als »gefährliches Subjekt«. Nach dem Aufstand in Dresden, wo er mit Richard Wagner auf der Barrikade stand, fiel er in die Hände des preußischen Militärs. In Dresden wurde er zum Tode verurteilt, schließlich über Österreich nach Russland abgeschoben, wo er bis zu seiner Flucht 1861 inhaftiert blieb. Wieder stürzte er sich in die revolutionären Kämpfe, in Polen, in Frankreich und in Italien, wo er sich mit Garibaldi zusammentat. Überall wurde er steckbrieflich gesucht und wirkte doch nicht gehetzt, sondern strahlte ungetrübte gelassene Lebensfreude aus. Karl Marx in London allerdings war dadurch nicht zu beeindrucken. Es spricht einiges dafür, dass er das Gerücht in Umlauf gesetzt hatte, Bakunin sei ein russischer Agent. Marx intrigierte so lange, bis Bakunin aus der »Internationalen« ausgeschlossen wurde. 1876 starb er in Bern. Auf dem Grabstein ist ein Zitat von ihm eingraviert: *Wer nicht das Unmögliche wagt, wird das Mögliche niemals erreichen.*

Ricarda Huchs Buch über Bakunin als dem großen Einzelnen ist mit jener *Kunst des Idealisierens* geschrieben, die sie zuvor in ihrem Romantik-Buch an Caroline Schlegel gerühmt hatte, eine Kunst, die imstande ist, den einzelnen Menschen als *Ganzes* zu sehen, sein *Wesen der zerstückelnden Zeit entreißend und schöpferisch zusammenfassend.*

Ricarda Huchs politische und persönliche Sympathie für Bakunin wird deutlich in der Gegenüberstellung zu Karl Marx: *Marx strebte Zentralisation an, noch mehr als schon da war, Bakunin Dezentralisation. Marx war ganz bewußt, Bakunin, eine religiös-romantische Natur, verehrte die unbewußten und unwillkürlichen Strömungen, die aus verborgenen Quellen im Menschen aufsteigen, auch wenn sie zerstören. »Er nannte mich«, so sagte Bakunin später, »einen sentimentalen Idealisten und hatte recht; ich nannte ihn einen finsteren, treulosen und eitlen Menschen und hatte auch recht.« Bakunin war demokratisch, gesellig, Menschen waren seine größte, fast kann man sagen seine einzige Leidenschaft; Marx hatte außer Friedrich Engels … keinen Freund. Der wissenschaftliche Begründer des internationalen Sozialismus war ein unvolkstümlicher, unwohlwollender Mensch; die breite, umfassende, chaotische Natur Michaels* (Bakunin) *war ihm unverständlich und stieß ihn eher ab.*

Ricarda Huch nennt Bakunin eine *religiös-romantische Natur*: Er habe sich zwar von der Vorstellung eines göttlichen, außerweltlichen Gegenübers gelöst, doch es treibe ihn der *Gott in uns* an, schöpferisch und zerstörerisch, auf Kampf und auf liebende Vereinigung gerichtet. Mit diesem Glauben und mit manchen anderen persönlichen Eigenschaften, wie etwa Großzügigkeit, Begeisterung, Hingabe, schöpferische Freiheit, Souveränität, Freundlichkeit, Offenheit und Lust an geistigen Höhenflügen, war der Anarchist Bakunin ein Vorbild für diese streitbare Schriftstellerin aus gutbürgerlichem Hause.

1933 bewährte sich Ricarda Huch als jene mutige und unbeirrbare Einzelne, die sie hatte sein wollen. Nach der nationalsozialistischen Machtübernahme erging an Heinrich Mann, den Vorsitzenden der Sektion Dichtkunst an der Akademie, die Aufforderung zum Rücktritt, andernfalls würde die ganze Sektion aufgelöst. Heinrich Mann trat zurück, woraufhin Ricarda Huch an Oskar Loerke, den Sekretär der Abteilung, schrieb: *Es ist nach meiner Ansicht sehr zu beklagen, daß Heinrich Mann ausgetreten ist; ich finde, man hätte es darauf ankommen lassen müssen, ob der Kultusminister wirklich den Mut hatte, unsere Abteilung aufzulösen.*

Ricarda Huch war die Einzige, die sich in diesem Sinne äußerte. Um eine Handhabe zu schaffen, die es erlaubte, missliebige Mitglieder aus der Akademie zu entfernen, forderte die neu eingesetzte Leitung eine ausdrückliche Loyalitätserklärung gegenüber dem Regime. Daraufhin schrieb Ricarda Huch an Max von Schillings, den neuen Präsidenten der Akademie: (Ich) *bestreite … Ihre Kompetenz, mir eine Frage von so unabsehbarer Konsequenz vorzulegen, und lehne infolgedessen ab, sie zu beantworten … Ich bin, seit ich der Akademie angehöre, stets mit Nachdruck dafür eingetreten, daß bei der Wahl der Mitglieder nichts anderes maßgebend sein darf als ihre künstlerischen Leistungen und die Bedeutung ihrer Persönlichkeit. Daran werde ich auch künftig festhalten.*

Die Leitung der Akademie ließ nicht locker. Man wollte Ricarda Huch ihres Prestiges wegen in der Akademie halten. Sie aber begründete in einem Schreiben vom 9. April 1933 ausführlich, weshalb sie die geforderte Loyalitätserklärung nicht unterschreiben werde und sie sich darum als nicht mehr der Akademie zugehörig fühle: *Daß ein Deutscher deutsch empfindet, möchte ich fast für selbstverständlich halten; aber was deutsch ist, und wie Deutschtum sich betätigen soll, darüber gibt es verschiedene Meinungen. Was die jetzige Regierung als nationale Gesinnung vorschreibt, ist nicht mein Deutschtum. Die Zentralisierung, den Zwang, die brutalen Methoden, die Diffamierung Andersdenkender, das prahlerische Selbstlob halte ich für undeutsch und unheilvoll. Bei einer so sehr von der staatlich vorgeschriebenen Meinung abweichenden Auffassung halte ich es für unmöglich, in einer staatlichen Akademie zu bleiben.*

Diese ihre Stellungnahme blieb unveröffentlicht, und überhaupt wurde ihr Austritt aus der Akademie offiziell verschwiegen. Doch einstweilen blieb sie unbehelligt, wohl auch, weil Mussolini Ricarda Huchs

Buch über Garibaldi sehr schätzte und einen regelrechten Kult damit trieb. Die italienische Ausgabe erlebte zahlreiche Auflagen.

Ricarda Huch, geschützt durch ihr Prestige, konnte zunächst noch weiter publizieren. 1934 erschien der erste Band ihrer auf drei Bände angelegten Geschichte des Römischen Reichs Deutscher Nation. Doch bereits mit diesem ersten Band erregte sie Anstoß, und zwar mit Sätzen über die mittelalterliche Judenverfolgung: *Die Judenverfolgungen des 14. Jahrhunderts wühlten auf, was an bestialischen Trieben in den Untiefen des deutschen Volkes sich verbarg, und offenbarten den Heroismus, dessen die Juden fähig waren.*

Man verübelte ihr auch, dass sie die Bedeutung des »Reichs« durchaus nicht in dem erwünschten imperialistischen Sinne auslegte, sondern das Reich als ein politisches Gebilde verstand, fast so föderalanarchisch, wie sie es sich einst in der Novemberrevolution erträumt hatte: als ein bunter Flickenteppich aus selbst verwalteten Ständen und Gemeinden, jenseits von Staatsvergötzung und Zentralismus.

Der zweite Band konnte 1937 noch erscheinen. Dann aber war Schluss. *Im Deutschland Adolf Hitlers ist für Magierinnen dieser Art heute kein Platz,* hieß es in der Parteipresse.

Ricarda Huch lebte von 1935 bis 1947 in Jena zusammen mit ihrer Tochter und deren Ehemann, dem Juristen Franz Böhm. 1937 wurden sie und Böhm wegen kritischer Bemerkungen über den Antisemitismus bei einer privaten Abendeinladung denunziert. Doch auch diesmal blieb sie unbehelligt, ihrem Schwiegersohn aber wurde der Lehrauftrag an der Universität Jena entzogen. Nach dem 20. Juli 1944 richtete sich der Verdacht auch gegen Freunde und Bekannte aus dem Umkreis Ricarda Huchs. Der Schwiegersohn entging der Verhaftung offenbar nur infolge einer Namensverwechselung.

In der unmittelbaren Nachkriegszeit wollten sowjetische Stellen und deutsche Kommunisten Ricarda Huch für den kulturellen Aufbau gewinnen. So wurde sie Alterspräsidentin der Beratenden Landesversammlung Thüringens. Doch sie merkte bald, dass man sie instrumentalisierte für Zwecke, die nicht die ihren waren. Sie ließ sich noch dafür gewinnen, den ersten gesamtdeutschen Schriftstellerkongress in Berlin als Ehrenpräsidentin zu eröffnen. Es war eine eindrucksvolle Rede; alle Teilnehmer hatten sich ihretwegen erhoben, sie aber kam sich irgendwie deplatziert vor. Ihrer Freundin Marie Baum schrieb sie: *Wie wenig Talent ich für solche Veranstaltungen habe, weißt Du; es war aber doch manches Hübsche dabei; auch hatte ich das Gefühl, daß der weiße Elephant nicht nur angestarrt, sondern auch geliebt wurde.*

Die sowjetische Besatzungsmacht hatte ihr eine Ausreise aus Thüringen nicht erlaubt. Von Berlin aus gelang ihr dann nach diesem Kongress die Flucht nach Frankfurt zur Familie ihrer Tochter. Dort starb sie nach wenigen Tagen 83-jährig am 17. November 1947, erschöpft von der beschwerlichen Reise in kalten Zügen durch ein zerstörtes Deutschland.

Aus dem Exil hatte Alfred Döblin geschrieben: *Eine einzige Stimme tönt … noch zu mir herüber: die Stimme von Ricarda Huch, einer herrlichen Frau, mit Kraft, Geist und Mut, »Ihr werdet niemals ihresgleichen sehen«.*

KAPITEL 12

Im Schatten des Zeitalters der Massen

Schon eure zahl ist frevel – heißt es bei Stefan George.

Georg Simmel und Max Weber hatten Maß genommen an Stefan George, dem Individualartisten, und Ricarda Huch war auf Abstand zu ihm gegangen; alle drei aber waren bereit, die Herausforderungen durch das Phänomen der Massen und der Massenhaftigkeit anzunehmen, Simmel mit dem Postulat des *individuellen Gesetzes,* Max Weber mit seiner Theorie der Rationalisierung und dem *inneren Dämon* und Ricarda Huch mit ihrer Kritik der *Entpersönlichung.*

Das Zeitalter der Massen hatte wirklich begonnen, angetrieben durch die industrielle Entwicklung. Die Städte wuchsen so schnell wie nie zuvor, es bildeten sich unerhörte Zusammenballungen von Menschen an den Arbeitsstätten und in den Wohnquartieren. Eisenbahnen und Motorisierung führten zu einer explosionsartigen Steigerung des Verkehrs, und die technischen Kommunikationsmittel – Radio, Druckerpresse, Telefon – entwickelten sich im ersten Drittel des 20. Jahrhunderts rasant und begannen das Alltagsleben zu durchdringen. Eine neue Qualität der Vernetzung zeichnete sich ab.

In Gesellschaft hatte man schon immer gelebt, und schon früh war der Verdacht aufgekommen, dass dem Einzelnen das nicht immer sonderlich gut bekommt, obwohl man natürlich stets auf Gesellschaft angewiesen bleibt. Schon Solon erklärte, der einzelne Athener sei in der Regel ein schlauer Fuchs, wären aber mehrere von ihnen zusammen, würden sie dumm wie Schafe oder gefährlich wie Raubtiere.

Wenn das schon für überschaubare gesellschaftliche Verhältnisse gilt, dann umso mehr für die anonymen Massen, die im 19. Jahrhundert die geschichtliche Bühne betreten. Von diesem historisch neuartigen Phänomen geht etwas Verlockendes und zugleich Bedrohliches aus. Baudelaire, Poe und Maupassant waren die Ersten, die jene Ambivalenz eindrucksvoll beschrieben haben. Baudelaire schreibt: *Der einsame und nachdenkliche Spaziergänger schöpft aus dieser allumfassenden Gemeinschaft eine merkwürdige Trunkenheit. Der, der sich der Masse leicht vermählt, kennt die fieberschweren Genüsse, die dem Egoisten, verschlossen wie ein Koffer, und dem Trägen, eingesperrt wie eine Auster, auf ewig verwehrt bleiben.*

Das Erlebnis der Masse lockt mit *fieberschweren Genüssen,* vor denen zurückschreckt, wer unbedingt seine Nüchternheit bewahren möchte. Baudelaire, der sich auch sonst gerne der Ekstase hingibt, sucht und findet solche Ekstase auch in der Masse, allerdings nur streng dosiert, also als Flaneur.

Für Maupassant hat die Masse eher etwas Bedrohliches: *Im Übrigen stoßen mich die Massen … ab. Ich verspüre dort sogleich ein seltsames, unerträgliches Unbehagen, eine gräßliche Nervosität, so als ob ich mit all meiner Kraft gegen einen unwiderstehlichen und unerklärlichen Einfluß ankämpfe. Und ich kämpfe tatsächlich gegen die Massenseele, die in mich einzudringen versucht. Wie oft habe ich festgestellt, daß die Intelligenz zunimmt und sich hebt, sobald man alleine lebt, während sie abnimmt und absinkt, sobald man sich wieder unter andere Menschen mischt.*

In Edgar Allan Poes Erzählung »Der Massenmensch« bemerkt der Erzähler im Gewühl Londons einen Passanten, der ihn merkwürdig anzieht. Er verfolgt ihn einen Tag und eine Nacht kreuz und quer durch die Stadt. Dieser Mensch irrt offenbar ziellos herum, wirkt ruhig in der Menge und gehetzt, wenn es leer um ihn ist. Dann gerät er in Panik, als bekäme er keine Luft. Alleine ist er seltsam eigenschaftslos. In der Masse nimmt er alle Eigenschaften an: *Vorsicht, Geiz, Herzenskühle, Bosheit, Blutdurst, Triumph, Fröhlichkeit, Schrecken, Verzweiflung.* Dieser

Mensch, heißt es am Ende der Erzählung, ist *der Genius tiefer Schuld. Er bringt's nicht über sich, alleine zu sein. Er ist der Massenmensch.*

Der Erste, der am Ende des 19. Jahrhunderts das Phänomen der Masse zum Gegenstand einer anspruchsvollen Theorie machte, war der Arzt und Privatgelehrte Gustave Le Bon mit seinem Buch »Psychologie der Massen«. Er hat mit diesem Werk nicht nur die neue Fachdisziplin »Massenpsychologie« begründet – Freud wird daran anknüpfen. Das Werk wurde auch als Handreichung für praktische Massenbeeinflussung benutzt, etwa von Mussolini, der sich dazu bekannte, die von Le Bon analysierten *Prinzipien* der Massenbeeinflussung angewendet zu haben, *um die heute in Italien bestehende Ordnung aufzubauen.* Kein Wunder, hatte Le Bon doch geschrieben: *Überall sind die Massen weibisch, die weibischten aber sind die lateinischen Massen. Wer sich auf sie stützt, kann sehr hoch und sehr schnell steigen.* Auch Hitler hatte Le Bons These vom *weibischen* Charakter der Massen besonders eingeleuchtet. Die Masse werde, schreibt er in »Mein Kampf«, *gleich dem Weibe* von der *gefühlsmäßigen Sehnsucht nach ergänzender Kraft* bestimmt und empfinde geradezu ein Verlangen nach *Brutalität.*

Le Bon geht der Frage nach, wie sich der Einzelne verändert, wenn er sich in der Masse bewegt. Seine Antwort, welche die ganze Analyse zusammenfasst, lautet: *Die Hauptmerkmale des Einzelnen in der Masse sind also: Schwinden der bewußten Persönlichkeit, Vorherrschaft des unbewußten Wesens, Leitung der Gedanken und Gefühle durch Beeinflussung und Übertragung in der gleichen Richtung, Neigung zur unverzüglichen Verwirklichung der eingeflößten Ideen. Der Einzelne ist nicht mehr er selbst, er ist ein Automat geworden, dessen Betrieb sein Wille nicht mehr in der Gewalt hat.*

In der Masse verliert der Einzelne die Kontrolle über sich und wird zum *Automaten.* Er wird von der *Massenseele* ergriffen wie ein Besessener oder ein Mensch unter Hypnose. Zu Le Bons Zeit war in Frankreich die ärztliche Hypnose, an die Tradition des Mesmerismus anknüpfend, wieder in Mode gekommen und wurde bisweilen publikumswirksam in Krankenhäusern praktiziert. Der junge Sigmund Freud lernte sie beim berühmten Charcot in der Salpêtrière kennen und entwickelte daraus später die mildere Variante der sogenannten »Übertragung«.

Es handelte sich hier um individuelle Hypnose, doch, so fragte Le Bon, warum sollte man nicht auch Massen hypnotisieren können und warum sollte nicht umgekehrt der Einzelne von der Masse hypnotisiert werden? So tastete sich Le Bon an das Konzept der Massenhypnose heran. *Wir wissen heute,* schreibt Le Bon, *daß ein Mensch in einen Zustand versetzt werden kann, der ihn seiner bewußten Persönlichkeit beraubt und ihn allen Einflüssen des Hypnotiseurs, der ihm sein Bewußtsein genommen hat, gehorchen und Handlungen begehen läßt, die zu seinem Charakter und seinen Gewohnheiten in schärfstem Gegensatz stehen. Sorgfältige Beobachtungen scheinen nun zu beweisen, daß ein Einzelner, der lange Zeit im Schoße einer wirkenden Masse eingebettet war, sich alsbald … in einem besonderen Zustand befindet, der sich sehr der Verzauberung nähert …*

Die Masse braucht einen Führer, einen *Hypnotiseur,* von dem der Einfluss ausgeht. Doch eine ebenso starke Wirkung geht von der Masse selbst aus, die sich untereinander mit den hypnotischen Wirkungen ansteckt. Das Resultat nennt Le Bon dann die *Verzauberung,* überwältigt durch einen Führer und die Ansteckungsgemeinschaft. So wird die *Massenseele* hervorgelockt, deren Eigentümlichkeiten Le Bon schildert. Sie wird von Bildern beherrscht. Zweifel sind ihr fremd, und sie überlässt sich nur eindeutig gerichteten Gefühlen mit starken Polarisierungen: Gut und Böse, Wir und die Anderen, Freund und Feind. Sie sucht nach Sündenböcken und ist für Verschwörungstheorien jeder Art empfänglich. Selbstzweifel kennt sie nicht. Sie lebt in Phantasmen und kann nicht viel Wirklichkeit vertragen, sie beweist aber auch, dass der Wahn die Kraft haben kann, Wirklichkeiten hervorzubringen. Die Massenseele ist konservativ, hängt am Gewohnten, voll Angst vor dem Neuen. Sie wird von der Vergangenheit beherrscht, nicht von der Zukunft.

Gewöhnlich sinkt der Einzelne in der Masse unter sein intellektuelles und sittliches Niveau, doch bisweilen, so Le Bon, wird er auch über sich hinausgetrieben bis zur Selbstaufopferung: *Es ist wahrlich nicht der Eigennutz, der die Massen in so viele Kriege führte, die für ihren Verstand unbegreiflich waren, und in denen sie sich so leicht niedermetzeln ließen, wie die Lerchen, die durch den Spiegel des Jägers hypnotisiert werden.*

Auf jeden Fall aber ist der Einzelne in der Masse nicht mehr er selbst, und es kann für ihn sehr unangenehm werden, plötzlich wieder mit sich allein zu sein. Er hält es dann womöglich nicht mehr bei sich aus und strebt deshalb wieder zurück in die Masse – wie in sein Zuhause.

Le Bons Theorie bezieht sich vor allem auf die »heißen« Massen, bei Versammlungen, Streiks, Demonstrationen, Aufläufen, also in Zuständen kollektiver Erregung. Fast zur selben Zeit analysierte Gabriel de Tarde, Philosophieprofessor am renommierten Collège de France, ebenfalls die Schicksale des Einzelnen inmitten von Massen. Er konzentriert sich aber mehr auf Institutionen, Organisationen und untersucht die Strukturen der kommunizierenden Öffentlichkeit. Er hat es eher mit den domestizierten als den »heißen« Massen zu tun. Keine erregte Massenseele ist nötig, um den kollektiven Zusammenhalt und die Überwältigung des Einzelnen zu gewährleisten. Das leisten für Tarde auf hinreichende Weise »Die Gesetze der Nachahmung«, so der Titel seines 1890 erschienenen Hauptwerkes. Seine prägnante These: *Die Gesellschaft, das ist die Nachahmung, und die Nachahmung, das ist eine Art von Somnambulismus.*

Es sind die Ketten von Nachahmungsakten, welche den alltäglichen Zusammenhalt einer Gesellschaft gewährleisten. Nachgeahmt wird, weil Originalität, Spontaneität und Initiative selten sind; viel stärker, weil kräftesparend, ist die Beharrung, das Trägheitsprinzip. Nachahmung, welche die Anstrengung der Originalität einspart, verdankt sich diesem Trägheitsprinzip. Es ist einfach zu anstrengend, ein origineller Einzelner zu sein. Diese Mühe nehmen nur ganz wenige auf sich, und ganz wenige haben überhaupt das Zeug dazu. Die anderen ahmen nach. So entstehen, nach Tarde, Gesellschaft und Kultur, die sich bilden durch eher seltene Innovationen und deren unablässige Nachahmungen: ein Spiegel übrigens des genetischen Geschehens, bei dem es ja auch auf die Wiederholung des Gleichen hinausliefe, wenn es da nicht die Originalität als Kopierfehler bei der Weitergabe des Genoms gäbe. Bereits Tarde neigte dazu, das kulturelle Prinzip Nachahmung und Innovation auch in der Natur gespiegelt zu sehen. Dawkins wird ein Jahrhundert später die bizarre Konsequenz ziehen: Was in der Natur die Gene sind, das sind in der Kultur die *Meme* – Ideen, Stile, Verhaltensarten, Bauweisen, Melodien und so weiter –, die sich auf dem Wege der Nachahmung replizieren. Neues entsteht, wie bei den Genen, durch Replikationsfehler, also Abweichungen, die sich dann durchsetzen, wenn sie *fitness* genug haben, hinreichend viele Nachahmungen auszulösen. Für Dawkins ist zum Beispiel »Gott« ein zeitweilig höchst populäres *Mem*, das sich in je verschiedener Gestalt in den Kulturregionen durchgesetzt hat, wie ein *Virus*, sagt er. Aufklärung, selbst ein durch hinreichende Nachahmung erstarktes *Mem*, wäre dementsprechend eine Art Immunsystem gegen das Gottes-Virus. Auch zwischen den *Memen*, das lehrt Dawkins, findet ein Kampf ums Überleben statt; es gewinnt, wer die größere Zahl von Nachahmungen hat.

Zurück zu Tarde: Die wenigen originellen Einzelnen, die wenigen Abweichungen also, bringen etwas Neues ins Spiel, deshalb sind sie so wichtig, weil anderenfalls das Ganze in Wiederholungen erstarren würde. *Somit ist von Initiativen auszugehen, die etwas Neues bringen und die sich dann durch Nachahmung ausbreiten oder zumindest danach streben, sich auszubreiten und die darüber der Welt neue Bedürfnisse und neue Befriedigungen bescheren.*

Nachahmung ist zunächst ein äußerlicher Vorgang, doch sie kann tief reichen. Man muss nur oft und lange genug nachgeahmt haben, dann besteht man fast nur noch aus Nachahmungen. Hinter den Gesten und Masken der Nachahmungen ist dann – nichts.

Ein Künstler, der etwa wie Botticelli bei seinen Madonnenbildern nach einer ursprünglich originellen Version seine Madonnen in Serie gehen lässt, bringt das Kunststück fertig, sich selbst nachzuahmen. Nachahmung seiner selbst ist die paradoxe Verbindung von Originalität und Nachahmung in einer Person. Das lässt sich womöglich als eine Art von Selbstverwirklichung verstehen: Man bringt sein Leben damit zu, den einen oder anderen Einfall zu wiederholen, den man gelegentlich hatte.

So geht es zu bei der Nachahmung seiner selbst, auch hier herrschen das Trägheitsprinzip und die Einsparung von Energie, um den Zusammenhalt des Einzelnen zu gewährleisten. Originalität und Spontaneität unterbrechen die Kontinuität, Wiederholung und Nachahmung stellen sie wieder her.

Was die Nachahmung betrifft, die in der Masse zirkuliert und sie zusammenhält, so bedarf sie einer Führerfigur, die man nachahmen kann, und der vielen anderen, deren Nachahmungen man nachahmt. Diesen Vorgang der kollektiven Nachahmung nennt Tarde *Somnambulismus.* Das ist eine Art Hypnose, die, anders als bei Le Bon, ohne das Unbewusste auskommt. Sie ist vergleichsweise rational. Keine Überwältigung durch die *Massenseele.* Der Nachahmende glaubt selbst zu entscheiden und handelt doch unter suggestivem Einfluss. Nachahmung als Schwarmverhalten, Selbstbestimmung als Selbsttäuschung. Wenige Einzelne sind wirklich erfinderisch, die meisten ahmen nur nach. So funktioniert, nach Tarde, die Kultur.

Tarde hatte sein Augenmerk auf die Kommunikationsmittel gerichtet. Ihn interessierten nicht nur die physische Zusammenballung und sinnliche Präsenz von dichten Massen, sondern die virtuelle Masse in Gestalt medial hergestellter Öffentlichkeit. Die damaligen Massenmedien waren Zeitungen. Doch was Tarde an ihnen abliest, antizipiert die Verhältnisse der digital entfesselten Massenmedien. Anstelle des direkten Kontakts gibt es nun eine Wirkung aus der Entfernung. *Die Übertragung von Kraft über Entfernung ist nichts verglichen mit der Übertragung des Denkens über Entfernung.* So entsteht die virtuelle Masse. Der Einzelne mag allein sein und ist doch von der Masse umgeben.

David Riesman wird das später in einem wirkungsmächtigen Buch aus den frühen fünfziger Jahren, »The Lonely Crowd«, die *einsame Masse* nennen.

Die früheren Massenmedien waren technisch noch nicht reziprok, der Empfänger konnte in der Regel nicht zugleich Sender sein. Im digitalen Zeitalter ändert sich das. Im Netz und in den sozialen Medien handelt es sich nun um ein wirklich reziprokes Kommunikationsgeschehen, mit Herdenbildungen, Schwärmen, Hetzmeuten, Tribunalen, Debattenforen – virtuelle Massenereignisse, bei denen der Einzelne zugleich drinnen und draußen ist, alleine und zugleich kollektiviert. Potentiell bleibt der Einzelne mit seinen Erlebnissen und Meinungen niemals allein, er steht unter dem sanften Zwang, sie unaufhörlich vergleichen zu müssen und sich von anderen bestätigen zu lassen. Das Eigene wird erst wirklich, wenn es Bestätigungen aus dem Netz bekommen hat, seinen massenmedialen Segen. Die mediale Wirklichkeit ist wirklicher als die wirkliche Wirklichkeit. Die Masse ersten Grades, in der man sich physisch aufhält und die einen beeinflusst – worauf die Pioniere der Massenpsychologie ihre Aufmerksamkeit gerichtet hatten –, verwandelt sich in eine Masse zweiten Grades, die über die Entfernung womöglich noch effektiveren Einfluss ausübt. Man hat es dabei mit einer Masse zu tun, die zum Medium wird, in dem man schwimmt wie in einer Nährflüssigkeit.

Dazu kommt, dass der Einzelne sich neuerdings immerzu im statistischen Beobachtungsschirm, den die Gesellschaft über sich aufspannt, gespiegelt findet. Man kann sich als Einzelner mit seinen Präferenzen, Krankheiten, Meinungen bei den Statistiken der Meinungsumfragen und bei den sonstigen Rankings verorten. Man weiß, zu welchen statistisch erfassbaren Kohorten man gehört. Die Statistik gehört also zu jener Nährflüssigkeit, in der man sich bewegt.

In der digitalen massenmedialen Welt bleibt das Gesetz von Innovation und Nachahmung erhalten. Da gibt es die »Influencer« und die Nachahmer, »Follower« genannt. Die technischen Möglichkeiten ermuntern immer mehr Leute dazu, sich eine Führungsposition zu erobern und eigene Nachahmer zu gewinnen. Das kann man sogar als Demokratisierung interpretieren.

Bereits bei der Masse ersten Grades, also der wirklichen physischen Zusammenballung, spielt die Anonymität eine Rolle. Noch bedeutsamer ist Anonymität bei der Masse zweiten Grades, der virtuellen. Viele der Scheußlichkeiten, die dort geschehen, sind genau dieser Anonymität im Netz geschuldet. In der Masse, in der einen wie in der anderen, kann man untertauchen und sich der Verantwortung und Zurechenbarkeit entziehen. Man greift an, ist aber selbst ungreifbar, man stellt bloß, bleibt aber selbst unsichtbar. Als Einzelner kann man sich wirkungsmächtig fühlen und doch im Verborgenen bleiben.

Sigmund Freud, eine halbe Generation nach Le Bon und Tarde, knüpft an dieselbe *überraschende Tatsache* wie die beiden an, nämlich an die Beobachtung, dass der Einzelne *unter einer bestimmten Bedingung ganz anders fühlt, denkt und handelt, als von ihm zu erwarten stand, und diese Bedingung ist die Einreihung in eine Menschenmenge, welche die Eigenschaft einer »psychologischen Masse« erworben hat.*

Freud veröffentlichte seine Untersuchung »Massenpsychologie und Ich-Analyse« 1921, die Erfahrung des Krieges und der Kriegsbegeisterung und der ersten Welle der revolutionären und totalitären Bewegung sind in diese Schrift eingegangen, mit der Freud die Wende von der Individualpsychologie zur Deutung kollektiver kultureller Phänomene vollzieht.

Le Bons Begriff der *Massenseele* bleibt für Freud noch zu unbestimmt, ebenso wie dessen Begriff des *Unbewußten.* Und was Tarde betrifft, so ist ihm dessen Begriff der *Nachahmung* zu rational. Beiden Forschern wirft er vor, sie seien mit ihren Begriffen eben noch nicht bis zum *Urphänomen,* noch nicht bis zur *Grundtatsache des menschlichen Seelenlebens* vorgedrungen. Dieses Urphänomen ist für Freud die *Libido,* auch *Eros* oder *sexuelle Triebregung* genannt.

Nun hatte Freud bisher dieses *Urphänomen* auf den Einzelnen im Kontext des Familiendramas bezogen. Jetzt wird die *Libido* auch als Kraft des innigen Zusammenhangs der Masse verstanden. Für Freud ist es aber nicht, wie bei Le Bon, eine ominöse Massenseele, welche den Einzelnen überwältigt; vielmehr erweitert der Einzelne seine libidinösen Bindungen über die Familie und die Sexualobjekte hinaus auf ein größeres Kollektiv, vom Einzelkörper zu einem Gesamtkörper. Die innere Kraft und Dynamik der Masse entspringt aus der ursprünglich individuellen und dann auf die Gesellschaft übertragenen Libido. Das gilt etwa für die libidinöse Anhänglichkeit an den Führer, der als *Vaterersatz* fungiert. Solche Führungsfiguren – es muss nicht eine Person sein, auch ein Wert, ein Symbol reichen aus – schweißen die Masse zur Horde zusammen, die eifersüchtig darüber wacht, dass niemand ausschert. Politik ist deshalb immer auch Bewirtschaftung der libidinösen, gemeinschaftsstiftenden Libido und gehört in diesem Sinne zur erweiterten Energiepolitik.

Gewiss lässt sich die *Libido* nicht so einfach vergesellschaften. Der *Narzissmus* des Einzelnen steht dem eigentlich entgegen. Und darum muss dieser *Narzissmus* umgelenkt und vom Ich aufs Wir übertragen werden. Ein schwieriges Unterfangen, das auch scheitern kann. Besonders die akuten Zusammenballungen von Massen, die »heißen« Massen also, sind höchst instabil, sie sind letztlich Augenblicksphänomene. Deshalb nimmt Freud die auf Dauer angelegten, sogenannten *künstlichen Massen* in den Blick, etwa beim Heer oder in den Kirchen. Auch sie sind, obwohl stabiler angelegt, von Auflösung bedroht, weil das *soziale Gefühl* auf der Umwandlung eines ursprünglich *feindseligen Gefühls* beruht und im Moment der Krise, wenn etwa das Gefühl der Sicherheit verloren geht, die feindselige Vereinzelung wieder durchbricht.

Einstweilen jedoch kann der Einzelne in der Masse seine familiären Beschädigungen und Traumata kollektiv ausagieren. Der Druck der Neurose lässt nach, wenn sie vergesellschaftet wird. Mit dem Wirklichkeitsverlust des Wahns lässt sich leben, wenn er von anderen geteilt wird. Das gilt für die Religion als Massenphänomen – für Freud ist Religion überhaupt nur als Massenphänomen vorstellbar. Der Glaube braucht Mitgläubige, nur dann kann er sich halten. Religion ist kollektivierter Wahn, eine *Illusion*, die sich nur behaupten kann, wenn sie von hinreichend vielen Menschen, die sich wechselseitig bestätigen, geteilt wird. Hier berührt sich Freuds Deutung mit der von Le Bon, für den die Religion auch nichts anderes ist als ein *Phantasma der Massenseele*. Für beide ist zum Scheitern verurteilt, wer versucht, ganz auf sich gestellt im religiösen Sinne zu glauben. Aus ihrer Sicht ist einer wie Kierkegaard ein tragischer Irrläufer. Religion ist eben nichts für den Einzelnen. Der Einzelne ist stets den Zweifeln ausgesetzt, weshalb auch nur er empfänglich ist für Aufklärung. Die Massenseele aber kann mit Aufklärung nichts anfangen. Wonach sie mit Leidenschaft greift, so Freud, macht sie im Handumdrehen zur Ersatzreligion, etwa Nationalismus, Krieg, Antisemitismus.

Le Bon, Tarde und Freud stimmen darin überein, dass die Masse eine Ansteckungsgemeinschaft ist, in der Hypnosen Suggestionen, Nachahmungen, Projektionen und Phantasmen jeder Art gedeihen mit der Folge, dass Vernunft und Individualität des Einzelnen herabgesetzt werden. Alle drei zeigen sich beeindruckt von der psychischen Macht der Masse und wollen den Einzelnen in seinem Ich-Bewusstsein stärken.

Verzauberung hatte Le Bon genannt, was einem in der Masse geschehen kann. Den Titel »Die Verzauberung« gab Hermann Broch einem Romanprojekt, das unvollendet blieb und woran er seit 1934 arbeitete. Geschildert werden darin die durch eine rätselhafte Figur mit dämonischem Charisma bewirkten seelischen Umwandlungen und Verwüstungen in einer Dorfgemeinschaft. Nur einige wenige können widerstehen.

In einem Brief erläuterte Broch einige der diesem Roman zugrunde liegenden Ideen: *Zweifelsohne kann man ein massenpsychisches Gesche-*

hen durch »objektive Darstellungen« lebendig machen: man kann ... die Volksmengen vor dem Reichskanzlerpalais, von dessen Balkon aus Hitlers merkwürdige Stimme ertönt, und man kann auch alle Pogromschrecken sehr anschaulich schildern; aber alle diese Schilderungen sind – auch wenn sie einen historischen Hintergrund haben – gewissermaßen leere Behauptungen, sie sagen bloß aus, daß es massenpsychische Bewegungen gibt, verschweigen jedoch alles über deren eigentliche Funktion und Wirksamkeit. Will man hierüber Bescheid haben, so muß man die Einzelseele befragen, man muß sie fragen, warum und auf welche Weise sie jenem an sich unverständlichen Geschehen verfällt, welche wir massenpsychisches Verhalten nennen.

Im Roman ist es der Landarzt, der in die Ereignisse hineingezogen wird, der den Bann sehr wohl spürt, aber doch dem Zauber zu widerstehen vermag, auch weil er sich mit der zweiten Hauptfigur, der Mutter Gisson, verbindet, einer weisen alten Bäuerin.

Der Verführer Marius Ratti mobilisiert die Instinkte von Blut und Boden und entfesselt schließlich eine kollektive Ekstase, die in einen Lynchmord mündet. Mutter Gisson dagegen ist von inniger Naturliebe beseelt, es umgibt sie eine Aura des *allverbundenen Seins.* Man könnte sagen, Ratti steht für die Verzauberung durch den kollektiven Wahn, das Unter-Individuelle, und Mutter Gisson für *die* Verzauberung durch das Über-Individuelle. Denn auch sie überschreitet die Grenzen ihrer Individualität in der Verbindung mit dem, was der Erzähler *All-Leben* nennt. Es geht also um die dunkle und die helle Seite eines Hinübergleitens in kollektive Zustände.

Das Thema des *massenpsychischen Geschehens* lässt Broch nicht los. Ein paar Jahre später, im amerikanischen Exil, beginnt er mit Skizzen zu einem groß geplanten Werk zur *Massenwahntheorie.* Auch damit wird er nicht fertig. Broch kennt natürlich die Klassiker der Massenpsychologie, Le Bon, Tarde, Freud. Doch er erhebt den Anspruch, in den Phänomenen des Massenwahns noch Grundlegenderes erfassen zu können als das, was Soziologie und Psychologie bisher zutage gefördert haben. Er entdeckt im Massenwahn das Zurücksinken des von seinem Wachsein ermüdeten Geistes auf eine frühere Stufe seiner Evolution. Broch nennt die Trance, die Suggestion und Hypnose des Massenwahns den *Dämmerzustand*. Der Massenwahn ist nicht mehr unbewusst, doch auch noch nicht ganz bewusst. Der Geist *dämmert*. Da Geist aber zugleich Individualisierung bedeutet, so ist die *Dämmerung* der Moment, wenn dem Individuum, halb bewusst, halb unbewusst, die eigene Individualität auf prekäre Weise gegenwärtig ist: als zugleich verlorene und noch nicht erreichte. Dieser Zwischenzustand ist voller Spannung und darum auch gefährlich. Aggressionen können sich entladen. Das alles wird im Dämmerzustand des Massenerlebens gespürt, als heimlicher und unheimlicher Schrecken: *solcherart plötzlich und unmittelbar vor den Rückfall in die tierische Ichlosigkeit gestellt, fühlt der Mensch, dass die Quellen des eigentlichen Seins und Wesens zu versiegen beginnen*. Geängstigt und zugleich wütend stürzt sich der Einzelne dann in die Massenexistenz.

Während Broch seine Massenwahntheorie skizzierte, arbeitete er an dem Roman »Der Tod des Vergil«, mit dem er später für den Nobelpreis im Gespräch war. Geschildert werden die letzten Stunden des Vergil, der sterbenskrank mit der Flotte des Kaisers Augustus von Griechenland her in Brundisium an der süditalienischen Küste landet. Er führt das Manuskript der noch nicht vollendeten »Aeneis« mit sich. Vergil zweifelt und verzweifelt an seinem Werk. Er hält es, wie er in langen Gesprächen dem Kaiser darlegt, den eigenen Ansprüchen gegenüber für misslungen. Er habe, erklärt er, die alten Götter wiederbeleben wollen, doch nicht die nötige *Erkenntnistiefe* gewonnen. Das Werk sei leer, es vermag nichts gegen den epochalen geschichtlichen Sinnverlust. Augustus widerspricht, er verteidigt die von ihm geprägte Epoche und dieses Werk, das in ihr gründet und sie verherrlichen soll. Er hindert Vergil schließlich daran, das Werk zu vernichten.

Diese Auseinandersetzung mit Augustus bildet zwar den Hauptteil des Romans, das Entscheidende aber geschieht im grandiosen ersten Kapitel. Dort nämlich wird der eigentliche Ursprung von Vergils Selbstzweifel eindringlich dargestellt. Vergil, auf der Sänfte ruhend, gerät, weil die Träger vom Weg abkommen, in ein wüstes Menschengetriebe, in die Slums der Armut, Verkommenheit und Obszönität. Es sind für ihn Massen von der schlimmsten Sorte, die ihn zu verschlingen drohen. Und hier trifft ihn die Einsicht wie ein Schlag: Angesichts dieses Elends und dieser Verkommenheit ist ein Werk wie die »Aeneis« vollkommen sinnlos. Die Dichtung will *rein* sein und auch *zeitlos*, sie will am Geist und an der Schönheit teilhaben, doch wie soll das möglich sein – im Schlamm, in dem alles zu versinken droht. Eine schier unendliche Melodie des Entsetzens stimmt dieses erste Kapitel an mit seinen nicht enden wollenden Sätzen über das individualisierende Empordrängen und das Zurücksinken in die Masse: *oh, um dieses Wahngebilde der Zeitlosigkeit geht es, und auch sein Leben, emporgeschossen aus dem chaotischen Humus des nächtlich Unbenannten, emporgewachsen aus dem Gestrüpp des Kreatürlichen … dieses immer wieder verachtete und immer wieder gelebte Leben, er hatte Mißbrauch damit getrieben, er hatte es mißbraucht, um sich selbst zu übersteigen, um sich über sich selbst hinauszuheben, über jede Grenze hinaus, über alle Zeitlichkeit hinaus, als gäbe es für ihn keinen Absturz, als hätte er nicht zurückzukehren in die Zeit, in die irdische Verkerkerung, zurück ins Kreatürliche, als gähnte für ihn nicht der Abgrund –*

Die hochgetriebene, bis ins subtil Künstlerische getriebene Individualisierung, die dem Massenhaften entronnen zu sein glaubt, schlägt als Schuldgefühl auf den Einzelnen zurück. Das hat zwar durchaus auch etwas mit dem tiefsinnigen Spruch des Vorsokratikers Anaximander zu tun, wonach der Einzelne die Schuld der Absonderung vom Ganzen zu tragen hat, indem er wieder ins Ganze zurückfällt – das hat aber auch, jenseits solchen Tiefsinns, etwas zu tun mit Brochs sehr konkreten Erfahrungen angesichts der Gewalt der totalitär erregten Massen, die ihn ins Exil getrieben hatten.

Hermann Broch war in den Jahren vor dem Exil, zwischen 1932 und

1938, in Wien befreundet mit Elias Canetti, der seit 1927 Material zu sammeln begonnen hatte für ein Buch über das Phänomen der Massen. Broch versuchte, den Freund von diesem Thema abzuhalten. Es sei doch schon alles dazu gesagt, meinte er damals. Canetti mied deshalb einen weiteren Austausch mit ihm zu diesem Thema, setzte aber unbeirrt die Arbeit daran fort. Als er nach Kriegsende hörte, Broch würde demnächst eine eigene Massentheorie veröffentlichen, schrieb er einer Freundin: *er* (Broch) *hat früher, in Wien, mit der grössten Verachtung auf meine massenpsychologischen Ideen reagiert; ... Ich bin überzeugt davon, dass meine Gespräche ihn überhaupt erst auf die Sache gebracht haben, aber alles ist langsam bei ihm ... So habe ich natürlich einen grossen Vorsprung vor ihm; selbst wenn er manche meiner Gedanken benützen sollte ...*

Doch auch bei Canetti ging es nur langsam voran. Erst 1960 erschien dann das epochale Werk »Masse und Macht«. Canetti schildert im zweiten Band seiner Lebensgeschichte »Die Fackel im Ohr«, wie er für dieses Thema Feuer gefangen hatte. Er war am 15. Juli 1927 in Wien Zeuge geworden, wie eine über ein skandalöses Gerichtsurteil empörte Arbeiterschaft den Justizpalast erstürmte und niederbrannte. Die Polizei erhielt Schießbefehl. Es gab neunzig Tote. *Ein für allemal hatte ich hier erlebt, was ich später eine* offene *Masse nannte, ihre Bildung durch das Zusammenfließen von Menschen aus allen Teilen der Stadt, in langen, unbeirrbaren, unablenkbaren Zügen, deren Richtung bestimmt war durch die Position des Gebäudes, das den Namen der Justiz trug, aber durch den Fehlspruch das Unrecht verkörperte. Ich hatte erlebt, daß die Masse zerfallen muß und wie sie diesen Zerfall fürchtet; daß sie alles daransetzt, nicht zu zerfallen; daß sie sich selbst im Feuer sieht, das sie entzündet, und um ihren Zerfall herumkommt, solange dieses Feuer besteht ... An diesem hellerleuchteten, entsetzlichen Tage gewann ich das wahre Bild dessen, was als Masse unser Jahrhundert erfüllt.*

»Masse und Macht« geht weit über die bisherigen Arbeiten zur Massenpsychologie hinaus. Canetti wurde zum Archäologen und Ethnologen der Masseninstinkte und entwarf eine ganze Morphologie der Formen der Massenbildung; die Fluchtmassen, die langsame Masse der Prozessionen und Umzüge, die stockenden und andächtig verweilenden Massen in Kirche und Konzert, wenn die bewegungsgehemmte Ansammlung ersatzweise wenigstens singen oder klatschen darf; die Massen im Erregungsring der Arenen und an anderen Plätzen und nicht zu vergessen die unsichtbaren Massen der Toten und die imaginären Massen in der Phantasie und in den Medien. Canetti schildert, wie sich der Einzelne inmitten solcher Massenereignisse verwandelt. Über die sogenannte *Hetzmasse,* heutzutage in der Form des digitalen Vernichtungsfurors der Shitstorms besonders aktuell, schreibt er: *Ein gefahrloser, erlaubter, empfohlener und mit vielen anderen geteilter Mord ist für den weitaus größten Teil der Menschen unwiderstehlich. Man muß dazu sagen, daß die Todesdrohung, unter der alle Menschen selber stehen und die in mancherlei Verkleidungen immer wirksam ist, auch wenn sie nicht kontinuierlich ins Auge gefaßt wird, eine* Ablenkung *des Todes auf andere zum Bedürfnis macht. Die Bildung von Hetzmassen kommt diesem Bedürfnis entgegen.*

In der Masse, unter der Macht der Ansteckung und unter dem Schutz der Anonymität, ist der Mensch imstande, Dinge zu tun, die er als Einzelner nie tun würde. Wie kommt es dazu? Die Klassiker der Massenpsychologie unterstellen ein tief verankertes Verlangen, sich in der Masse aufzulösen. Für Canetti aber ist nicht das Verlangen nach Fusion, sondern die Separation das Primäre, also das Beharren auf der Einzelheit, die Verteidigung der eigenen Grenze und die Furcht vor fremder Berührung. *Alle Abstände, die die Menschen um sich geschaffen haben, sind von dieser Berührungsfurcht diktiert.*

Man braucht diese Abstände, trägt aber auch schwer an ihnen, an diesen Unterschieden des Ranges, des Besitzes, der reglementierten Verhaltensformen, der Etiketten. *In seinen Distanzen erstarrt und verdüstert der Mensch.* Es ist die Masse allein, in der der Mensch von dieser Berührungsfurcht, die den Mühen der Distanz zugrunde liegt, *erlöst* werden kann. Die Berührungsfurcht schlägt in ihr Gegenteil um, in die

Lust, mit der Masse zu verschmelzen. *Es geht dann alles plötzlich wie* innerhalb eines Körpers *vor sich.*

Wenn der Mensch sich von der Last befreit, ein Einzelner zu sein, wird die Masse selbst zum handelnden Subjekt. Alles Weitere folgt daraus. Sobald die Masse besteht, will sie aus mehr bestehen. Der Drang zu wachsen wird ihre wichtigste Eigenschaft. Solange sie wächst und sich ausdehnt, ist sie eine *offene Masse,* die keine Grenze mehr respektiert. Deshalb wird beim Aufruhr auch alles zerschlagen und zerstört, was zur Grenze gehört, wie Fensterscheiben und Türen, oder was an Grenzen erinnert, seien es Gefäße oder Akten. Zu den Grenzen gehören auch die Rangordnungen, die Hierarchien, das ganze kulturelle System der Distanzen zwischen den Menschen. Auch diese Grenzen verschwinden, wenn sich die Massenerregung ausbreitet – wie ein Feuer.

Das Feuer ist bei Massenerregungen nicht nur wirklich im Spiel, es lässt sich auch als Symbol für die Dynamik des Massenhaften überhaupt verstehen. *Es* (das Feuer) *ist sich überall gleich; es greift rapid um sich; es ist ansteckend und unersättlich; es kann überall entstehen, sehr plötzlich; es ist vielfach; es ist zerstörend; es hat einen Feind; es erlischt … Alle diese Eigenschaften sind die der* Masse.

Bei den erregenden Vorgängen am 15. Juli 1927 vor dem brennenden Justizpalast beobachtete Canetti einen Mann, der sich etwas abseits hielt und verstört die Hände über dem Kopf zusammenschlug und jammernd rief: *Die Akten verbrennen! Die ganzen Akten!* In diesem Augenblick, berichtet Canetti, sei es wie eine Erleuchtung über ihn gekommen, dass der Protagonist des Romans, den er gerade zu konzipieren begonnen hatte, ein *Büchermensch* werden sollte, der *mit all seinen Buchern zusammen verbrennen müsse.*

Jene Urszene vor dem brennenden Justizpalast veranlasste also nicht nur den großen Essay über »Masse und Macht«, sondern auch den einzigen Roman von Canetti, der zunächst »Brand«, dann »Kant fängt Feuer« heißen sollte und schließlich 1935 unter dem Titel »Die Blendung« erschien.

Erzählt wird die Geschichte des Sinologen Peter Kien, der in einer ungeheuren Masse von Büchern, verschanzt gegen die Welt der großstädtischen Menschenmassen, ein vollkommen einzelgängerisches Leben führt. Ein Einzelner, doch auch *ein Kopf ohne Welt*. Vertieft in das Gewimmel der Bedeutungen, die er aus den Büchern holt, bemerkt er nicht, wie er seiner Haushälterin auf den Leim geht, die ihn heiratet, ausplündert und schließlich aus dem Haus jagt. Nun gerät er in eine für ihn *kopflose Welt*, verloren in der Masse und hilflos einem Gauner und der Verwahrlosung anheimgegeben. Der Bruder rettet ihn und verschafft ihm wieder Zugang zu seiner Bibliothek. Doch sie gewährt keinen Schutz mehr. *Von den Regalen stürzen sich Bücher zu Boden*. Er muss befürchten, von ihrer Masse erschlagen zu werden. Doch immer noch sucht er Schutz bei den Büchern. Er schichtet sie auf zu einem Haufen, thront dort oben, und um den befürchteten Angriffen zuvorzukommen, zündet er ihn an. *Als ihn die Flammen endlich erreichen, lacht er so laut, wie er in seinem ganzen Leben nie gelacht hat.*

Mit diesem Autodafé und diesem Lachen Kiens endet der Roman. Dem Autor aber war danach nicht zum Lachen zumute. *Die Wüste, die ich für mich geschaffen hatte, begann alles zu überziehen. Die Bedrohung der Welt, in der man sich fand, empfand ich nie stärker als damals, nach dem Untergang Kiens.*

Es war die *Bedrohung der Welt* im Schatten des Zeitalters der Massen.

KAPITEL 13

Existenzphilosophie. Jaspers und Heidegger

Die alltägliche Erfahrung, von Massen physisch umgeben zu sein oder mit ihnen durch Medien, zunächst den gedruckten, verbunden zu sein, haben im Gegenzug die trotzige Selbstbehauptung des Einzelnen wachgerufen. Der Einzelne ist für sich selbst auffällig geworden und gewinnt daraus eine neue Intensität. Seit Kierkegaard nennt man diese Art Selbstbezug: *Existenz*. Daraus entwickelte sich seit Anfang des 20. Jahrhunderts eine eigene Philosophie, der Existentialismus.

Die Klassiker der Massenpsychologie – Le Bon, Tarde, Freud, Broch und Canetti – hatten beschrieben, wie der Einzelne von den Massen ergriffen wird. Das sind Verwandlungen. Man ist nicht mehr derselbe, man tut Dinge, die man alleine nie getan hätte, man fühlt anders, denkt anders, und wenn die suggestive Wirkung nachlässt, erkennt man sich kaum wieder. Die Masse enthemmt, doch sie macht nicht frei, denn in ihr ist *jeder wie der andere und keiner ist er selbst* (Heidegger).

In der Masse wird beim Einzelnen Elementares und insofern durchaus »Tiefes« aufgerührt, für die Existenzphilosophie aber verkörpert die Masse vor allem eine Gewalt der Oberfläche, welche den Einzelnen von sich selbst, von seiner »Tiefe« losreißt. Der Einzelne verliert den Zugang zu seiner Existenz. In Karl Jaspers' existentialistischer Gegenwartsdiagnose von 1931, »Die geistige Situation der Zeit«, heißt es: *Technik, Apparat und Massendasein erschöpfen nicht das Sein des Menschen. Diese gigantischen Werkzeuge und Formen seiner Daseinswelt, die er sich selbst geschaffen hat, wirken zwar auf ihn zurück, aber sie sind nicht zwingend für sein Sein schlechthin … Jeder Mensch als mögliche Existenz ist als Einzelner mehr als nur Glied der Masse, erfährt unübertragbare Ansprüche an sich selbst und darf sich nicht in der Masse verlieren, weil er damit sein Menschsein verliert.*

Mit dieser Schrift wurden Jaspers und die Existenzphilosophie weit über die akademische Szene hinaus bekannt. In der engeren philosophischen Szene aber galt er immer noch als Außenseiter. Heinrich Rickert, das philosophische Schulhaupt in Heidelberg, wo auch Jaspers lehrte, ließ den Kollegen spüren, dass er eigentlich nicht zur Zunft gehöre. Denn Jaspers hatte nicht »gedient«, er hatte nicht Philosophie studiert, sondern Medizin, hatte in der Psychiatrie gearbeitet und sich dort 1913 einen Namen gemacht mit der »Allgemeinen Psycho-Pathologie«, die sogleich zum Standardwerk seines Faches wurde. Doch bereits zu dieser Zeit hatte Jaspers begonnen, sich von seinem Fach zu lösen. Ihm wurde nicht zuletzt an den Grenzfällen der Kranken deutlich, dass Seelisches nicht zureichend verstanden werden kann im Rahmen einer naturwissenschaftlich orientierten Psychologie.

Philosophie hatte den 1883 in Osnabrück als Sohn eines Bankdirektors geborenen Karl Jaspers bereits in der Schule angezogen. Er selbst schildert, wie die Liebe zur Philosophie zusammenhing mit dem Alleinsein, wozu ihn eine schwere Erkrankung der Bronchien von Jugend an verurteilte. Man hatte ihm die Diagnose gestellt, dass er wohl kaum älter als dreißig werden würde, und so zog er sich zurück und las, noch als Schüler, Spinoza in *weltschmerzlicher Wehmut*. Ein berühmter Arzt, Albert Fraenkel, den er eigens in Badenweiler aufsuchte, gab ihm detaillierte Hinweise für eine Selbstbehandlung und übte sie mit ihm ein, als da waren Vermeidung körperlicher Anstrengungen, stündliche Entleerung der Bronchien, mehrmals täglich Ruhephasen und so weiter. Jaspers hielt sich daran so gewissenhaft, wie es auch sonst seine Art war, ein Leben lang. Er wurde 86 Jahre alt.

Jaspers hatte sein Studium nicht mit der Philosophie beginnen wollen, weil er sich zuerst eine naturwissenschaftliche Basis schaffen wollte. Deshalb die Medizin. Weil er selbst krank war, spürte er auch das starke Motiv, helfen zu wollen. Von den streng positivistischen Wissenschaften erwartete er Auskunft über Tatsachen, von der Philosophie aber versprach er sich – Sinn. *Die Philosophie ist von ungeheurem Wert. Wenn sie nicht wäre, müßte das Leben scheußlich sein.* Und darum gab sich Jaspers mit der Anerkennung bei der Psychiatrie nicht zufrieden, sondern drängte zur Philosophie. Mit seinem zweiten großen Werk, der »Psychologie der Weltanschauungen« von 1919, war er schließlich bei der Philosophie angekommen, auch beruflich. Denn nun wurde er, allerdings gegen den Widerstand einiger Philosophen, auf einen philosophischen Lehrstuhl in Heidelberg berufen. Die »Psychologie der Weltanschauungen« ist für Jaspers im Rückblick bereits durch und durch ein existenzphilosophisches Werk, weil *das Sichkümmern des Denkenden um sich selbst* darin maßgebend sei. Auch würden die verschiedenen Denkweisen jeweils als Existenzentwurf gedeutet und stellten den, der sich damit beschäftigt, vor die Entscheidung, wie man denn nun selbst sein Leben zu führen gedenke.

Es gab bei Jaspers zwar die frühe Liebe zur Philosophie aus dem Gefühl der Einsamkeit heraus, doch den auch professionell entscheidenden Durchbruch zur Philosophie datiert er auf die erste Lektüre Kierkegaards und die persönliche Bekanntschaft mit Max Weber in Heidelberg.

Kierkegaard hatte Jaspers zum Begriff der »Existenz« inspiriert, das ist offensichtlich. Komplizierter verhält es sich mit der Vorbildwirkung Max Webers.

Max Webers Asketismus fasziniert ihn, diese Art, sich fast entsagungsvoll der wissenschaftlich präzisen Arbeit zu widmen, in dem Bewusstsein, die eigentlichen Triebkräfte, seinen *inneren Dämon,* draußen halten zu müssen. Den Sinn der asketischen Nüchternheit und Sachlichkeit hatte Weber im Gespräch mit Jaspers bei der Beantwortung der Frage, warum man denn überhaupt Wissenschaft betreibe, einmal so formuliert: *Nun denn, um zu sehen, was man aushalten kann, aber von dergleichen redet man besser nicht.*

Dieser Asketismus steckte auch in Webers Wertfreiheitspostulat. Man lebt selbstverständlich aus Werten, in den Wissenschaften aber muss man Askese üben und sich zur Wertfreiheit disziplinieren. Für Max Weber galt: Die Wissenschaft, so nützlich sie ist, hört auf, wo die eigentlichen Lebensprobleme beginnen, wo also, in der Terminologie von Jaspers, die *Existenz* beginnt. Wenn Jaspers *Existenzerhellung* betreibt, leuchtet er somit jenen Bereich aus, wo nach Max Weber der *innere Dämon des Lebens Faden hält.*

Mehr als zehn Jahre veröffentlicht Jaspers nichts mehr, in der philosophischen Szene isoliert, gilt er bereits als gescheitert, bis 1931 die aufsehenerregende zeitdiagnostische Schrift und dann das existenzphilosophische Hauptwerk, die dreibändige »Philosophie«, erscheinen. Dieses Werk bewirkte, zusammen mit Heideggers »Sein und Zeit«, den Durchbruch des Existentialismus, zuerst in Deutschland und später durch Jean-Paul Sartre auch in Frankreich.

Es sei Aufgabe der Philosophie, schreibt Jaspers in einem später geschriebenen Nachwort zu seinem Hauptwerk, *ohne Preisgabe der Wissenschaften, prüfend an deren Maßstab zwingender Gewißheit sich in dem zu vergewissern, woraus wir leben. Es handelt sich um Philosophieren als Funktion unserer Wirklichkeit selber, um Denkgebilde, die, entsprungen aus dem persönlichen Leben, als Mitteilung sich wenden an den Einzelnen. Die unpersönliche Gestalt des objektivierten philosophischen Denkgebildes findet Bewährung nur wieder in persönlicher Existenz. Es hat Sinn nicht als ein Wissen von Formeln, Sätzen und Worten, nicht als ein Anschauen ergreifender Figuren, sondern im inneren Handeln, das es erweckt.*

Jaspers' Philosophie umkreist nun nicht nur dieses Selbstwerden des Ichs, diesen sogenannten *Ruck,* den das Ich sich gibt, wenn es *existentiell* wird. Das könnte auf die Dauer monoton wirken. Er bringt Farbe, Konkretion und Geschichte in sein Philosophieren, indem er, im ersten Band der dreibändigen »Philosophie«, ein breites Spektrum der alltagspraktischen und wissenschaftlichen Weltorientierungen und ihrer Grenzen schildert; der dritte Band, »Metaphysik«, folgt der Spur der abendländischen Versuche, Transzendenz zu ergreifen in Gedanken, Bildern, Symbolen, Chiffren und Ritualen. Diese beiden Bände flankieren den Mittelteil, die eigentliche *Existenzerhellung*.

Wohin kommt man, wenn man zu seiner Existenz kommt, was hat man verloren, wenn man von ihr abgeschnitten wird?

Existenz ist für Jaspers das Selbstsein des Einzelnen; es ist jene Dimension der Erfahrung, von der aus das gesellschaftliche Leben mit seinen Rollenspielen, Ritualen und Rivalitäten als Äußerlichkeit erscheint. So ist man und ist es doch nicht. Jaspers verwendet das Bild der Schalen, die einen Kern umschließen. Das *wahrhafte Ich … stößt Schalen seines Selbst, die von ihm als unwahr beurteilt werden, ab, aber um das tiefere und eigentliche, unendliche, wahre Selbst zu gewinnen.*

Der Persönlichkeitskern – das ist die Existenz. Sie ist innerlich, doch sie will und muss sich äußern, ausdrücken und handeln. Die innere Wirklichkeit genügt nicht, auch deshalb nicht, weil sie, wenn sie innen bleibt, nur eine Möglichkeit ist. Sie will hinaus, das ist unvermeidlich und doch auch mit einem Risiko verbunden, denn es kann geschehen, dass die Existenz in diesem Draußen, im Handeln, Sprechen, Darstellen, sich verliert und eben nicht ihre angemessene Gestalt findet. Die Existenz, als Selbstsein, ist ständig in der Gefahr der Selbstentfremdung.

Es gibt aber nicht nur die äußerliche Selbstentfremdung, die sogleich gespürt wird. Komplizierter und verdeckter verhält es sich mit der innerlichen Selbstentfremdung. Man kann sich verfehlen gerade beim Versuch, sich zu ergreifen. Das Selbst ist keine feste Substanz, wie die Metapher des »Kerns« suggeriert, sondern es ist etwas Dynamisches, eher ein Geschehen als ein Sein. Das Selbstsein der Existenz ruht nicht in sich, es ist in Bewegung als Vollzug eines Selbstverhältnisses. Eins teilt sich in zwei. Das ist das Mysterium der Person. In ihr gibt es eine Polarität zwischen dem Ich und seinem Selbst. Ich begegne – mir, ich erkenne – mich. Das Ich will sich mit seinem Selbst verbünden, will daraus seine Kraft ziehen. Das Ich will *Ich-Selbst* werden. Genau das bedeutet: *existentiell.*

Nun stellt sich da ein Problem: Das Selbst, das in der Selbstbegegnung ergriffen werden soll, lässt sich nicht wie ein Objekt, wie ein Gegenstand vor sich hinstellen. Es ist nicht restlos objektivierbar. Denn bei jeder Objektivierung bleibt die lebendige, die objektivierende Kraft draußen, diesseits der Objektivationen. Der Schöpfer verschwindet nicht in seinem Geschöpf. Das, was in einem lebt, lässt sich eben nicht völlig auf die andere Seite bringen, auf die Seite der Vorstellung, der Objektivierung, der Betrachtung. Diese lebendige Kraft, dieses *Ich-Selbst,* also die *Existenz,* ist deshalb auch nicht wissenschaftlich zugänglich, weil jede Beschreibung außen bleiben muss. Das existentiell Lebendige erschließt sich nur im je eigenen Vollzug, nicht in der objektivierbaren Beschreibung, wie sie beispielsweise die Psychologie vornimmt. Nur der Einzelne kann im eigenen Vollzug das Wahre an der Existenzphilosophie bestätigen oder auch nicht. Entscheidend ist, ob im Einzelnen die Existenz wachgerufen wird. Von daher hat das Philosophieren bei Jaspers fast immer etwas Appellierendes. Die Wissenschaft will begreifen, die Existenzphilosophie aber will ergriffen werden von dem, was sie begreift. Wissenschaft strebt Allgemeingültigkeit an, der Existenzphilosophie genügt es, wenn Einzelne zu sich selbst erweckt werden. Die Wissenschaft verallgemeinert, die Existenzphilosophie vereinzelt.

Das Ich, sowohl das erkennende wie das handelnde, lebt natürlich immer schon aus seinem Selbst, doch nicht aus dem ausdrücklich ergriffenen. Will ein Ich sein Selbst bewusst ergreifen, kann es geschehen, dass es sich entzieht, dass es, wie Jaspers schreibt, *ausbleibt.* Solches Ausbleiben ist für Jaspers ein fundamentaler Vorgang, der das Drama eines Scheiterns bei der Existenzgewinnung auslösen kann. Der Selbstbezug kann nicht erzwungen werden, zu ihm gehört immer auch ein Gelingen, dessen man selbst nicht mächtig ist. *Ich werde mir doch nur geschenkt*, heißt es in diesem Zusammenhang. Solch ein Geschenk entbindet allerdings nicht von der Anstrengung der Selbstsuche. Das Ich muss sich auf den Weg machen, damit ihm sein Selbst gewissermaßen entgegenkommen kann. Das *Sichselbstwollen bedarf noch eines Hinzukommenden*. Das könnte man auch »Gnade« nennen.

Es ist kein alltägliches, andauerndes Geschehen, wenn das Ich zum *Ich-Selbst* wird. Es sind gesteigerte Augenblicke, vor allem in den herausfordernden *Grenzsituationen* von Tod, Leiden, Kampf, Schuld, aber auch von Glück, Gelingen und Macht. Und es gehört zum forcierten Anspruch des Jaspers'schen Werkes, den nachvollziehenden Leser in eine solche Grenzsituation, wenn auch zunächst nur eine vorgestellte, zu versetzen.

Diese Existenzphilosophie versteht sich als Weckruf. Das Ich wird zu seinem Selbst zurückgerufen. Der unterschwellig religiöse Sinn dieses Unternehmens ist unverkennbar: Es geht um eine Art Bekehrung zu sich selbst, eine Hinwendung zur eigenen Existenz.

Das ins Alltägliche verstrickte und entfremdete Ich soll aufwachen. Es soll hell in ihm werden, es soll selbstbewusst werden, doch ohne egoistische Verzerrung. Denn das Ich soll sich nicht nur nach innen, sondern auch nach außen öffnen, zu den Anderen hin, zur Welt insgesamt, allerdings ohne sich darin zu verlieren. Der existentielle Selbstbezug bleibt das lebendige Zentrum und der Rückhalt für die Öffnung.

Diese ursprüngliche Bindung des Ichs an sein Selbst ist für Jaspers verbunden mit dem Gefühl des Unbedingten. Das Selbst ist etwas, was sich nicht zum Ding machen lassen will. Das Selbst lebt aus Freiheit, erklärt Jaspers, und, was damit zusammenhängt, es vermag zu transzendieren.

Was die Freiheit betrifft, so stellt sich Jaspers ausdrücklich in die Tradition Kants: Unser Verstand, der sich auf die äußeren Dinge richtet und auf die inneren so, als wären es äußere, verfährt nach dem Erkenntnisschema der Kausalität. Jedes Etwas hat eine Ursache. Danach suchen die Wissenschaften, streng kausal. In einer wissenschaftlich erfassten Kette von Kausalitäten muss die Freiheit unsichtbar bleiben. Die Wissenschaften aber umfassen nicht die ganze von uns erfahrbare Welt. Es gibt zwei Perspektiven, eine innere und eine äußere. Denn in jedem Augenblick können wir die Bühne drehen und auch erfahren, dass wir frei sind, dass wir uns zu einem unvorhergesehenen Handeln entscheiden können. *Kausalität aus Freiheit,* nennt das Kant. Freiheit ist: eine neue Reihe anfangen können, Spontaneität. Man ist ins Gewebe der Welt und ihre Kausalitäten verstrickt, ist aber frei genug, um einen neuen Anfang zu machen, mit sich selbst anzufangen. Ich bin sogar so frei, die Freiheit wegzuerklären. Noch in ihrer Negation bleibt die Freiheit bestehen.

Es handelt sich hier wirklich um eine doppelte Sichtweise: Was innenperspektivisch als Freiheit erfahren wird, erscheint von außen gesehen als kausale Notwendigkeit. Und da ich mich selbst auch von außen sehen kann, sind beide Sichtweisen in mir selbst verbunden, beispielsweise wenn ich mich einerseits als frei erfahre, andererseits dies als Gehirnprozess deute. Die Theorie über Synapsen ist nicht einfach nur ein Effekt der Synapsen.

Das hat nun aber auch zur Folge, dass an der Doppelperspektive festgehalten wird. Einerseits sind da die erklärenden, nach dem Prinzip der Kausalität verfahrenden Wissenschaften; zugleich ist da die Erfahrung der Freiheit, auch wenn sie dem Prinzip restloser Kausalität widerstreitet. Deshalb hat Jaspers seine Existenzphilosophie auch nicht im Gegensatz zur Wissenschaft entwickelt, die er als Mediziner, der er ursprünglich war, stets hoch geachtet hat, sondern als ein Suchen und Fragen, das über sie hinausgeht und den Raum der Freiheit von innen her erkundet.

Freiheit ist für Jaspers mit dem Schöpferischen verbunden, das uns befähigt, etwas wirklich werden zu lassen, was es so noch nicht gab. Wer etwas wirklich werden lässt, ist offen für die Möglichkeiten und doch auch imstande, sich zwischen ihnen zu entscheiden. Möglichkeitssinn und Entscheidungsfähigkeit zusammen ergeben die schöpferische Freiheit. Diese Freiheit verhindert die alternativlose Gefangenschaft im Wirklichen. Sie eröffnet Spielraum. Freiheit, könnte man sagen, behält den Fuß in der Tür. Freiheit hält offen.

Hier findet Jaspers den Übergang zu seinem anderen großen Thema: der Transzendenz. Denn wo es Offenheit gibt, kann der Mensch Grenzen überschreiten, kann er also *transzendieren.* Er transzendiert in das letztlich Unbegreifliche, im Selbst und draußen in der Welt. Jaspers nennt es das *Umgreifende.* Ein anderer Name für das, was sonst »Gott« genannt wird.

Dieser Transzendenzbezug prägt bei Jaspers den Selbstbezug. Er ist dessen eigentliches Fundament. Denn wenn das Ich sich auf sein Selbst hin öffnet, lässt es sich auf eine dynamische Bewegung des Öffnens ein, und dann gibt es von einem bestimmten Punkt an kein Halten mehr: die Öffnung ins Unabsehbare. Das Selbst öffnet sich für ein umfassenderes Selbst, für das Sein insgesamt.

Offenheit in einem dreifachen Sinne: offen sich selbst gegenüber, gegenüber dem Mitmenschen und der Transzendenz. Daraus ergibt sich auch ein grundlegendes moralisches Postulat. Diese Offenheit überwindet die Verhärtungen und Abriegelungen des Egoismus. Deshalb ist für Jaspers das Böse *der Wille, der sich gegen mögliche Existenz kehrt: er bejaht die Verabsolutierung des bloßen Daseins ..., ohne es erfüllen zu können.* So frei ist der Mensch, dass er sich auch gegen die Öffnung, gegen sein besseres Selbst wenden kann. *In der Wahl des Guten,* so wird der Gedankengang weitergeführt, *ist er frei zu unendlicher Entwicklung und Offenheit.* Auf diese Weise entspringt bei Jaspers aus dem existentiellen Selbst nicht nur der Bezug zur Transzendenz, sondern auch zu einer mitmenschlichen Moral jenseits des Egoismus.

Das *Umgreifende* in seiner transzendentalen und moralischen Bedeutung erfahren wir also in unserem freien, grenzüberschreitenden Geist – es braucht uns nicht eigens offenbart zu werden. Auch deshalb weist Jaspers die dogmatischen Ansprüche der Offenbarungsreligionen zurück, wie er überhaupt bemüht ist, das Abschließende, dogmatisch Verhärtete, eben das, was er die *Gehäuse* der Weltbilder und Weltanschauungen nennt, zu sprengen und an den je eigenen existentiellen Ursprung des Denkens zurückzukehren.

Daran arbeitete zur selben Zeit auch noch ein anderer: Martin Heidegger.

Kennengelernt hatten sich Jaspers und Heidegger im Frühjahr 1920 bei einer steifen Kaffeerunde bei Husserl in Freiburg. Jaspers, der selbst gerade dabei war, sich freizuschwimmen, empfand die Situation als bedrückend. *Es schien mir,* so erinnert er sich später, *etwas Kleinbürgerliches, etwas Enges fühlbar, das des freien Zuganges von Mensch zu Mensch, des geistigen Funkens, des Sinns für Noblesse entbehrte … Nur Heidegger schien mir anders. Ich besuchte ihn, saß allein mit ihm in seiner Klause, sah ihn beim Lutherstudium, sah die Intensität seiner Arbeit, hatte Sympathie für die eindringlich knappe Weise seines Sprechens.*

Heidegger, der sich soeben gelöst hatte von seiner katholischen Herkunftswelt, war noch Privatdozent am Lehrstuhl von Husserl, doch es umgab ihn bereits eine Aura. Die Intensität bei der Vermittlung der philosophischen Überlieferung und die Kühnheit beim Angriff auf die akademische Gemütlichkeit verschafften ihm eine Sonderstellung an der Universität. Er wirkte und inszenierte sich wohl auch als ein Einzelner, der sich zutraut, einen Augiasstall auszumisten. *Ich wüte mit meiner Existenz,* schrieb er damals in einem Brief.

Seit der ersten Begegnung spürten Heidegger und Jaspers eine Gemeinsamkeit, wenn auch zunächst sehr vage. Jaspers an Heidegger: *Wir wissen beide selbst nicht, was wir wollen; d. h. wir sind beide getragen von einem Wissen, das noch nicht explizit besteht.* (24. November 1922) Heidegger an Jaspers: Er sei schon zufrieden, wenn er *sicherer werde in der rechten konkreten Unsicherheit.* (14. Juli 1923) Doch schon bald ist zwischen ihnen von einer *Kampfgemeinschaft* die Rede. Heidegger hatte zuvor eine Einladung von Jaspers nach Heidelberg angenommen und schreibt nach der Rückkehr: *Die acht Tage bei Ihnen gehen ständig mit mir. Das Plötzliche, nach außen ganz Ereignislose dieser Tage … der un-*

sentimentale, herbe Schritt, mit dem eine Freundschaft auf uns zukam, die wachsende Gewißheit von einer auf beiden »Seiten« je ihrer selbst sicheren Kampfgemeinschaft – all das ist für mich unheimlich in dem Sinn, wie die Welt und das Leben für den Philosophen unheimlich sind. (19. November 1922)

Kampfgemeinschaft – wogegen? Das wird nicht recht klar, jedenfalls geht es gegen eine Philosophie, die im alten, akademischen Geleise bleibt und sich gegen das *Existentielle* verwahrt, wie etwa Heinrich Rickert, das Schulhaupt der Kulturphilosophie, der gelegentlich herablassend von der *Lebenszappelei* und den *existentiellen Bekehrten* sprach.

Die frühen Auftritte des jungen Heidegger hatten etwas verhalten Wütendes. Abgefertigt wird, was gegenwärtig philosophisch Konjunktur hat, der Neukantianismus, die Wertphilosophie, die Metaphysik religiöser Provenienz und die historisierenden Weltanschauungslehren. Das sind für ihn Überwölbungen, die einstürzen, und Versöhnungen, die nicht halten, weil sie bodenlos sind, vom eigentlich existentiellen Leben getrennt. Legendär Heideggers erste Vorlesung nach dem Krieg, im Notsemester 1919 in Freiburg, wo die Studenten in Soldatenmänteln und mit Wollmützen und Handschuhen im ungeheizten Vorlesungssaal gebannt ausharrten. »Die Idee der Philosophie und das Weltanschauungsproblem« lautete der Titel dieser Vorlesung, die er mit dem Gestus, reinen Tisch machen zu wollen, vorträgt.

Er fragt: Wie erleben wir eigentlich die Wirklichkeit, noch ehe wir sie uns in wissenschaftlicher oder wertender oder weltanschaulicher Einstellung zurechtlegen? Das sind doch alles sekundäre Überformungen, die *Urhaltung des Erlebens* ist darin jedenfalls nicht mehr zu finden. Die *Urhaltung des Erlebens* – ist das nicht eine Deckadresse für verborgene Geheimnisse, für den schwarzen Sack, aus dem sich zuletzt doch wieder metaphysische Schätze herauszaubern lassen? Den Studenten damals – das wissen wir von Karl Löwith und Gadamer – klang es so in den Ohren. Doch wer weltanschauungshungrig und metaphysikbedürftig in solchem *Erleben* nach tiefen oder letzten Sinnangeboten fahndete, wurde von dem kühl und doch leidenschaftlich, lakonisch und doch auch umständlich formulierenden jungen Dozenten mit den schwarzen Haaren und dem stechenden Blick eines Besseren belehrt. Statt als Kathederprophet aufzutreten, fordert er die Studenten auf, das *Erleben* des Katheders, die unmittelbar erlebte Situation hier in diesem Raum, jetzt, an diesem grauen Novembertag nach dem Krieg, mit gesteigerter Aufmerksamkeit, eben phänomenologisch, zu erfassen. Philosophie als Schule intensiver Wahrnehmung, nicht nur als Zergliederung inwendiger Bewusstseinsvorgänge, wie man das bei Husserl lernen konnte, Philosophie als Verstehen des akuten *In-der-Welt-Seins*. Bei diesen Exerzitien der gesteigerten Wahrnehmung dessen, was ist, spricht Heidegger vom *Ent-leben* und *Ent-welten* – so nennt er die methodische Austreibung der erlebten Weltzusammenhänge bei der wissenschaftlich-objektivierenden Einstellung. In seinen Erkundungen, die frei von jedem Mystizismus sind, spürt man eine überschießende Intention, die nur in Briefen, etwa an die Freundin Elisabeth Blochmann, explizit formuliert wird: *Das neue Leben, das wir wollen, oder das in uns will, hat darauf verzichtet, universal, d. h. unecht und flächig (oberflächlich) zu sein – sein Besitztum ist Ursprünglichkeit – nicht das Erkünstelte-Konstruktive, sondern das Evidente der totalen Intuition.* (1. Mai 1919)

Es geht, so ein anderer Ausdruck, um die *hochgespannte(n) Intensitäten sinnvollen Lebens*. Das berührt sich mit dem, was Jaspers zur selben Zeit *Existenz* nennt.

Intensität steht auch für jenen Bedeutungsbereich, der in »Sein und Zeit« einige Jahre später mit den wirkungsmächtigen Ausdrücken *Eigentlichkeit* und *Uneigentlichkeit* bezeichnet wird.

»Sein und Zeit« gehört wohl wirklich zu den Hauptwerken der Philosophiegeschichte. Schon der Titel verspricht, dass es ums Ganze geht. Die Terminologie ist nicht etwa raunend, wie manche Leute, die das Buch nie gelesen haben, behaupten. Es ist von glitzernder, konstruktiver Modernität, aber doch schwergängig und erst einmal dunkel, was seine Wirkung in der akademischen Szene, der ja das Einfache eher verdächtig ist, nicht beeinträchtigte. In der allgemeinen Öffentlichkeit gehörte die Dunkelheit des Buches sowieso zu seinem Nimbus. Es konnte dabei offenbleiben, ob das Dasein selbst oder nur seine Analyse so dunkel ist.

In »Sein und Zeit« wird die Art und Weise des *In-der Welt-Seins* des Menschen erkundet, um von dort her einen Zugang zu gewinnen zu dem, was das ist, das – Sein. Es geht also um Fundamentalontologie. Der Mensch wird definiert als ein Wesen, dessen Besonderheit es ist, die Frage nach dem Sein, dem eigenen und dem Sein überhaupt, stellen zu können. Der Mensch verstanden als offene Stelle für das Sein. Später wird Heidegger das die *Lichtung* nennen. In der Terminologie von »Sein und Zeit«: *Die ontische Auszeichnung des Daseins liegt darin, daß es ontologisch ist.*

Der Mensch fragt nach dem Sinn des Seins, und statt auf irgendetwas Substantielles, Haltbares, Göttliches zu stoßen, zeigt sich ihm – die Zeit. Das ist die Pointe des Ganzen: Der Sinn von Sein ist die Zeit. Es gibt nichts Beharrendes. Wenn der Sinn von Sein die Zeit ist, so heißt das: Keine übergreifende Idee, kein Gott, kein Ziel der Geschichte und so fort verbürgen diesen Sinn, wie das in der Tradition üblich ist. Es bleibt die Zeit, die zwar nicht aufhört, aber in der wir aufhören, weil wir befristet sind. Unsere Zeit ist die befristete, die tödliche Zeit. Deshalb die Sorge. Sie ist für Heidegger das diensthabende Organ der Zeiterfahrung. Und so sind es vor allem die *Besorgungen*, in denen der Mensch aufgeht. *Sich-Sorgen* heißt, geöffnet sein für den Zeithorizont des Künftigen, also sich vorweg sein, antizipieren, Möglichkeiten, Alternativen, Risiken abwägen und von daher Entscheidungen treffen müssen, die immer im Ungewissen bleiben, auch wenn man sich gerne darüber hinwegtäuscht.

Sorge ist nicht nur eine Grundbestimmung des Daseins, sie ist auch eine Stimmung. Es zählt zu den philosophischen Verdiensten Heideggers, die Aufmerksamkeit auf die grundlegende Bedeutung der Stimmungen gelenkt zu haben.

Die Philosophie lässt in der Regel das Denken mit dem Denken beginnen. Das Denken aber fängt nicht mit dem Denken an, sondern mit der Stimmung. Das hat Heidegger wie keiner vor ihm zur Sprache gebracht. Unser In-der-Welt-Sein ist immer irgendwie gestimmt, als Freude, Langeweile, Furcht, Trauer, Liebe, Angst. Das Denken versucht zwar diese Stimmungen zu neutralisieren. Doch auch der klare Kopf ist irgendwie gestimmt, und es ist besser, wenn er sich darüber Rechenschaft ablegt, ob er existentiell engagiert ist oder nicht.

Über weite Strecken ist Heideggers Philosophie kühl beschreibend und analysierend. Doch bei der Frage nach dem existentiellen Engagement wechselt der Ton: Ein existentialistisches Ethos kündigt sich an bei den Erörterungen über *Eigentlichkeit* und *Uneigentlichkeit*.

Die *Uneigentlichkeit* ist das Gewöhnliche. Man ist zumeist nicht bei sich selbst, beim Eigenen, sondern dort draußen bei den Dingen, Beschäftigungen, bei den Meinungen, bei den Anderen. Das gewöhnliche Leben wird von diesen Üblichkeiten bestimmt. Das ist die Welt des Jedermanns, man selbst ist auch dieser Jedermann. *Jeder ist wie der andere, und keiner ist er selbst*. Die Welt des *Man* eben.

In manchen Augenblicken aber durchbricht *man* die schützende Hülle der *Uneigentlichkeit*. Das sind die Momente, die bei Jaspers *Grenzsituationen* genannt werden. Zum Beispiel in der Angst, die besonders dann aufkommt, wenn der Mensch seines künftigen Todes innewird. Zwar weiß *man*, dass alle Menschen sterben, aber gerade dieser Gedanke in seiner Allgemeinheit verdeckt, dass jeder seinen eigenen Tod wird sterben müssen. Das Todeskapitel von »Sein und Zeit« zählt zu den berühmtesten des ganzen Buches. Mit Recht, denn hier erfährt die Frage nach dem Sein ihre dramatische Zuspitzung. Im ängstigenden *Vorlaufen* in den eigenen Tod erscheint das eigene Sein des Menschen nun wirklich als bestandslose Zeit. Es erweist sich hier mit unüberbietbarer Evidenz: Das Wesen des Seins ist die Zeit. Und vor ihr wollen wir uns schützen mit allen unseren Besorgungen, Vorsorgen, Fürsorgen; gegen die Unvorhersehbarkeit der Zeit errichten wir unsere zivilisatorischen

Vorkehrungen, die uns Haltbarkeit, Dauer und Sicherheit vorgaukeln. Hinter diesen Schutzwällen und gestützt durch Gewohnheiten, Gerede, Konventionen, Regelungen läuft das Leben in der *Uneigentlichkeit* ab.

Dieser Zustand ist der übliche und deshalb grundlegende. *Uneigentlichkeit* ist das Normale. *Eigentlichkeit* ist demgegenüber ein sekundäres Ereignis, ein Losreißen, ein Auftauchen aus dem Gewöhnlichen, ein eminenter Akt der Freiheit, mit dem man zu sich kommt. Üblicherweise ist man eben nicht ganz bei sich, aber funktioniert gut im Ganzen, man schwimmt mit. Das *Uneigentliche* ist das Mittelpunktlose, oder genauer: Wo der Mittelpunkt der Person eigentlich wäre, dort nistet das *Man*.

Und was bedeutet genau – eigentlich?

Eigentlichkeit ist kein besonderes Handlungsgebiet mit speziellen Zielsetzungen und Werten, sondern bezeichnet eine veränderte Einstellung und Haltung zu jedwedem Lebensbereich. Am knappsten lässt sich dieses Ethos vielleicht so formulieren: Tu, was du willst, doch das tue ganz und mit Hingabe. Du musst dich selbst entscheiden und die Verantwortung dafür übernehmen. Du darfst nicht vor dir davonlaufen. Du musst dich selbst in deiner Unvertretbarkeit und Freiheit annehmen.

Entscheidend ist nun: Das existentialistische Ethos spricht den Einzelnen an, der sich gerne hinter den Vielen, hinter dem *Man* verstecken möchte, doch bei den existentiellen Fragen bleibt jeder allein. Heidegger nennt das *existenzialen Solipsismus*. Die anderen können dem Einzelnen die Entscheidung nicht abnehmen. Was Heidegger *eigentlich* nennt, heißt bei Jaspers *existentiell*. Wer *eigentlich* wird, entdeckt in sich seine Freiheit im Sinne von Spontaneität, Initiative, Schöpfertum. Er lebt und handelt also, wie Jaspers sagen würde, aus seiner ergriffenen Existenz heraus, als *Ich-Selbst*. Deshalb ist *Eigentlichkeit* kein Dauerzustand, sondern gelingt immer nur in besonderen Augenblicken, oft sind es Augenblicke der Entscheidung. Entscheidung wofür?

Das »Wofür« der Entscheidung, sagt Heidegger, muss jeder Einzelne finden und verantworten, keine allgemeine Instanz, auch nicht die Philosophie, kann dem Einzelnen die Entscheidung abnehmen. Ausdrücklich lehnt es Heidegger ab, Moral zu predigen. Entschlossenheit, egal was daraus folgt, trägt ihren Lohn in sich: die Intensitätssteigerung des Lebens. Und Intensität ist nichts anderes als eine Art Verdichtung des Seins. Man spürt sie unmittelbar, nicht nur in der Entscheidung, aber dort vor allem. Die Studenten, die damals Heidegger parodierend sagten: »Ich bin entschlossen, nur weiß ich nicht, wozu«, hatten den Heidegger'schen Dezisionismus ganz gut verstanden und doch auch missverstanden. Verstanden hatten sie ihn, weil Heidegger wirklich von einer Entschlossenheit redete, ohne anzugeben, wofür man sich entscheiden sollte. Missverstanden hatten sie ihn, weil sie nicht bemerkten, dass genau das in seiner Absicht lag, nämlich sie auf sich selbst zurückzuwerfen. Das »Wofür« sollten sie gefälligst mit sich selbst ausmachen und verantworten und sich nicht auf den Ratgeber oder gar eine Befehlsinstanz verlassen.

Tatsächlich, es bleibt zunächst beim Formalismus der Entscheidung. Der wird allerdings existentiell unter Strom gesetzt und aufgeladen. Dazu bekennt sich Heidegger ausdrücklich in einem berühmten, fast schon legendären Streitgespräch mit Ernst Cassirer bei den Hochschultagen von Davos im Frühjahr 1929. Damals trafen aufeinander der Grandseigneur des politischen und philosophischen Humanismus einerseits und ein Heidegger, der nicht nur auf den glitzernden Schneehöhen, sondern auch philosophisch sich als Mann der verwegenen Abfahrten präsentierte. Cassirer hatte die Kultur als *Haus des Menschen* verteidigt, und dagegen nun erklärt Heidegger, die Philosophie habe die Aufgabe, die Menschen aus ihrer Bequemlichkeit aufzurütteln und sie vor Entscheidungen zu stellen. Eine solche Philosophie soll den *Boden zum Abgrund* machen und die Einsicht eröffnen, *daß die höchste Form der Existenz des Daseins sich nur zurückführen läßt auf ganz wenige Augenblicke der Dauer des Daseins zwischen Leben und Tod.*

Wer diese Augenblicke nicht kennt, sagt er in der noch im selben Jahr gehaltenen großen Metaphysikvorlesung, der weiß auch nichts vom *Geheimnis des Daseins,* und damit bleibt der *innere Schrecken aus, den jedes Geheimnis bei sich trägt und der dem Dasein seine Größe gibt.*

Heideggers Philosophieren ist auf der Suche nach solchen großen Augenblicken, es können durchaus auch Augenblicke sein, die einem einen *Schrecken* einjagen. Das hatte Jaspers mit einigem Unbehagen gespürt, und es jagte ihm dann wirklich einen Schrecken ein, als sich Heidegger 1933 für den Nationalsozialismus entschied. Beim letzten Zusammentreffen im August 1933 erschien ihm Heidegger wie *vom Rausch ergriffen,* und er spürte etwas *Bedrohliches* von ihm ausgehen.

Was war mit Heidegger geschehen, philosophisch und politisch?

Heideggers Ethos der *Eigentlichkeit* wendet sich an den Einzelnen, der ein Einzelner bleiben will und eben nicht danach strebt, in der Menge oder in irgendeiner Bewegung unterzugehen. Doch Heidegger erliegt der Suggestion der nationalsozialistischen Massenbewegung. Hannah Arendt wird, auch mit Blick auf Heidegger, ihren ehemaligen Geliebten, von dem *Bündnis zwischen Mob und Elite* sprechen. Heidegger, ein Einzelner nun unter der Massensuggestion, spürt eine ganz andere Verwandlung als die eines Einzelnen, der sich zu seiner Eigentlichkeit durchringt; er selbst sagt es so: Er erfährt an sich selbst die *Umwälzung des ganzen deutschen Daseins.*

Was hier geschieht, ist das Folgende: Der höchst individuelle Akt der *Eigentlichkeit* wird ins kollektive Geschehen projiziert: Ein ganzes Volk ist unterwegs zu seiner *Eigentlichkeit.* Das Eigentlichkeitsethos wird kollektiviert, und das Sein, wonach Heideggers Philosophie unaufhörlich fragt, wird politisiert. Es ist – horribile dictu – mit Hitler angekommen.

Mit Hitler und seiner Bewegung hat sich für Heidegger also etwas Numinoses ereignet, heilig und schrecklich zugleich. Hitler und die Bewegung jagen auch ihm einen Schrecken ein und faszinieren ihn zugleich, was ja den Tatbestand des *Heiligen* (nach Rudolf Otto) erfüllt, es reißt ihn mit, versetzt ihn in den Zustand einer so vielleicht noch nie erlebten Intensität. Die gegenwärtigen Ereignisse, schreibt Heidegger am 30. März 33 an Elisabeth Blochmann, haben eine *ungewöhnlich sammelnde Kraft,* weil sie *uns dem Sein selbst in neuer Weise und Anregung aussetzen.*

Es waren politische Vorgänge, auf die Heidegger reagierte, und sein Handeln vollzog sich auf der politischen Ebene – doch diese Vorgänge werden auf seiner inneren Bühne philosophisch gedeutet –, und daraus bezieht er seine Motivationen und Erwartungen. Es ist diese kollektivierte Eigentlichkeit, die ihn enthemmt und ihn im allgemeinen Erregungsstrom mitschwimmen lässt. Und so kam es, dass er sich Hals über Kopf in den politischen Aktivismus stürzte. Er organisiert ein Wissenschaftslager auf den Höhen von Todtnauberg, eine Mischung aus bündischer Romantik, platonischer Akademie und martialischem Männerbund; er lässt Feuerräder ins Tal rollen, verfasst zackige und salbungsvolle Aufrufe und Appelle. Die Philosophie, sagt er, müsse selbst Teil der *revolutionären Wirklichkeit* werden, und diese Wirklichkeit erschließe sich nicht dem distanzierten Betrachter, sie sei nichts bloß *Vorhandenes,* sondern man müsse mitbewegt werden, sonst begreife man nichts. (Tübinger Rede, 30. November 1933) Bücherverbrennung, Berufsverbote, SA-Schläger, antisemitische Aktionen gelten ihm als üble Begleiterscheinungen, die man in Kauf zu nehmen hat.

Heidegger hatte sich nur wenige Wochen zuvor droben auf seiner Hütte von Todtnauberg in Platons Höhlengleichnis hineingedacht und sich hineingeträumt in die Figur des Befreiers, der den Gefangenen in der Höhle die Fesseln löst und sie herausführt. Wieder zurück von seiner Schwarzwaldhöhe unten in Freiburg, bemerkt er Anfang 1933 nun also, dass die Höhlenbewohner alle schon auf dem Marsch sind. Er, der große Einzelne, braucht sich nur noch an ihre Spitze zu setzen. Und so lässt er sich im Mai 1933 zum Rektor wählen, und da steht er dann in der Aula bei seiner flammenden Festrede, martialisch mit Worten klirrend, als seinsgeschichtlicher Sturmtruppführer, umgeben von Fahnen und

Standarten; spricht von der großen Gefahr, der er und die anderen Bewegten angeblich ausgesetzt seien, darüber hinwegsehend, dass es in dieser Situation gefährlicher war, nicht zu diesem ominösen Sturmtrupp der Revolution zu gehören.

Zwistigkeiten in der Fakultät und Differenzen mit Regierungs- und Parteistellen veranlassten schließlich seinen Rücktritt vom Rektorat im Frühjahr 1934. Heidegger war nun nicht nur mit seinem Rektorat gescheitert, er hatte auch Freunde verloren, vor allem Karl Jaspers, der dem Nationalsozialismus von Anfang an kritisch gegenüberstand, über den bald ein Lehr- und Publikationsverbot verhängt wurde, der für seine jüdische Frau und dann auch für das eigene Leben das Schlimmste befürchten musste, weshalb die beiden stets Giftkapseln bei sich führten.

Jaspers ist auch später mit Heidegger nicht fertiggeworden. Trotz Kritik und vor allem politischer Abgrenzung bleibt er dabei, dass Heidegger in einer *philosophisch armen Welt* eine *einzigartige Figur* sei. In seinen letzten Notizen zu Heidegger schreibt der greise Jaspers, wie in einen Tagtraum versunken: *Hoch im Gebirge auf einem weiten felsigen Hochplateau trafen sich von jeher die Philosophen ihrer Zeit. Von da blickt man hinunter auf die Schneeberge und noch tiefer in die von Menschen bewohnten Täler und überall hin unter dem Himmel auf den fernen Horizont … Der Zugang ist nicht schwer. Der auf vielen Wegen Aufsteigende muß nur entschlossen sein, seine Behausung immer wieder auf eine Weile zu verlassen, um in dieser Höhe zu erfahren, was eigentlich ist … Es scheint, daß dort heute niemand zu treffen ist. Mir aber schien es, als ob ich, vergeblich suchend in den ewigen Spekulationen, nach Menschen, die ich wichtig fände, einen träfe, sonst niemand. Dieser eine aber war mein höflicher Feind. Denn die Mächte, denen wir dienten, waren unvereinbar … So ging es mir mit Heidegger.* Jaspers und Heidegger hatten beide die existentielle Philosophie des Einzelnen entwickelt. Jaspers ist im emphatischen Sinne ein Einzelner geblieben. Heidegger, als Philosoph der Bewegung jedenfalls, eher nicht.

KAPITEL 14

Hannah Arendt. Das Anfangenkönnen und das Zwei-in-einem

Hannah Arendt, 1906 geboren, hatte bereits als Schülerin am Königin-Luise-Gymnasium in Königsberg Anfang der zwanziger Jahre, angeregt von Jaspers' »Psychologie der Weltanschauung«, zum ersten Mal Kierkegaard gelesen. Dort werden Kierkegaard und Nietzsche als jene Denker vorgeführt, die es sich eben nicht in einem *Gehäuse* der Weltanschauung bequem machen. *Beide appellieren an den lebendigen Prozeß im Menschen, die Verantwortung des Einzelnen, ... die innere Umkehr, das Unausdrückbare des Entscheidens und Wählens in den jeweils tiefsten Schichten des Ich.* Die Sechzehnjährige las nun also Kierkegaard, vielleicht in der von Jaspers angeregten Erwartung, *in den jeweils tiefsten Schichten des Ich* berührt zu werden.

Die Kierkegaard-Lektüre beeindruckte immerhin so tief, dass die religionsfern erzogene Jüdin neben der Philosophie das Studienfach Evangelische Theologie wählte. Interessiert war sie weniger an der theologischen Dogmatik als an der Analyse des existentiellen Glaubensaktes, eben des *Sprungs*, von dem bei Kierkegaard unablässig die Rede war.

Sie begann ihr Studium Anfang 1924 in Marburg, das theologische bei Rudolf Bultmann, das philosophische bei Martin Heidegger.

Sie verliebte sich in Heidegger, und es begann diese inzwischen häufig nacherzählte Liebesgeschichte mit dem Kniefall Heideggers und ihrer schüchternen Hingabe, mit den kompliziert arrangierten Treffen, mit dem Austausch von Gedichten; eine Geschichte der Heimlichkeiten, auf die sicherlich zutrifft, was Hannah Arendt später über die *weltlose* Liebe schreiben wird: *In der Leidenschaft, mit der die Liebe nur das Wer des anderen ergreift, geht der weltliche Zwischenraum, durch den wir mit anderen verbunden und zugleich von ihnen getrennt sind, gleichsam in Flammen auf. Was die Liebenden von der Mitwelt trennt, ist, dass sie weltlos sind, dass die Welt zwischen den Liebenden verbrannt ist.*

Diese *Weltlosigkeit* hatte für Hannah einen Zauber, war aber auch bedrückend. In einem Gedicht, geschrieben 1924, heißt es: *Warum gibst du mir die Hand / Scheu und wie geheim? / Kommst du aus so fernem Land, / Kennst nicht unseren Wein?*

Bis Ende des Jahres 1924 blieb Hannah Arendt in Marburg, dann ging sie, um Abstand zu gewinnen, nach Heidelberg zu Karl Jaspers, der später der Freund ihres Lebens wurde. Doch die Liebesbeziehung mit Heidegger dauerte fort.

Sechs Jahre nach dem Abschied von Marburg schrieb Hannah Arendt ihr Buch über Rahel Varnhagen. Mit der Schilderung der gescheiterten Liebesbeziehung Rahels zum Grafen Finckenstein verarbeitete sie eigene Erfahrungen aus der Geschichte mit Heidegger. Rahel hatte den Wunsch, dass Finckenstein sich zu ihr bekennen möge, auch in seiner Welt. Er sollte den Mut haben, ihr als Jüdin das Geschenk der *Sichtbarkeit* zu machen. Genau diese *Sichtbarkeit* vermisste auch Hannah Arendt in der Beziehung zu Heidegger.

Sie erkannte in Rahel Eigenes wieder, und in ihrer Kritik an Rahel steckte auch Selbstkritik. Auch sie war soeben erst aufgewacht aus einer *Versunkenheit* in sich selbst, die sie bei Rahel kritisierte, welche einmal in einem Brief schrieb: *Aus Facta mach ich mir gar nichts.* Wie Rahel musste auch Hannah erst noch wirklich zur Welt kommen. Geschehen war das unter dem Druck der drohenden Machtübernahme durch den Nationalsozialismus. In diesem Augenblick erst, da sie als Jüdin verfolgt wurde, war sie bereit, sich selbstbewusst als Jüdin zu verteidigen. Vorher spielte das Jüdisch-Sein für sie keine Rolle. Indem sie den intellektuellen Kokon abstreifte, der sie vor der politischen Realität abgeschirmt hatte, musste sie erleben, dass sich viele ihrer Mitbewohner im Elfenbeinturm gleichschalten ließen, als sie jäh in die politische Arena gestoßen wurden; oder noch schlimmer, sie ließen sich zu Hitler einiges einfallen: *Ungeheuer interessante Dinge! ... Und hoch über dem gewöhnlichen Niveau schwebende Dinge! Das habe ich als grotesk empfunden. Sie gingen ihren eigenen Einfällen in die Falle, würde ich heute sagen.*

Zu denen, die sich zu Hitler etwas *einfallen* ließen, musste sie jetzt auch Heidegger rechnen. Während Heidegger sich als nationalsozialistischer Rektor feiern ließ, wurde Hannah Arendt in Berlin verhaftet und entkam dann mit knapper Not nach Frankreich. Damit war die Beziehung zu Heidegger zunächst abgebrochen.

In seinen Briefen an Arendt hatte Heidegger immer wieder beteuert, dass niemand anders ihn so gut verstünde wie sie, auch in philosophischen Dingen. Er hatte sie sogar seine *Muse* genannt. Später, in ihren Arbeiten im amerikanischen Exil, wird Hannah Arendt beweisen, dass sie Heidegger nicht nur verstanden hat, sondern dass es ihr inzwischen gelungen war, eine zu Heidegger komplementäre und zugleich gegensätzliche Philosophie zu entwickeln. Auf Heideggers *Vorlaufen in den Tod* antwortet sie mit einer Philosophie der *Geburtlichkeit*, auf den existentiellen Solipsismus der *Jemeinigkeit* antwortet sie mit einer Philosophie der *Pluralität*; auf Heideggers Kritik der *Verfallenheit* an die Welt des *Man* antwortet sie mit einer philosophischen Verteidigung des Lebens in der Öffentlichkeit.

Hannah Arendt spricht in ihrer Philosophie der *Geburtlichkeit* vom *Wunder des Anfangens*. So wie Heidegger mit dem *Vorlaufen in den Tod* die Erfahrung der Sterblichkeit existentiell ernst nimmt, so gibt Hannah Arendt komplementär dazu der *Geburtlichkeit* eine existentielle Bedeutung. Heidegger bezieht sich emphatisch auf das Ende, Hannah Arendt auf den Anfang. Geburt ist für sie ein *Anfangen eines Wesens, das selbst im Besitz der Fähigkeit ist anzufangen*. Diese Fähigkeit, etwas Neues anzufangen mit sich und seiner Welt, diese Spontaneität und Initiative hat zur Folge, dass die Welt der Menschen überraschend und unberechenbar bleibt. *Das Wunder, das den Lauf der Welt und den Gang der Menschen immer wieder unterbricht und vor dem Verderben rettet … ist schließlich die Tatsache der Natalität, des Geborenseins … das »Wunder« besteht darin, dass überhaupt Menschen geboren werden, und mit ihnen der Neuanfang, den sie handelnd verwirklichen können kraft ihres Geborenseins.*

Hannah Arendt gibt dem Gedanken der *Geburtlichkeit* eine originelle Wendung. Denn zunächst einmal bedeutet ja, geboren worden zu sein, dass man zuerst angefangen worden ist, ehe man selbst etwas anfängt. Deshalb spricht Heidegger ja auch von der Geburt als *Geworfenheit.* Dieses passive Moment gesteht Hannah Arendt selbstverständlich zu. Doch betont sie im Gegenzug das Chancen-Eröffnende einer jeden Geburt. Geboren werden Anfänger, die für jede Überraschung gut sind, solange ihnen nicht das Vielversprechende ausgetrieben wird.

Darauf gründet Hannah Arendt ihre Zuversicht. Sie beruft sich auf Kants Lob des Anfangenkönnens. Freiheit, so Kant, sei nichts anderes, als *eine neue Reihe schlechthin anfangen* zu können. Doch vor der Freiheit des Anfangs gibt es bei ihm den Skandal des Anfangs, den man erlitten hat. Der Mensch, schreibt Kant, sei ein Erdenbürger, an dessen Anfang eine Tat der Eltern steht, die eigentlich eine Untat ist, weil sie eine Person *ohne ihre Einwilligung auf die Welt gesetzt und eigenmächtig in sie hinübergebracht* haben. Das Geschrei des Neugeborenen müsse man deshalb wohl als Ausdruck der Entrüstung verstehen. Aus diesem Grund seien die Eltern verpflichtet, diese kleine Person *mit diesem ihrem Zustand zufrieden zu machen.* Das kann nur gelingen, wenn sich die Kräfte der Selbstbestimmung, auch Vernunft genannt, entwickeln. So lässt sich der Skandal eines Anfangs, der mir angetan wurde, überwinden. Dass ich angefangen worden bin, ist erträglich, wenn ich lerne, selbst anzufangen. Das ist die zweite Geburt. Die Geburt aus Freiheit. Was jetzt das Licht der Welt erblickt, ist nicht mehr ein unfreiwilliger Ankömmling, sondern ein Anfänger, der selbst anfangen kann.

Es ist diese zweite Geburt, die Geburt aus Freiheit, die Hannah Arendt mit ihrer Philosophie des Anfangens eigentlich meint. Denn erst mit dieser zweiten Geburt ergreift man seine Freiheit und ermutigt sich zur Spontaneität und Initiative. Erst sie ist die existentielle Tat, die Zuversicht begründen kann.

Bei Hannah Arendt führt dieses Verständnis des Anfangens zur Idee des Zusammenlebens in demokratischem Geist. Jeder Neuankömmling, erklärt sie, ist für das Miteinander ein Gewinn, vorausgesetzt, man lässt ihn überhaupt anfangen, das heißt seine unverwechselbaren Möglichkeiten entwickeln. Das ist die Chance der Demokratie: Sie bewirkt und bewahrt die Lebendigkeit der Gesellschaft dadurch, dass die Einzelnen einander dabei helfen, jeweils neu anzufangen. Doch die damit einhergehende Nichtübereinstimmung der Individuen muss lebbar bleiben. Das leistet die Demokratie mit ihrem rechtsstaatlichen Regelwerk, das den Differenzen und der Pluralität einen Rahmen gibt. Nur so entsteht die Balance zwischen Einheit und Vielheit. Jeder kommt von einem anderen Anfang her und wird an einem ganz eigenen Ende aufhören. Das anerkennt die Demokratie, indem sie bereit ist, die Auseinandersetzung um die Fragen des gemeinsamen Lebens immer wieder neu beginnen zu lassen. Auch von der Demokratie gilt: Sie lebt nur, wenn sie immer wieder mit sich anfängt. Worauf es Hannah Arendt ankommt, ist die Bewahrung einer politischen Kultur, die es jedem erlaubt, seinen Anfang zu machen – oder wenigstens nach ihm zu suchen. Für das individuelle Anfangen jedenfalls sind die politischen Projekte, welche die Welt aus einem Punkt kurieren wollen, das Ende. Das hatte Hannah Arendt in ihrem Totalitarismus-Buch gezeigt.

Der Ansatz beim individuellen Anfangen hat Folgen für das Geschichtsverständnis.

Hannah Arendt hält nicht viel vom Bestreben, in der Geschichte »Gesetze« entdecken zu wollen, um die Geschichte dann beherrschen zu können, was vor allem die Obsession und Phantasie des totalen Herrschaftswillens ist. Geschichte entsteht vielmehr aus dem Gewimmel der vielen sich überkreuzenden Anfänge in jeder Generation. Geschichte resultiert zwar aus menschlichem Handeln, doch nicht im Sinne eines Herstellens: als könnte man sie planmäßig herstellen wie ein Produkt, entworfen von einem ominösen »historischen Subjekt« am Reißbrett vulgärer Geschichtsphilosophie, marxistischer oder biologistischer. In Wirklichkeit ist Geschichte das von keinem so gewollte Resultat der zahllosen sich überkreuzenden Handlungen. Geschichte also ergibt sich, sie wird nicht hergestellt, und versuchte man es doch, so wird der öffentliche Raum der Politik und die Pluralität zerstört, wie das Beispiel der totalitären Herrschaft im Stalinismus oder Nationalsozialismus lehrt.

In »Vita activa« entfaltet Hannah Arendt die für ein solches Verständnis von Geschichte fundamentalen Unterscheidungen zwischen dem *Handeln* auf der einen Seite und dem *Arbeiten* und dem *Herstellen* auf der anderen Seite.

Das *Arbeiten* bleibt eingelassen in den zyklischen Prozess, landwirtschaftlich und industriell: arbeiten, um zu konsumieren, und konsumieren, um zu arbeiten. Arbeit und Konsum lösen sich rhythmisch ab, sie haben streng genommen weder Anfang noch Ende und sind wie Geburt und Tod in den Kreislauf des Gattungslebens einbezogen. Auf dauerhafte Ergebnisse ist es letztlich nicht abgesehen.

Anders beim *Herstellen*. Hier entstehen Produkte, die über das bloß Lebensdienliche oder das, was sich wegkonsumieren lässt, hinausreichen: Gerätschaften, Gebäude, Möbel, Kunstwerke, Institutionen, die Generationen überdauern sollen. Da wird etwas errichtet, aufgestellt, hergestellt, das seinen Platz in der Welt behauptet und dann zu dem festen Rahmen gehört, den die Menschen sich schaffen, um daran Halt und Aufenthalt zu finden. Es ist nicht nur Notdurft des Lebens, die hier antreibt, sondern das Bedürfnis, dem zeitlichen Dasein zwischen Geburt und Tod ein Element der Dauer, der Zeit-Transzendenz zu verschaffen.

Und dann das *Handeln*. Hier treten die Menschen aus dem Schatten der Prozesse, in die sie verwickelt sind, heraus und werden sichtbar. Im Handeln stellen sich die Menschen dar, auch durch Sprache, und sie zeigen, wer sie sind und was sie mit sich und aus sich machen wollen. *Handeln* ist für Arendt die Krönung des menschlichen Tuns, es ist jene Sphäre, in der der Einzelne erst ganz zu sich kommt und im Gewirr der menschlichen Wirklichkeit zeigen kann, wer er ist und was es mit ihm auf sich hat.

Handeln ist alles, was zwischen den Menschen geschieht, wenn es nicht unmittelbar der Arbeit oder dem Herstellen dient. Das Handeln macht das Theater der Welt aus, und deshalb wird auch auf den Brettern, die die Welt bedeuten, gehandelt: die Dramen der Liebe, der Eifersucht, der Politik, der Erziehung, der Feindschaft und der Freundschaft, des Kampfes. Nur weil die Menschen frei sind, können sie handeln und kann jeder seinen Faden in das ungeheure Gewebe des Ganzen einführen. Die unabsehbare Mannigfaltigkeit der sich kreuzenden und verwobenen Handlungsstränge ergibt insgesamt das Chaos und die Zufälligkeiten der menschlichen Wirklichkeit, mit der sich, so Hannah Arendt, das *professionelle Denken* nicht abfinden mag, weil es nicht bereit ist, *den Preis der Kontingenz für das fragwürdige Gut der Spontaneität* zu zahlen.

Handeln und Sprache gehören zusammen. In ihnen vollzieht sich das eigentlich Menschliche: *Sprechen und Handeln sind die Tätigkeiten, in denen diese Einzigartigkeit sich darstellt. Sprechend und handelnd unterscheiden Menschen sich aktiv voneinander, anstatt lediglich verschieden zu sein; sie sind die Modi, in denen sich das Menschsein selbst offenbart. Dies aktive In-Erscheinung-Treten eines grundsätzlich einzigartigen Wesens beruht, im Unterschied von dem Erscheinen des Menschen in der Welt durch Geburt, auf einer Initiative.*

Gehandelt wird zwischen Menschen. Genau diesen Zwischenraum, das *Dazwischen,* macht Hannah Arendt zum Thema. Es ist jene Sphäre, wo es die Menschen in ihrer Pluralität gibt, die vielen Unterschiedlichen, die sich auch aktiv voneinander unterscheiden wollen, die unterschiedlichen Interessen nachgehen und sich in öffentlichen Räumen handelnd begegnen, als Einzelne, die doch eine gemeinsame Geschichte hervorbringen.

Dass wir mit dem Faktum leben müssen, von Menschen umgeben zu sein, die wir lieben, hassen, die uns gleichgültig oder rätselhaft sind, von denen uns ein Abgrund oder nichts trennt, die uns täuschen und die wir täuschen, denen wir etwas vorspielen und sie uns – diese Bühneneigenschaft des Lebens gehört für Hannah Arendt zur Conditio humana. Sie hat deshalb auch ein positiveres Bild des Öffentlichen als Heidegger, der zwar in seiner Spätphilosophie von der *Lichtung* als Ort der Offenbarkeit des Seins spricht, jedoch die real existierende Öffentlichkeit verachtet: Sie *verdunkelt alles und gibt das so Verdeckte als das Bekannte und jedem Zugängliche aus.*

Hannah Arendt indes ist bereit, die Idee der *Offenheit* durchaus auch in der gewöhnlichen Öffentlichkeit verwirklicht zu sehen, wie unvollkommen auch immer. Um offen zu sein, muss man nicht zuerst, wie bei Heidegger, seine *Eigentlichkeit* entdeckt haben, es genügt zu begreifen, dass man die Welt mit zahlreichen anderen teilt und deshalb Pluralität unvermeidlich ist.

Auch Hannah Arendt hält, wie Heidegger, Ausschau nach vorbildgebenden Urszenen in der Antike. Heidegger vertiefte sich ins platonische Höhlengleichnis mit dem Seher als großem Einzelnen und den gefesselten Höhlenbewohnern fern der Wahrheit; Hannah Arendt ihrerseits verklärt die Agora der klassischen Demokratie von Athen, wo die Bürger in den *stets von neuem anhebenden Gesprächen … entdeckten, daß die uns allen gemeinsame Welt normalerweise von unendlich vielen verschiedenen Standpunkten aus betrachtet wird … Die Griechen lernten … die gleiche Welt vom Standpunkt des Anderen zu betrachten.*

Bei Heidegger also das *Höhlengeschwätz* der Menge, bei Hannah Arendt die Wechselrede der Bürger. In ihrer Lessing-Rede von 1959 erklärte sie, die Welt würde unmenschlich bleiben, *wenn sie nicht dauernd von Menschen besprochen wird.* Dieses unaufhörliche Gespräch, das die

Menschen über ihre Angelegenheiten führen, bringt die Öffentlichkeit hervor, jenen Raum, wo die Menschen zu sich kommen, indem sie zueinanderfinden: *Handelnd und sprechend offenbaren die Menschen jeweils, wer sie sind, zeigen aktiv die personale Eigenart ihres Wesens, treten gleichsam auf die Bühne der Welt.*

Hannah Arendt ist sich der Gefahren der Öffentlichkeit durchaus bewusst: Sie kann pervertieren, besonders unter dem Schutz der Anonymität. Ihr Lob der Öffentlichkeit ist daran gebunden, dass die Menschen auch wirklich einander offen begegnen. Öffentlichkeit unter den heutigen kommunikationstechnischen Bedingungen konnte noch nicht ihr Thema sein. Jedenfalls hatte sie sich die Aufgabe gestellt, den Sinn für den Anteil des Einzelnen im öffentlichen Raum zu bewahren und zu stärken gegen die Gefahren des Konformismus und Kollektivismus.

Die letzten Jahre widmet sie sich einem großen Vorhaben, dem sie den Titel gibt: »Vom Leben des Geistes«. In »Vita activa« hatte sie die Grundformen des aktiven Lebens beschrieben, jetzt geht es um die Grundformen der geistigen Existenz: das Denken, das Wollen und das Urteilen. Mit dem »Urteilen«, dieser genuin politischen Disposition, wird sie nicht mehr fertig. Bei der Arbeit daran stirbt sie 1976. Doch über das »Denken« und »Wollen« hat sie im Anschluss an die diesem Thema gewidmeten »Gifford Lectures«, gehalten an der Universität von Aberdeen, eine erste Fassung fertiggestellt.

Unter dem Thema »Wollen« vertieft sie ihre Philosophie des Anfangens, der Initiative und der schöpferischen Spontaneität.

Beim Thema des »Denkens« rückt das Problem des Einzeln-Seins ins Zentrum. Denken, so ihr Grundgedanke, bedarf des Alleinseins, der zeitweiligen Unterbrechung des Kommunikationsflusses. Denken vereinzelt. Anders verhält es sich bei den Informationen: Sie fließen durch einen hindurch, man schwimmt in ihnen und wird wohl auch überschwemmt. Auch das professionalisierte wissenschaftliche Erkennen vollzieht sich heute weniger in Einsamkeit als arbeitsteilig, zu mehreren also. Und das so erarbeitete Wissen wird dann von den Übrigen geteilt, also vom großen Publikum derer, die darauf angewiesen sind, an das Wissen der jeweiligen Spezialisten zu glauben, die gläubigen Mitwisser also. Doch Denken selbst gibt es nur dort, wo es von einem selbst vollzogen wird, alleine und unvertretbar.

Der Denkende ist zwar vereinzelt, aber nicht einsam, denn er bleibt in Gesellschaft – mit sich selbst. Denken, so Hannah Arendt, ist mit der Erfahrung des inneren Gesprächs mit sich selbst verbunden: *Das Denken ist, existentiell gesehen, etwas, das man allein tut, aber nicht einsam: allein sein heißt mit sich selbst umgehen; einsam sein heißt alleine sein, ohne sich in das Zwei-in-einem aufspalten zu können, ohne sich selbst Gesellschaft leisten zu können.*

Im Denken entdeckt der Einzelne seine Dualität. Denken, erklärt Arendt im Anschluss an Platon, ist ein *Gespräch innerhalb der Seele.*

Das leuchtet allerdings nur ein, wenn man unterscheidet zwischen dem Etwas-Denken und dem Über-etwas-Denken. Wenn man etwas denkt, ist man ganz hingegeben an das jeweils Gedachte. Solches Denken ist vollkommen intentional gerichtet, und wenn es konzentriert ist, bleibt es in dieser Gerichtetheit, ohne sich ablenken zu lassen. Ganz anders beim Denken über etwas. Hier trifft Hannah Arendts These von der Dualität im Denken zu. Bei diesem erwägenden, abwägenden Denken wird das, was da bedacht wird, hin und her gewendet, tatsächlich in einer Art von innerem Gespräch.

Aus zwei Gründen ist für Hannah Arendt dieses *Zwei-in-einem* so bedeutsam. Zum einen entdeckt sie darin die erstaunliche Anwesenheit des Anderen im Inneren des Einzelnen. Für den Einzelnen gibt es das Andere nicht nur draußen in der Welt, sondern auch drinnen, als jenes andere Selbst, mit dem man denkend ins Gespräch kommt: *Kurz, die spezifisch menschliche Verwirklichung des Bewußtseins im denkenden Zwiegespräch mit sich selbst verweist darauf, daß Unterschiede und Anderssein, die in so hohem Maße kennzeichnend für die Welt der Erscheinungen sind, … auch die eigentliche Bedingung für die Existenz des geistigen Ichs des Menschen sind, denn dieses Ich existiert ja nur in der Dualität.* Es handelt sich also um die eigentümliche Entsprechung zwischen der Pluralität draußen in der Welt und dieser inneren Dualität.

Der zweite Grund, weshalb dieses *Zwei-in-einem* für sie so bedeutsam ist, hängt damit zusammen, dass diese Dualität des Denkens dem sehr nahe kommt, was man üblicherweise »Gewissen« nennt. »Gewissen« wird in der Regel als innere Stimme der Moral verstanden. Das aber wäre für Arendt ein zu beschränktes Verständnis des *Zwei-in-einem*. Es geht nicht darum, bestimmten Direktiven zu folgen im Sinne etwa des Über-Ichs, also der verinnerlichten Gesellschaftsmoral, sondern eher um das, was wir bei Simmel als *individuelles Gesetz* kennengelernt haben. Es geht darum, so zu handeln, dass man mit sich selbst in Übereinstimmung bleiben kann und deshalb das *Zwei-in-einem* nicht zu scheuen braucht. Hannah Arendt erläutert diesen Gedanken an dem Ausspruch, es sei besser, Unrecht zu erleiden, als Unrecht zu tun. Warum? Wer unrecht tut, sagt Sokrates, beschmutzt sich so sehr, dass er, wenn er alleine ist, die Begegnung im denkenden Zwiegespräch mit sich selbst meidet. Er hält es mit sich selbst nicht aus, er bricht die Verbindung zu sich ab. Dieser Abbruch der Beziehung zu sich selbst erfüllt für Hannah Arendt den Tatbestand des Bösen. Es ist das Böse, verstanden als eine besondere Art der Beschränktheit, die nichts mit mangelnder Intelligenz zu tun hat, sondern mit genau diesem Abbruch des Selbstbezugs. Früher nannte man das Verstocktheit. Das Böse also als die fundamentale Störung des *Zwei-in-einem*.

Hannah Arendt kommt rückblickend auf ihr Buch »Eichmann in Jerusalem – Ein Bericht über die Banalität des Bösen« von 1964 zu sprechen und bekennt, dass es genau der Fall Eichmann war, der sie auf den Weg des Nachdenkens über das Denken, über dieses eigentümliche *Zwei-in-einem* also, gebracht habe. Für sie hatte Eichmann nichts *Dämonisches*, er war vielmehr von erschreckender Normalität, es kam ihm auf Sicherheit, Karriere, auf Ansehen bei den Vorgesetzten und Gehorsam bei den Untergebenen an und im Übrigen auf fleißige Befolgung der Sekundärtugenden. Er hatte die nötige Funktionsintelligenz, doch was ihm fehlte, war genau diese Bereitschaft zu denken im Sinne von: mit sich selbst zu Rate gehen. Für Hannah Arendt war er ein ins Monströse gesteigerter Fall des verweigerten *Zwei-in-einem.*

Eichmann war für sie deshalb ein Einzelner, der sich auf eklatante Weise weigerte, ein Einzelner zu sein im Sinne dieses *Zwei-in-einem* und der deshalb bereit war, sich selbst zum Rädchen und Schräubchen einer gigantischen Mordmaschine zu machen und machen zu lassen.

KAPITEL 15

Jean-Paul Sartres Wende im Krieg. Vom individuellen zum engagierten Existentialismus

Sartre selbst hat den Krieg und die Kriegsgefangenschaft, die achtzehn Monate zwischen September 1939 und März 1941, immer wieder als die entscheidende Zäsur seines Lebens bezeichnet. *Fest steht, dass ich mir ab 1939 nicht mehr gehörte. Bis dahin führte ich, wie ich glaubte, das Leben eines absolut freien Individuums.* Und dann: *Ich befand mich plötzlich in einer Masse, in der man mir eine bestimmte und dumme Rolle zu spielen gegeben hatte.* Rückblickend zerfällt ihm also sein Leben in zwei Teile: *Bis dahin hatte ich mich für souverän gehalten, und ich hatte die Verneinung meiner eigenen Freiheit durch die Mobilmachung erleben müssen, um mir des Gewichts der Welt und der Bande zwischen mir und den anderen bewusst zu werden. Der Krieg hatte mein Leben regelrecht in zwei Teile geteilt ... Dort also bin ich, wenn Sie so wollen, vom Individualismus und vom reinen Individuum der Vorkriegszeit zum Sozialen, zum Sozialismus gelangt.*

Vorher: Dem Philosophielehrer am Gymnasium in Le Havre und dann in Paris war mit dem 1938 erschienenen Roman »Der Ekel« der Durchbruch gelungen. In den literarisch-philosophischen Kreisen hatte er es bereits zu einiger Berühmtheit gebracht, und um ihn und seine Lebensgefährtin Simone de Beauvoir begann sich in Paris ein Freundeskreis zu sammeln. Es war eine glückliche Zeit, ein *herrliches Überschäumen von Ideen und Werken.* Ausdrücklich widerspricht Sartre den späteren Versuchen, diese Jahre als eine Zeit der *Verwesung* und der *anarchischen Zügellosigkeit* zu diskreditieren. Das sei Unsinn, erklärt Sartre. Die sogenannte Sinnlosigkeit damals entfachte ein eigenartiges Feuer: eine neue Lust zu leben. Im Roman »Der Ekel«, der diesem Lebensgefühl Ausdruck gab, wird der Protagonist gefragt, warum er denn so fröhlich sei, und er antwortet: *Weil ich daran denke, ... daß wir hier sitzen, alle wie wir hier sind ..., und essen und trinken, um unsere kostbare Existenz zu erhalten, und daß es nichts gibt, nichts, keinen Grund zu existieren.*

Die Grundlosigkeit als Chance, sogar als Glück. Die Gründe, die außerhalb liegen und die das eigene Leben rechtfertigen und in die Pflicht nehmen, die religiösen und gesellschaftsmoralischen, haben ihre Glaubwürdigkeit eingebüßt, und dies wird als Befreiung empfunden. In diesen Kreisen lebte man fern der Politik. So auch Sartre. Er nahm sie wahr, sofern sie ihn direkt betraf, er pflegte auch seine linken Sympathien, beispielsweise für die Volksfront oder die Republikaner im Spanischen Bürgerkrieg, doch auf sein literarisches und philosophisches Schreiben hatte das alles kaum einen Einfluss.

Der Begriff *Existentialismus* war in Frankreich Ende der zwanziger Jahre aufgekommen. Jean Wahl hatte ihn so definiert: *Existieren, das bedeutet: wählen; leidenschaftlich sein; werden; vereinzelt und subjektiv sein; sich unendlich um sich selbst sorgen.* Zwei Ideen, beide im scharfen Kontrast zum traditionellen französischen Cartesianismus konzipiert, standen im Mittelpunkt des neuen Denkens im Frankreich der dreißiger Jahre.

Zunächst einmal die Idee der Existenz, verstanden als leibliches, endliches, zersplittertes, von jedem tragenden Grund abgerissenes Sein. Es gibt nicht mehr die große Geborgenheit, den alles überwölbenden Sinn. Der Mensch ist auf sich selbst zurückgeworfen und muss sich seinen Weg selbst wählen, auch sein Ziel. Die Idee der Existenz macht Schluss mit den Phantasien über den Panlogismus der Welt.

Diese Idee der Existenz war verbunden mit der Idee der Kontingenz.

Der einzelne Mensch erfährt sich als Verkörperung des Zufalls – im wörtlichen Sinne. Ihm sind ein bestimmter Körper und somit eine bestimmte Raum- und Zeitstelle zugefallen. Darüber verfügt er nicht, und somit verfügt er über das meiste nicht. Es hat immer schon, für ihn unverfügbar, mit ihm angefangen, ehe er selbst etwas mit sich anfangen kann. Kontingenz bedeutet: Was es gibt, könnte es auch nicht geben. Der Mensch kann sich keiner höheren Absicht mehr gewiss sein.

Die Idee der kontingenten Existenz ist verbunden mit einem radikalen Verständnis der Freiheit. Für das christliche Verständnis von Existenz bedeutet diese Freiheit, sich frei für Gott und das Absolute entscheiden zu können. Bei Sartre aber bedeutet diese Freiheit, in eine Leere hinausgestoßen zu sein. Das kann als beschwingend empfunden werden, doch manchmal auch als schwer erträgliche Leichtigkeit des Seins.

Zu diesem geistigen Milieu des französischen Existentialismus der dreißiger Jahre, wo Seins-Mystik, Dezisionismus und Nihilismus anticartesianisch zusammenwirkten, gehörte auch die Phänomenologie.

Wenn der Existentialismus eine vorgegebene sinnhafte Kohärenz des menschlichen Lebens verwirft und damit eine transzendente Sinngebung zurückweist, so bietet die phänomenologische Methode an, eine Art beglückende Aufmerksamkeit für die disparaten Dinge des Lebens zu entwickeln. Die Phänomenologie bewährt sich als die Kunst, aus der Aufmerksamkeit selbst eine Lust zu ziehen, die dafür entschädigt, dass ein sinnhaftes Ganzes zu Bruch gegangen ist. Die Phänomenologie erlaubt auch noch in einer absurden Welt – das Glück der Erkenntnis.

Als Raymond Aron, der in Deutschland studiert und dort die Phänomenologie kennengelernt hatte, seinen Freund Sartre Anfang der dreißiger Jahre von seinen phänomenologischen *Erfahrungen* erzählte, war Sartre geradezu elektrisiert. Endlich gibt es eine Philosophie, erklärte er, die es uns erlaubt, über alles, über diese Tasse, den Löffel, den ich in ihr umrühre, den Stuhl, den Kellner, der auf meinen Wink hin herbeieilt, zu philosophieren! Das Versprechen der Phänomenologie, den Reichtum der unmittelbaren Wahrnehmung wiedergewinnen zu können, lockte Sartre 1933 nach Berlin, um dort Husserl und Heidegger zu studieren. Wenig später schreibt er, offenbar hingerissen, über die Phänomenologie: *seit Jahrhunderten hat man in der Philosophie keine derart realistische Strömung mehr gespürt. Die Phänomenologen haben den Menschen wieder in die Welt eingetaucht.* Allerdings war Sartre dann so sehr *eingetaucht* in die Welt der Phänomenologen, dass er nur wenig mitbekam von den politischen Scheußlichkeiten im nationalsozialistischen Berlin.

Was Sartre also an der Phänomenologie faszinierte, war ihre Aufmerksamkeit für die massive, verführerische, aber auch erschreckende Gegenwart der Dinge, für das Rätsel ihres *An-sich-Seins*. Und dann, komplementär dazu, lenkte sie die Aufmerksamkeit auch auf den inneren Reichtum des Bewusstseins, auf das ebenso rätselhafte *Für-sich-Sein*.

Über dieses *An-sich* der Naturdinge, die sich der phänomenologischen Einstellung in ihrer überwältigenden, sinnabweisenden Präsenz zur Geltung bringen, hat Sartre in »Der Ekel« eine eindrucksvolle Schilderung gegeben, die bald zum klassischen Muster der Kontingenzerfahrung werden sollte: *Also, ich war gerade im Park. Die Wurzel des Kastanienbaums bohrte sich in die Erde, genau unter meiner Bank. Ich erinnerte mich nicht mehr, daß das eine Wurzel war. Die Wörter waren verschwunden und mit ihnen die Bedeutung der Dinge, ihre Verwendungsweisen, die schwachen Markierungen, die die Menschen auf ihrer Oberfläche eingezeichnet haben. Ich saß da, etwas krumm, den Kopf gesenkt, allein dieser schwarzen und knotigen, ganz und gar rohen Masse gegenüber, die mir angst machte. Und dann habe ich diese Erleuchtung gehabt.*

Die Erleuchtung: Roquentin, der Erzähler, sieht die Dinge ohne Zusammenhang und ohne die Bedeutung, die ihnen das Bewusstsein gibt, sie stehen nackt da. Geradezu obszön breiten sie sich vor ihm aus und machen ihm *das Geständnis der Existenz*. Existenz bedeutet hier: pures kontingentes Vorhandensein. *Das Wesentliche ist die Kontingenz … kein notwendiges Sein kann die Existenz erklären: die Kontingenz ist kein Trug, kein Schein, den man vertreiben kann; sie ist das Absolute, folglich die vollkommene Grundlosigkeit. Alles ist grundlos, dieser Park, diese Stadt und ich selbst. Wenn es geschieht, daß man sich dessen bewusst wird, dreht es einem den Magen um.*

Die Erfahrung im Park konfrontiert mit einem Sein, das die vernünftige Rede durchschlägt. Der Erzähler erfährt sich als Ding unter Dingen, hinabgezogen ins vegetative An-sich: *Ich war die Wurzel des Kastanienbaumes.* Im Kontrast dazu aber erfährt er sich zugleich auch als das davon abgetrennte Bewusstsein, das im Verhältnis zum undurchdringlichen Sein dort draußen ein bloßes Nichts ist. Eine Spiegelung, ein bloßer Reflex, eben kein Sein, sondern nur ein Bewusstsein davon. Hin- und hergerissen zwischen dem Sein und dem Nichts erfährt das Bewusstsein das *Für-sich* als unendlichen Mangel an Sein. *Der Mensch ist das Sein, durch das das Nichts in die Welt kommt,* heißt es dann in »Das Sein und das Nichts«, jenem großen philosophischen Werk, für das er während des Kriegseinsatzes und der Gefangenschaft die Gedanken sammelt und notiert und das 1943 erscheint, zu einem Zeitpunkt, da Sartre sich bereits der Resistance angeschlossen hatte.

Dieses Werk, entstanden also unter der Gewalt des totalitären Angriffs, entwickelt in einem Gespinst von Subtilitäten eine ganze Philosophie des Anti-Totalitären. Dem totalitären Denken ist der Mensch ein Ding. Ein Faschist, sagt Sartre, ist jemand, der *ein unerbittlicher Felsen, ein reißender Sturzbach, ein verheerender Blitz* sein will, *alles, nur kein Mensch.* Sartres Philosophie will dem Menschen seine Würde zurückgeben, indem er seine Freiheit entdeckt als ein Element, in dem sich alles feste Sein auflöst. In diesem Sinne ist das Werk eine Apotheose des Nichts, das Nichts aber verstanden als die schöpferische Kraft des *Nichtens.* Worauf es ankommt: Nein zu sagen zu dem, was einen verneint.

Der Kriegseinsatz und die Gefangenschaft hätten ihn verwandelt, erklärte Sartre, hätten ihn vom individualistischen Einzelnen zu jemandem gemacht, der bereit ist, das Gewicht der Welt zu tragen und Verantwortung zu übernehmen, doch ohne die Freiheit preiszugeben. Was genau war in diesen Monaten geschehen, innerlich und äußerlich?

Nach dem deutschen Angriff auf Polen erklärte Frankreich den Krieg gegen Deutschland. Am Tag der allgemeinen Mobilmachung, am 2. September 1939, wird auch Sartre eingezogen. Er wird an die Front im nördlichen Elsass kommandiert. Er gehört als Gefreiter zu einer kleinen Gruppe, bestehend aus einem Pariser Großhändler für Damenbekleidung, einem Telefonangestellten aus der Provinz und einem Mathematiklehrer. Die Gruppe soll meteorologische Messungen durchführen. Und so lässt Sartre nun Tag für Tag Luftballons aufsteigen, um die Windrichtung zu bestimmen. Die Protokolle dieser Messungen wandern in der Regel in den Papierkorb des Vorgesetzten. Vom Krieg aber ist sonst so gut wie nichts zu bemerken, denn in diesen ersten Monaten greifen die Deutschen nicht an, und Frankreich seinerseits hält still. Es war ein Krieg, der schon bald *drole de guerre* genannt wurde. Sartre hatte geahnt, dass es so kommen würde. Schon im ersten Brief an Simone de Beauvoir, geschrieben kurz nach der Einberufung und noch während des Transportes an die Front, heißt es: *Ich habe ein bißchen geschlafen … Und dann habe ich angefangen zu warten. An irgendeiner Station habe ich begriffen, daß ich so bis Kriegsende warten würde.*

Die kleine Vierergruppe der Wetterbeobachter fühlt sich fast wie im Urlaub, denn es gibt wenig zu tun, und man wohnt in Privatquartieren, manchmal in den schönen elsässischen Fachwerkhäusern mit Blumenschmuck. Nur: Es fehlt die Freiwilligkeit, man steht unter Kommando, wird dahin und dorthin geschoben, und natürlich darf man sich nicht eigenmächtig entfernen. Man ist nicht frei, hat aber jede Menge freie Zeit. Eine absurde Situation im Vergleich zum früheren Leben. Sartre im Rückblick: *Ich war also da, in Militärkleidung, die mir sehr schlecht stand, inmitten von anderen Personen, die die gleiche Kleidung trugen wie ich. Wir hatten eine Bindung, die weder eine familiäre noch eine freundschaftliche Bindung war, die jedoch sehr wichtig war. Wir hatten Rollen, die uns von außen zugeteilt worden waren. Ich ließ Ballons aufsteigen und beobachtete sie durchs Fernglas. Das hatte man mir beigebracht, als ich dachte, dass ich es nie anwenden würde, während meines Militärdienstes. Und ich war da, um diesen Beruf auszuüben, unter anderen unbekannten Leuten, die diesen Beruf ausübten wie ich, die mir dabei halfen, denen ich dabei half, und wir sahen meinen Ballons nach, wie sie in den Wolken verschwanden. Und das ein paar Kilometer von der deutschen Armee entfernt, in der es Leute wie uns gab, die sich auch damit beschäftigten, und es gab andere Leute, die einen Angriff vorbereiteten. Das war eine absolut historische Tatsache.*

In dieser Situation entschließt sich Sartre, ein Tagebuch zu führen. Er bittet Simone de Beauvoir, ihm einen ganzen Packen von den schönen schwarz lackierten, fest gebundenen Notizheften aus Paris zu schicken, die im Elsass nicht zu bekommen waren. In diesen leeren Wochen widmet er sich, wenn er nicht Ballons aufsteigen lässt, seinen Aufzeichnungen. Einige dieser Notizbücher sind verloren gegangen. Schätzungsweise anderthalbtausend Druckseiten wären es wohl gewesen, was er in diesen neun Monaten zwischen September 1939 und Mai 1940 zu Papier gebracht hatte. *Heute morgen*, notiert er am 18. Dezember 1939, *als ich in dieses Heft schrieb, daß ich versuchen wollte, den Stil meiner Gesten einzufangen, habe ich wie ein Maniker der Analyse auf mich gewirkt … Dabei habe ich mehr als fünfzehn Jahre hinter mich gebracht, ohne mir beim Leben zuzuschauen. Ich interessierte mich überhaupt nicht für mich. Ich war neugierig auf die Ideen und auf die Welt und auf das Herz der anderen.* Also nicht auf das eigene Herz. Er hatte zuvor die *Existenz* entdeckt, doch offenbar nicht die ganz eigene, sondern nur das an ihr, was mit der Existenz des Menschen überhaupt gegeben ist. Die Faktizität als solche also. Das aber verwunderte ihn nun, und er ist bereit zu einer Revision. *Ich verabscheute Tagebücher, und ich dachte, daß der Mensch nicht geschaffen ist, sich selbst zu betrachten … Mir scheint nur, daß man unter besonderen Umständen und wenn man im Begriff ist, sein Leben zu ändern wie die Schlange, die sich häutet, diese tote Haut betrachten kann, dieses spröde Bild der Schlange, das man hinter sich läßt, um Bilanz zu ziehen.* Er fühlt sich in einer Ausnahmesituation, die ihn zu dieser Art Selbstbegegnung und Selbsterforschung veranlasst. Doch es soll eine Ausnahmesituation bleiben. *Nach dem Krieg werde ich dieses Heft nicht weiterführen, oder wenn ich es weiterführe, werde ich darin nicht mehr von mir sprechen. Ich will nicht bis ans Ende meiner Tage von mir selbst heimgesucht werden.*

Einstweilen aber lässt er eine solche Heimsuchung zu. Er analysiert seine Lebensart so intensiv wie noch nie zuvor. Er schreibt von früh bis spät, er versäumt es manchmal sogar, sich zu waschen. Er starrt vor Schmutz, beginnt zu stinken und sucht die Selbstbegegnung.

Wie hält er es, fragt er sich, mit dem Eigentum, warum liegt ihm nichts daran, auch nicht am Geld? Er trägt es gerne bei sich, ganze Bündel von Banknoten. *Ich muß ausgeben. Nicht um etwas zu* kaufen, *sondern um diese monetäre Energie explodieren zu lassen, sie mir gewissermaßen vom Halse zu schaffen und weit von mir zu schleudern wie eine Handgranate.* Die anderen legen es ihm als Großzügigkeit aus, was nicht ganz richtig ist, weil es ihn nämlich keine Überwindung kostet: Er kann ganz einfach nicht etwas horten, sparen, bei sich behalten. Er hat einen Horror davor, dass etwas gerinnt, fest wird. Es muss in Bewegung gebracht werden, unter die Leute kommen, es muss durch ihn hindurchgehen und abfließen. Übersetzt in seine philosophische Terminologie heißt das: Eigentum ist das im *An-sich* erstarrte *Für-sich*. Es ist das Lebendige, die Freiheit, die da erstarrt.

Doch ehe etwas zum Eigentum werden kann, muss es eine Aneignung gegeben haben. Die nun wiederum findet durchaus seine Billigung. Denn in der Aneignung versucht das Für-sich, also die Freiheit, auf die Welt der Gegenstände überzugreifen und sie mit sich selbst zu durchdringen; doch dabei bleibt es nicht. Denn es besteht die Gefahr, dass, was derart zum Eigentum geworden ist, wieder zurückwirkt auf den Eigentümer: Er wollte etwas besitzen und wird nun selbst in Besitz genommen. Die Welt der Dinge herrscht dann über das Lebendige.

Dieser Eigenmacht des Eigentums wegen meidet es Sartre, deshalb lässt er das Geld nicht »arbeiten«, sondern lässt es *explodieren*, streut es mit vollen Händen unter die Leute, um sich seine Freiheit zu bewahren. *Ich will nicht besitzen, zuallererst aus metaphysischem Stolz. Ich genüge mir selbst in der nichtenden Einsamkeit des Für-sich … Ich fühle mich nur in der Freiheit wohl, den Gegenständen entgehend, mir selbst entgehend: ich fühle mich wohl nur im Nichts, ich bin ein von Hochmut trunkenes, durchsichtiges Nichts.*

Freiheit ist schöpferisch, durch sie kommt etwas in die Welt; das ist ihr konstruktiver Aspekt, den Sartre häufig herausstellt. In dem zitierten Zusammenhang aber spielt die *nichtende* Qualität der Freiheit die Hauptrolle. Die Freiheit, die zurückweist und verneint, was sie bedroht.

Eigentum wird verneint, nicht aber, wie schon gesagt, die Aneignung. *Für mich hat die Erkenntnis einen magischen Sinn von Aneignung.* Solche Aneignung strebt aber gerade nicht den Besitz an. Das lässt sich freilich nicht von allen Arten von Erkenntnis sagen; Sartre selbst favorisiert denn auch die ästhetische Erkenntnis, den *ästhetischen Satz.* Gerade in der Kunst kann die Welt erscheinen, ohne in Besitz genommen zu werden und damit zu erstarren.

Liebe und Besitz. Gewiss gibt es auch in der Liebe dieses Verlangen, den anderen besitzen zu wollen. Sartre ergeht sich nun nicht in zerknirschten Selbstbezichtigungen, sondern hält lakonisch fest, *daß man die beiden Wünsche nicht zur selben Zeit haben kann,* nämlich zu lieben und zu besitzen. Warum nicht? Weil man die Freiwilligkeit, den freien Ursprung der Liebe beim anderen liebt. Wäre der andere durch irgendetwas gezwungen, was nicht aus ihm selbst kommt, so wäre es nicht mehr die Liebe aus dem freien Ursprung. *Nichts ist für den Liebenden kostbarer als das, was ich die Autonomie der Liebe beim geliebten Wesen nennen möchte.* Auf der Autonomie des anderen aber kann man sich nicht ausruhen. Sie gibt einem keine Sicherheit, und so bleibt nur die paradoxe Zumutung, den anderen zu lieben und dabei eine fragile

Sicherheit *im Schoße* seiner Freiheit zu suchen. Es gibt nur dies wandelbare und schwankende Fundament der Freiwilligkeit, die in jedem Augenblick erneuert werden muss.

Schönheit. *Ich bin nur Sehnsucht nach Schönheit und außerhalb davon Leere, nichts*, schreibt er. Diese Sehnsucht bringt ihn nicht nur zur Literatur, sie lässt ihn auch sein Glück bei den Frauen suchen. Allerdings äußert er den Verdacht, dass es hier für ihn etwas zu kompensieren gibt: *Ich weiß nicht, ob ich eine Zeitlang die Gesellschaft der Frauen nicht deshalb gesucht habe, um mich von der Last meiner Häßlichkeit zu befreien.*

So geht er einiges durch, was ihm bei sich selbst auffällt und wohl auch zu schaffen macht. Die stärkste Herausforderung für die Selbsterkenntnis steckt für ihn aber in zwei Begriffen, die er, wie er ausdrücklich anmerkt, von Heidegger übernimmt: *Geschichtlichkeit* und *Authentizität.*

Geschichtlichkeit. Das ist noch nicht, wie beim späteren Sartre, die marxistisch gedeutete Geschichte; Geschichtlichkeit im Sinne Heideggers bezeichnet vielmehr den Umstand, dass man sich stets in einer Situation befindet, die einen durchdringt und das eigene Verhalten, absichtlich oder nicht, zu einem Antwortverhalten macht. Das *In-Sein* ist, nach Heidegger, der Terminus für die nicht hintergehbare Bezogenheit auf eine Situation. Bei Heidegger selbst führt die Analyse dieses *In-Seins* zu bizarren Verschraubungen der Terminologie. Denn jede begriffliche Aussage muss vermeiden, in die so naheliegende Trennung von Subjekt und Objekt, von Ich und Welt zurückzufallen. So entstehen bei ihm Bindestrich-Wortungetüme, welche die Strukturen in ihrem unzerreißbaren Zusammenhang bezeichnen sollen, etwa *In-der-Welt-sein, Mit-sein-mit-anderen, Sich-vorweg-sein* oder gar: *Sich-vorweg-schon-sein in (einer Welt) als Sein-bei (innerweltlich begegnendem Seienden)*. Eine solche an unfreiwillige Selbstparodie grenzende Terminologie versucht dem Umstand gerecht zu werden, dass man sich zusammen mit anderen immer schon in einer geschichtlichen Situation mit ihren Erfahrungen und Sorgen vorfindet, und zwar derart, dass der Einzelne sich selbst missversteht, wenn er sich nicht von dieser kollektiven Situation her versteht. Jeder Versuch eines isolationistischen Selbstverständnisses muss deshalb scheitern. In diesem Sinne reflektiert Sartre über seine Geschichtlichkeit nun auch in dieser Bindestrich-Form. Er nennt im Rückblick die Zwischenkriegsjahre ein *Sein-zum-Krieg,* das er nicht voll begriffen habe, weil er damals den Krieg am Horizont nicht habe denken und erfahren können, obwohl er doch zu seiner Situation gehörte. Eine *Haltung der Unauthentizität* nennt er das in einem Brief an Simone de Beauvoir vom 26. Oktober 1939. *Ich verschleierte ihn* (den Krieg) *und sah nicht, daß unsere Epoche (1918–1939) ihren Sinn (insgesamt wie in den kleinsten Details) aus nichts anderem bezog als aus einem Sein-zum-Krieg. So habe ich offenbar wider meinen Willen und ohne es zu wissen, zwanzig Jahre lang tief in meiner Natur ein unauthentisches Sein-zum-Krieg gehabt.*

Hier verknüpft Sartre also das Thema der *Geschichtlichkeit* mit dem der *Authentizität.* Authentisch wäre man, würde man sich im vollen Sinne auf der Höhe der Situation befinden. Das ist nicht nur ein Problem der mangelnden Erkenntnis, sondern ein Problem der Intention. Man muss sich für die eigene Situation überhaupt erst öffnen, man muss sich selbst auf die Situation hin *transzendieren.* Daran hat es gefehlt, stellt er selbstkritisch fest. Er hat sich mit einem *Stoizismus* begnügt, der ihn gegen die politisch-gesellschaftliche Wirklichkeit abschirmte und ihm erlaubte, seine Einzelheit zu kultivieren.

Und welches ist jetzt seine *Situation?* Inzwischen hat der Krieg zwar begonnen, aber er ist irgendwie doch noch nicht da. Sartre fühlt sich zwar aus seinem bisherigen Leben herausgerissen und geworfen unter die *Hosenscheißer und Schlawiner,* mit denen er sonst nichts zu tun gehabt hätte; man hat ihn in eine Uniform gesteckt, nagelt ihn an bestimmte Orte fest, er muss seine Wetterballons aufsteigen lassen und bleibt ansonsten sich selbst überlassen. Das ist jetzt seine Situation. *Ich bin mitten in einer soldatischen Welt,* schreibt er am 13. September 1939 an Simone de Beauvoir, *aber die Welt des Krieges ahne ich nur.*

Was heißt es nun in dieser Situation, die Haltung der *Authentizität* einnehmen?

Der Akt des Tagebuchschreibens ist ein Teil der Antwort. Authentizität heißt ja – sich selbst nicht zu verleugnen. Was aber ist sein Selbst? So genau weiß er es nicht. Nur so viel ist gewiss: Der Wunsch zu schreiben gehört dazu. Im Tagebuch notiert er: *Ich bin an meinen Wunsch zu schreiben gefesselt. Sogar im Krieg falle ich wieder auf die Füße, weil ich sofort aufschreibe, was ich fühle und sehe.* Doch zur Aufrichtigkeit genügt das noch nicht. Man muss auch überprüfen, was man mit seinen Gefühlen anfängt. *Es stimmt, ich bin nicht authentisch. Bei allem, was ich fühle, weiß ich, noch bevor ich es fühle, daß ich es fühle. Und dann fühle ich es nur noch halb, vollauf damit beschäftigt, es zu definieren und zu denken ... und dann lege ich es in Wörtern dar, ich drücke ein bißchen hier, übertreibe ein bißchen dort, und schon ist ein vorbildliches Gefühl konstruiert, das sich in einem gebundenen Buch unterbringen läßt.* Aufrichtigkeit ist also erst erreicht mit dem Eingeständnis, dass die Reflexion sie untergräbt, *diese ständige, reflexive Aufspaltung, diese lüsterne Hast, aus mir selbst Nutzen zu ziehen, dieser Blick.*

Solche *Aufspaltung* hängt unvermeidlich mit der Freiheit zusammen, mit dem *Für-sich;* und da diese reflexive Unruhe auch anstrengend sein kann, sehnt man sich bisweilen danach, in die Ruhe des determinierten *An-sich* überzugehen, was nichts anderes bedeutet, als die Freiheit, die man hat, zu verleugnen. Genau das nun ist für Sartre der Kern der Unaufrichtigkeit: Man tut sich selbst und den anderen gegenüber so, als könnte man nicht anders, als sei alles determiniert. Die Freiheit *dankt ab, sie macht sich zum Ding, aber sie realisiert selbst diese Abdankung.* Das geschieht besonders dann, wenn es gilt, für ein Handeln Verantwortung zu übernehmen. Dann behandelt man sein eigenes Handeln wie ein notwendiges, unvermeidliches Geschehen. Man wird also unaufrichtig, wenn man die eigene Freiheit vor sich selbst und vor den anderen verbirgt und das eigene Handeln als ein Geschehen erscheinen lässt, für das man nicht verantwortlich ist.

Im Tagebuch bereitet Sartre diesen zentralen Gedankengang vor, der dann in »Das Sein und das Nichts«, vor allem im Kapitel über die Unaufrichtigkeit, subtil entfaltet wird. Dort zeigt er dann, wie solche Unaufrichtigkeit eine Art Selbstverdinglichung ist und mit der inneren Zeiterfahrung zusammenhängt. Ich verhalte mich nämlich bei der Unaufrichtigkeit zu mir selbst wie zu einem objektiven, kausalen Geschehen in der Zeit und verhülle mir, dass beim Handeln, im Unterschied zum Geschehen, die eigene Initiative sich zwischen das Früher und Später schiebt. Das Spätere ist dann eben nicht einfach eine kausale, kontinuierliche Folge des Früheren, sondern ist eben auch mitbestimmt von dieser diskontinuierlichen Initiative. Und genau das möchte die Unaufrichtigkeit nicht wahrhaben. Man will, besonders im ungünstigen Fall, wie ein fallender Stein sein.

Das gilt für den Einzelnen in seiner eigenen Geschichte, das gilt aber auch für das Kollektivgeschehen. Ein erheblicher Teil der historischen Kausalitäten ist ja nichts anderes als die Resultante des Gewimmels von vielen sich überkreuzenden Einzel-Initiativen. In diesem Sinne fragt sich Sartre im Tagebuch, welchen Anteil er denn selbst daran habe, dass es zum Krieg hat kommen können, und verweist auf seine politische Sorglosigkeit der Vorkriegszeit. *Man hat nie eine Entschuldigung,* schreibt er, das Bewusstsein aber versucht ständig, sich auf irgendwelche *Faktizitäten* hinauszureden. Auch die weitere Entwicklung des Krieges, der jetzt begonnen hat, wird von ihm selbst mitentschieden. *Gewiß ist es die Faktizität, die bewirkt, daß ich in den Krieg geworfen bin. Aber was der Krieg für mich sein wird, welches Gesicht er mir enthüllen wird, was ich selbst im Krieg und für den Krieg sein werde, das alles werde ich aus freien Stücken sein, und ich bin verantwortlich dafür.*

Das schreibt Sartre in einem Krieg, der noch gar nicht richtig zu spüren ist. Deshalb denkt er, auf gut phänomenologische Weise, in seinem Tagebuch auch darüber nach, wie das Abwesende eine Form der Anwesenheit ist. Seine drei Gefährten tolerieren es inzwischen, wenn Sartre, ungewaschen und einen strengen Geruch verbreitend, von früh bis spät über seinem Tagebuch hockt, ganz in sich vertieft und, wie eben auch der Krieg selbst, abwesend anwesend ist.

In dieser eigentümlichen Zurückgezogenheit in aller Öffentlichkeit, denn er bleibt immer sichtbar und ansprechbar, erklärt Sartre in seinem Tagebuch, dass er sein Leben *ändern* wolle. *Verstanden habe ich, daß die Freiheit … eine tiefe Verwurzelung in der Welt voraus(setzt) … Aber das ist leichter gesagt als getan, wenn man vierunddreißig Jahre alt ist, wenn man von allem abgeschnitten und ein Luftgewächs ist. Alles, was ich im Augenblick tun kann, ist, diese Freiheit in der Luft zu kritisieren, die ich mir beharrlich verschafft habe, und an dem Grundsatz festzuhalten, daß man sich verwurzeln muß … Man muß aus Lehm sein, und ich bin aus Wind.*

Das schreibt Sartre im März 1940. Im Juni greift die deutsche Armee an. Ohne in wirkliche Kriegshandlungen verwickelt gewesen zu sein, geraten die Truppenverbände im nördlichen Elsass in Kriegsgefangenschaft. Die nächsten Monate verbringt Sartre in der sogenannten Künstlerbaracke eines Kriegsgefangenenlagers in der Nähe von Trier, auf einer Anhöhe, von der aus man hinunterblickt auf die Menschen, die unten im Tal ihrer Freiheit nachgehen.

Jene *Metamorphose* setzt sich fort, die in den Monaten des *drole de guerre* begonnen hatte. Jetzt lebt er in der Baracke, zusammengepfercht mit seinen Kameraden. Im Rückblick nennt er das Gefangenenleben einen *traurigen Sozialismus,* aber immerhin, setzt er hinzu, war es ein *kollektives Leben, eine Gemeinschaft.* Kein Geld, zugeteiltes Essen, kein Ausgang, und doch: *man konnte annehmen, daß ein Leben, das nicht das eines Gefangenen wäre, dabei aber gemeinschaftlich bliebe, glücklich sein könnte.* Kein Zweifel, Sartre war, wie er es selbst eingestand, *umgeprägt worden.*

Im März 1941 gelingt ihm die Flucht. Zurückgekehrt in das von den Deutschen besetzte Paris, wundert er sich über die Leute im Café, die so große *Abstände* zueinander halten. *Das erschien mir wie verlorener Raum.*

Simone de Beauvoir erkennt ihren Sartre kaum wieder. Die Unterhaltung am ersten gemeinsamen Abend schildert sie so: *Was mich aus der Fassung brachte, war die Starrheit seines Moralismus. Trieb ich Schwarzhandel? Ich kaufte dann und wann ein wenig Tee. Schon zu viel, sagte er. Ich hätte die Erklärung, daß ich weder Freimaurer noch Jüdin sei, nicht unterschreiben dürfen. Sartre hatte zu allen Zeiten seinen Ideen, seiner Billigung und seiner Mißbilligung unumwunden Ausdruck gegeben, in seinen Gesprächen und seinem Verhalten; aber nie hatte er universelle Maximen aufgestellt … An diesem ersten Abend überraschte er mich noch mit einer anderen Eröffnung. Wenn er nach Paris zurückgekommen war, so nicht, um die Süße der Freiheit zu genießen, sondern um zu handeln. Wie? Fragte ich ihn verblüfft. Wir waren so isoliert, so machtlos! Eben darum, sagte er, man müsse diese Isolierung durchbrechen, sich zusammenschließen, den Widerstand organisieren.*

Sartre hatte sich entschlossen, damit aufzuhören, nur *Wind* zu sein.

KAPITEL 16

Ernst Jünger. Der Einzelne als Stoßtruppführer und Waldgänger

Während Jean-Paul Sartre als einfacher Soldat im nördlichen Elsass die Wetterballons aufsteigen ließ, war am gegenüberliegenden Frontabschnitt in der Nähe von Baden-Baden Ernst Jünger als Hauptmann einer Kompanie im Einsatz.

Er hatte in Kirchhorst bei Hannover am 26. August 1939, gerade als er *behaglich im Herodot studierte*, den Mobilmachungsbefehl erhalten und konnte gerade noch die Korrekturarbeiten des Romans »Auf den Marmorklippen« abschließen, ehe er sich mit seiner Einheit in Richtung »Westwall« am Oberrhein in Bewegung setzte. *Man muß sich in die Uniform einleben*, notiert der hochdekorierte und dreizehnmal verwundete Offizier des Ersten Weltkriegs im Tagebuch.

Der Roman, den er soeben beendet hatte, brachte in parabolischer Verfremdung die mittlerweile gewachsene Distanz Jüngers zur NS-Herrschaft zum Ausdruck, überraschend für jene, die den Autor der Kriegstagebücher »In Stahlgewittern«, der Epochendeutungen »Die totale Mobilmachung« und »Der Arbeiter« immer noch als Weggefährten der Nationalsozialisten kannten, der er einmal tatsächlich war. Inzwischen war er das nicht mehr, was sich bereits angekündigt hatte, als er 1933 das Angebot ausschlug, sich für die NSDAP in den Reichstag wählen zu lassen, als er die Berufung in die »gesäuberte« Deutsche Akademie der Dichtung ablehnte und der NS-Parteizeitung »Der Völkische Beobachter« untersagte, seine Texte abzudrucken. Auf die Ende

1939 erschienenen »Marmorklippen« nun reagierte die gleichgeschaltete Presse mit Schweigen. Es gab Kräfte in der Partei, die das Buch verbieten wollten. Es war womöglich Hitler selbst, der dies verhinderte, weil er den Helden des Ersten Weltkriegs und Verfasser der »Stahlgewitter« immer noch bewunderte.

Als Jünger die Reinschrift der »Marmorklippen« beendete, notierte er im Tagebuch einen Ausspruch seines Bruders: *Das verbieten sie dir entweder in den ersten vierzehn Tagen oder nie.* Er war sich also bewusst, dass er ein Risiko einging, denn zu deutlich sind im Roman die Anspielungen auf die Welt der Konzentrationslager bei der Schilderung der Schinderhütte von Köppelsbleek, die der »Oberförster«, die Figur des Tyrannen im Roman, hat errichten lassen: *Das sind die Keller, darauf die stolzen Schlösser der Tyrannis sich erheben und über denen man die Wohlgerüche ihrer Feste sich kräuseln sieht: Stankhöhlen grauenhafter Sorte, darinnen auf alle Ewigkeit verworfenes Gelichter sich an der Schändung der Menschenwürde und Menschenfreiheit schauerlich ergötzt.*

Ernst Jünger hatte sich also, als er 1939 zu seinem zweiten Kriegseinsatz aufbrach, deutlich entfernt von Auffassungen, die er etwa 1932, am Vorabend der nationalsozialistischen Machtübernahme, in seiner programmatischen Schrift »Der Arbeiter« entwickelt hatte, wo er über die Zerstörung der Welt bürgerlicher Gerechtigkeit schreibt: *es gehört zu den hohen und grausamen Genüssen unserer Zeit, an dieser Sprengarbeit beteiligt zu sein.* In dieser Schrift hatte er auch höhnisch mit den romantischen Träumen eines hochgetriebenen Individualismus, den er ja bei anderer Gelegenheit durchaus auch zu schätzen wusste, abgerechnet: *Die Empfindungen des Herzens und die Systeme des Geistes sind widerlegbar, während ein Gegenstand unwiderlegbar ist – und ein solcher Gegenstand ist das Maschinengewehr.*

Jetzt notiert er am 27. Mai 1940 im Tagebuch, nachdem er bei Sedan den Spuren der Verwüstung nach dem Vorstoß der Wehrmacht gefolgt war: *Das Ganze ist ein ungeheures Foyer des Todes, dessen Durchschreitung mich gewaltig erschütterte. In einem früheren Abschnitt meiner geistigen*

Entwicklung versenkte ich mich oftmals in Visionen einer völlig ausgestorbenen und menschenleeren Welt, und ich will nicht bestreiten, daß diese dunklen Träumereien mir Genuß bereiteten.

Der Ernst Jünger von 1940 blickt zurück auf den der zwanziger und frühen dreißiger Jahre, auf jemanden, der sich genüsslich vorstellen konnte, wie mit einem einzigen Maschinengewehr eine Schneise von Tod und Verderben geschlagen wird. Das Individuum, der Einzelne zählt dann nichts mehr. Wirklich? Das Gegenteil ist auf perverse Weise auch der Fall: Der Einzelne kann einen ganzen Menschenauflauf, eine ganze Masse in Schach halten. Er muss nur hinter einem Maschinengewehr sitzen, dann ist es mit der Übermacht der größeren Zahl vorbei. Das ist für einen elitären Stoßtruppführer die ultimative Entzauberung der Massengesellschaft. Im Essay »Über den Schmerz« von 1934 schildert er eine solche Urszene des ermächtigten Einzelnen hinter einem Maschinengewehr. *Im März 1921 wohnte ich dem Zusammenstoß einer dreiköpfigen Maschinengewehrbedienung mit einem Demonstrationszug von vielleicht fünftausend Teilnehmern bei, der eine Minute nach dem Feuerbefehl, ohne daß es auch nur einen Verletzten gegeben hätte, von der Bildfläche verschwunden war. Der Anblick hatte etwas Zauberhaftes; er rief jenes Gefühl der Heiterkeit hervor, von dem man bei der Entlarvung eines niederen Dämons ergriffen wird.*

Die Masse wird entzaubert zum *niederen Dämon.* Das gilt jedoch nur für die zerstreute, wuselnde Masse aus lauter Individuen, es gilt nicht für die formierte, in Kolonnen aufmarschierende, hochorganisierte und darum mächtige Masse, für das *Massenkristall* (Canetti); für die nicht formierte und deshalb ohnmächtige Masse findet Jünger ein anderes prägnantes Bild: *Hier werden die Individuen wie Sand zu einem Hügel angehäuft, der auch wie Sand zerrinnt.*

Der militante und von der Technik faszinierte Jünger der zwanziger und frühen dreißiger Jahre schwelgt in futuristisch gesteigerten Bildern der formierten Massengesellschaft. Die Gesellschaft als Maschine, bei der alle Teile – und die Individuen sind nichts anderes – funktionell ineinandergreifen. Eine Vision wie die von Charlie Chaplins »Moderne Zeiten«, allerdings ohne Komik und auch ohne Kritik. Mit kaltem Pathos wird der Zerfallsprozess des Individuums der bürgerlich-liberalen Epoche in der technisierten, totalitären Arbeitsgesellschaft geschildert. Der Einzelne hat darin keine Chance.

Und doch setzt dieses Bild einer in sich geschlossenen, fugenlosen, totalen Herrschaft eine elitäre Außenperspektive voraus, von der aus das Ganze übersehen werden kann. Der Einzelne, der dieses Ganze in den Blick nimmt, gehört im gewissen Sinne also nicht dazu, sonst könnte er es ja nicht so akkurat schildern. Er ist enthalten in dieser Gesellschaft und steht zugleich außerhalb von ihr.

Dieses Zugleich von drinnen und draußen hat Jünger ausdrücklich zum Thema gemacht. Das musste er auch, denn es blieb ihm nicht verborgen, dass er mit der Vision der totalitären Arbeitsgesellschaft auch den eigenen künstlerischen Obsessionen den Prozess macht. Die Kunst will ja eigentlich etwas anderes sein als nur eine nützliche »Arbeit«. Es gibt etwas in der Kunst, das sich dagegen sträubt, funktionalisiert und instrumentalisiert zu werden. Sie will nicht dienen, sondern Selbstzweck sein. Sie will sich nicht vor den Normen der Arbeitsgesellschaft legitimieren müssen. Gleichwohl, Jünger bleibt unerbittlich, auch die Kunst, diese höchste Ausdrucksform von Individualität, wird in den Mahlstrom der nivellierenden Arbeitsgesellschaft hineingerissen werden. Jüngers einzelgängerischer Stolz aber will, dass man wenigstens ein distanziertes Bewusstsein davon hat, was einem da widerfährt. Er nennt es das *zweite Bewußtsein*. Es deutet sich an *in der sich immer schärfer entwickelnden Fähigkeit, sich selbst als Objekt zu sehen,* und es vollendet sich in dem Bestreben, *dem lebendigen Vorgang den Charakter des Präparats zu verleihen.* Die im »Arbeiter«-Essay geschilderte Arbeitsgesellschaft hat genau diesen Charakter eines *Präparats,* das Jünger kühl in Augenschein nimmt.

Eine Welt wird inspiziert mit einem Blick von anderswo. Von wo genau? *Es erhebt sich die Frage, ob diesem zweiten Bewußtsein, das wir so un-*

ermüdlich an der Arbeit sehen, denn auch ein Zentrum gegeben ist, von dem aus sich die wachsende Versteinerung des Lebens in einem tieferen Sinne rechtfertigen läßt.

Dieses Zentrum ist bei Ernst Jünger die Abenteuerlust, die den Schüler einst in die Fremdenlegion trieb, um ins Innere Afrikas, sein Traumland, zu gelangen und die ihn im Ersten Weltkrieg Stoßtruppführer werden ließ, der mit einigen wenigen vorstößt ins gefährliche Gelände, von keiner Masse geschützt, dicht am Feind und geistesgegenwärtig. Seitdem kultivierte Ernst Jünger ein Denken aus doppelter Perspektive, vom Feldherrnhügel herab und aus dem Schützengraben heraus, distanziert und im Handgemenge. Teilnehmende Beobachtung nennt man das.

Was die Teilnahme betrifft: In den zwanziger Jahren unterhielt Jünger Verbindungen zunächst zu Freikorps, dann zu nationalrevolutionären Zellen und Verschwörungen; eine Reminiszenz davon findet sich im »Arbeiter«, wo die Rede ist von der *Technik des politischen Umsturzes, die nicht mehr die Massen auf die Straße zu werfen, sondern sich mit entschlossenen Stoßtrupps der Herz- und Hirnpunkte der Regierungsstädte zu bemächtigen sucht.*

Doch der ehemalige Stoßtruppführer, wie er sich in diesen Passagen zeigt, ist auch der Literat, Dandy, Ästhetizist in der wilden Boheme des Berlins der zwanziger Jahre. Diese Doppelrolle spielt Jünger noch bis zum Zweiten Weltkrieg, wo er in Paris als Offizier der deutschen Besatzungsmacht zugleich den Flaneur und teilnehmenden Beobachter der französischen Kulturszene gab und darüber hinaus Verbindung hielt zu der Verschwörung gegen Hitler.

Nach 1945, als Ernst Jünger zunächst mit einem Publikationsverbot belegt war, ließ er hektographierte »Briefe an die Freunde« kursieren. Darin unterscheidet er, fast wie ein Evangelist, die Phasen seines Schaffens: *Das Verhältnis von Schriften wie etwa der »Totalen Mobilmachung« oder »Der Arbeiter« zu anderen wie »Gärten und Straßen« gleicht dem von Altem und Neuem Testament.*

Die Darstellung des totalen Kollektivs, des stählernen Gehäuses der mobilisierten Arbeitsgesellschaft war offenbar *Altes Testament*. »Der Waldgang«, erschienen 1951, ist demgegenüber *Neues Testament*. Hier steht im Mittelpunkt die Gestalt des Einzelnen, der sich einer ganzen Welt entgegenstellt, der ihre Zumutungen nicht in sein Inneres dringen lässt; er ist zwar noch eine Art Stoßtruppführer, der aber nun den Vorstoß ins eigene Selbst wagt, das er in seinen Besitz bringen will. Dies aber nicht nur als bloße Selbstbehauptung, sondern um durch ein vertieftes Selbstverhältnis Fühlung zu Daseinsmächten zu bekommen, die ins Kosmische oder gar Transzendente reichen. Im Lebensentwurf des »Waldgangs« ist zwar noch einmal die Welt des totalen Kollektivs, wie sie im »Arbeiter« dargestellt wurde, präsent, nun aber als Gegenlager. Der Einzelne wird zur Gegenmacht, sofern er seinen letztlich religiös gedeuteten Glutkern bewahrt. Für den Ernst Jünger der Nachkriegszeit gelten also zwei Postulate: existentiell sein und ins Transzendente hinausdenken.

Jünger war nach 1949 von Kirchhorst nach Ravensburg und dann nach Wilflingen in Oberschwaben umgezogen, auch weil er in der französischen Besatzungszone, anders als in der englischen, wieder publizieren durfte. In Wilflingen wohnte er in dem Gebäude der alten Oberförsterei, das ihm die Stauffenbergs überlassen hatten. Anfangs war er noch nicht so häufig auf Reisen wie später. Er begann seinen Tag mit einem kalten Wannenbad, dann ausführliche Gespräche beim Frühstück mit seiner Frau, er schrieb vormittags, arbeitete nachmittags im Garten und widmete sich danach seiner Käfersammlung oder den Herbarien, dazwischen ausgedehnte Spaziergänge, abends Gespräche beim Wein, zu Hause oder auch häufig im Gasthaus, Lektüre bis tief in die Nacht, er nannte sich einen *Langstreckenleser*.

Er führte also ein recht geruhsames Leben in einer dörflichen Welt, doch kein einsames, denn es gab viele Besucher, die bei ihm vorsprachen. Einer von ihnen, Golo Mann, hat seine Eindrücke aus der Zeit des »Waldgangs« in einem Brief an Joseph Breitbach geschildert: *Er ist arm. Arm nicht bloss im irdischen Sinn, obwohl ich fürchte, er ist auch das: und es hat bei so stolzen Propheten immer etwas Klägliches, wenn sie finanzielle Sorgen haben: denn sie können doch nichts Rechtes dazu tun – in seinem Fall zum Beispiel nicht für die Gazetten schreiben. Aber er ist auch geistig ein überaus leidensfähiger, abgespaltener, im Wein Kontakt mit anderen Seelen suchender und doch nicht findender Bursche. Zu uns war er sehr nett, nach fünf Minuten preussischen Schnarrens, ich unterhielt mich mit ihm viele Stunden und über sieben Flaschen Wein … Man könnte nicht unmanirierter und ehrlicher sein, als er, persönlich, ist: mit seinen Schriften ist es etwas anderes. Den »Arbeiter« zurückzunehmen, ist er zu hochmütig, er bringt es nicht fertig. Soll man ihn tadeln, wenn ein Grösserer, nämlich Thomas Mann, es auch nie fertig brachte, seine »Betrachtungen« zurückzunehmen? So ist das Schriftsteller-Gesindel nun einmal. Kurzum, ich mag ihn gern, … obwohl ich weiss, dass er einmal ein grosser Verbrecher war, auch jetzt von dem Hochmutsteufel nicht ganz lassen kann. In dem »Waldgang« stehen doch auch ganz schöne Sachen, oder nicht?*

Der »Waldgang« also als eine Art Wiedergutmachung für den »Arbeiter«. So hat es jedenfalls Golo Mann gesehen.

Im »Arbeiter« hatte Jünger eine geschlossene *Werkstättenwelt* geschildert, worin die selbstzweckhafte Steigerung des Arbeitsvermögens der einzige Lebenssinn ist. Durch Arbeit ist man in die *organische Konstruktion* des gesellschaftlichen Gesamtorganismus integriert, und es gibt keinen Sinn jenseits dieses Organismus. Hier bedeutet der Einzelne für sich selbst nichts, aber alles für das Ganze, dem er sich eingliedert.

Im »Waldgang« nun die Wende. Der Waldgänger tritt aus der *organischen Konstruktion* heraus und stellt sich dem gesellschaftlichen Ganzen gegenüber. Jetzt aber geht es nicht nur darum, mit dem sogenannten *zweiten Bewußtsein* distanziert das Ganze in den Blick zu nehmen, sondern ihm auch praktisch zu widerstehen. *Waldgänger ist also jener, der ein ursprüngliches Verhältnis zur Freiheit besitzt, das sich, zeitlich gesehen, darin äußert, daß er dem Automatismus sich zu wider-*

setzen und dessen ethische Konsequenzen, den Fatalismus, nicht zu ziehen gedenkt.

Der Wald als Metapher. Er bedeutet, erstens, den für die gesellschaftlichen Mächte undurchdringlichen Aspekt der individuellen Innenwelt. Zweitens ein Versteck, aus dem heraus die Freiheit ihre Vorstöße unternimmt. Und drittens bedeutet er den innerlichen Ort, wo erfahren werden kann, was den Nihilismus der totalen Arbeitsgesellschaft überwinden kann: das Göttliche, in welcher Gestalt auch immer.

Der Waldgänger ist also derjenige, der seine Undurchdringlichkeit bewahrt, seine Freiheit nutzt und sich für Transzendenz öffnet. Der Waldgang führt zur Einsicht: *Der Reichtum des Menschen ist unendlich größer, als er ahnt. Es ist ein Reichtum, den niemand rauben kann und der im Laufe der Zeiten auch immer wieder sichtbar anflutet, vor allem, wenn der Schmerz die Tiefe aufgegraben hat.*

Von welcher Art ist aber nun, um 1950 herum, das gesellschaftliche Ganze, dem der Waldgänger sich entgegensetzt? Selbstverständlich ist die Erinnerung an das eben besiegte und zusammengebrochene totalitäre System des Nationalsozialismus noch höchst präsent, und manche Passagen, wenn etwa vom tödlichen Risiko des Widerspruchs und der Abweichung die Rede ist, scheinen auf diese Vergangenheit hinzudeuten – oder aber auf die Gegenwart des totalitären Ostblocks.

Doch die unmittelbare Gegenwart der noch jungen Bundesrepublik mit ihren neu gebildeten demokratischen Strukturen kommt, wie es scheint, nicht in den Blick. Stattdessen ist von der *nihilistischen Unterwühlung des Seins* die Rede, was sich nun allerdings nicht auf den historischen Augenblick, sondern auf die ganze Epoche seit dem späten 19. Jahrhundert bezieht.

Es ist dieselbe Diagnose, die Nietzsche seinem Zeitalter gestellt hat: *die Wüste wächst.* Entwertung der Werte, Reduktion des Menschen auf seine biologische, gesellschaftliche und ökonomische Funktion, ebendas, was seither »Nihilismus« genannt wird und sich nur unzureichend mit einer spezifischen Gesellschaftsanalyse oder einem genauen

Porträt einer Lebenswelt fassen lässt. Es ist, bei Nietzsche, die Geschichte einer Entleerung, eines Verrinnens, eines unmerklichen Substanzverlustes.

Daran also knüpft Jünger ausdrücklich an. *Ein Mensch, der, wenn auch nicht in der Wüste, so doch in einer verkümmerten Zone, wie etwa einer Industriestadt, sich fristet und dem auch nur ein Schimmer, ein Hauch der ungeheuren Macht des Seins vermittelt wird, ein solcher Mensch beginnt zu ahnen, daß ihm etwas fehlt. Das ist die Vorbedingung dafür, daß er auf die Suche geht.*

Wer sich so auf die Suche macht, ist ein Waldgänger. In seinem *inneren Wald* hat ihn die Ahnung von etwas ganz anderem berührt. Doch auch bei dem milde gewordenen Ernst Jünger bricht gelegentlich wieder der Stoßtruppführer durch, dann erscheint der Waldgänger als militanter Partisan. Der ist dann nicht nur vom ungreifbaren Nichts bedroht, sondern hat wieder einen richtigen Feind. *Er führt den kleinen Krieg entlang der Schienenstränge und Nachschubstraßen, bedroht die Brücken, Kabel und Depots … Er verbreitet eine ständige Unruhe, erregt nächtliche Paniken.*

Das Bild des Waldgängers changiert zwischen Gottsucher und Partisan, wie auch die Gesellschaft mal totalitär und mal bloß konformistisch erscheint.

Doch bei alledem hält sich im »Waldgang« eine Idee durch, die vielfach variiert wird: Es geht um die *Seinsverdichtung,* die dann erfahren wird, wenn jemand sich entschließt, *aus der Statistik herauszutreten* und seine unverwechselbare eigene Existenz zu ergreifen. Dabei entscheidet sich dann, *ob er sein So-Sein höher als sein Da-Sein schätzt.*

Das beschreibt ganz gut, worum es eigentlich geht beim Versuch, ein Einzelner zu sein.

SCHLUSSBETRACHTUNG

Es gibt so viele Arten, die Einzelheit zu erfahren, sie ausdrücklich zu bedenken und etwas daraus zu machen. Vorgestellt wurden hier einige, die zu denken geben.

Luther und Kierkegaard bahnten sich durch das gesellschaftliche Gestrüpp einen Weg zu sich selbst, um von dort aus eine besondere, eine persönlich gewendete Gotteserfahrung machen zu können. Sie selbst würden es allerdings umgekehrt sehen: Gott erst hat sie in ihrer Einzelheit angesprochen und hervorgerufen.

Andere, wie Montaigne oder auch Diderot, brauchen das *Hinterstübchen,* den Rückzug in ihre Einzelexistenz, um in einer Art Selbstgespräch den gesellschaftlichen Fixierungen zu entkommen. Sie nehmen die Vereinzelung nicht als Pforte zum Erhabenen, sondern zur freien geistigen Beweglichkeit. Wer auf diese Weise sich seinen Gedanken und Gefühlen überlässt, braucht nicht die Gegnerschaft zur Gesellschaft, verspürt auch nicht den Drang, sie zu missionieren; sehr wohl aber achtet er darauf, das Eigene zu bewahren und zu verteidigen gegen die Zumutungen einer nivellierenden Vergesellschaftung. Die Logik des Allgemeinen ergänzen sie durch eine Logik des Besonderen.

Das Misstrauen gegen die Gesellschaft und das Gefühl, von ihr um das Beste innerlich betrogen zu werden, kann überhandnehmen und in einer trotzigen Gegenreaktion schöpferisch werden – als fundamentale Gesellschaftskritik und als alternativer Gesellschaftsentwurf, wie bei Rousseau, als Vision der anarchischen Auflösung der Gesellschaft, wie bei Stirner; oder solches Misstrauen veranlasst, wie bei Thoreau, eine praktische Experimentalanordnung, in der überprüft wird, wie sich in der Vereinzelung das Verhältnis zu sich selbst, zur Gesellschaft und Natur verändert.

Das Bestehen auf der Einzelheit, ohne freilich sich mit der Gesellschaft insgesamt zu verfeinden, hat in der Idee des *individuellen Gesetzes* Ausdruck gefunden, das bei Stefan George ästhetisch gelebt und von Simmel moralphilosophisch formuliert wurde. Es berührt sich mit einer älteren Tradition, die seit den Tagen des Sokrates als Folgsamkeit dem eigenen *inneren Dämon* gegenüber gedeutet wird. Max Weber und Ricarda Huch haben daran erinnert, um ein Gegengewicht zu finden zur unvermeidlichen gesellschaftlichen *Rationalisierung* (Weber) oder zur allgemeinen *Entpersönlichung* (Huch).

Das sogenannte *Zeitalter der Massen* in der Moderne hat als Gegenbewegung zu einem erneuerten Nachdenken über die *Existenz* des Einzelnen geführt. Ausgangspunkt ist dabei die Erfahrung, dass die gesellschaftlichen Verstrickungen, auch die geistigen, mittlerweile so engmaschig sind, dass man eher das Gefühl hat, gelebt zu werden statt selbst zu leben. Ausgehend von diesem Unbehagen erkundet die Existenzphilosophie in ihren verschiedenen Varianten, was da geschieht und wohin man eigentlich kommt, wenn man die eigene Existenz sucht und versucht, aus ihr heraus zu leben. Die existenzphilosophisch als gesteigerte Intensität verstandene *Existenz* kann ein Versprechen enthalten auf *Transzendenz* (Jaspers), auf *Eigentlichkeit* (Heidegger), auf das *Anfangenkönnen* (Arendt), auf die *Freiheit* (Sartre) oder auf *Seinsverdichtung* (Jünger).

Gemeinsam ist die Überzeugung, dass zum Existenzgefühl gehört, sein *So-Sein höher als sein Da-Sein* zu schätzen. Man erfährt sich zwar als Teil eines Ganzen. Doch das genügt nicht. Man will genau das, was einen unterscheidet, erfahren, festhalten und entwickeln. Zwar ist man in die Welt *geworfen* (Heidegger), doch ist man frei genug, sich selbst zu *entwerfen* (Sartre).

Der Existentialismus war der Versuch, den Einzelnen zu ermuntern, zum Schicksal für sich selbst zu werden. Das war gewiss ein Höhepunkt des individualistischen Denkens im 20. Jahrhundert. Als Zeitgenossen der kollektiven Katastrophen dieses Jahrhunderts waren die Existentialisten inspiriert vom Geist des »trotz allem«. Auf den Einzelnen kommt es an, auch wenn sonst wenig dafür spricht.

Mit dem Existentialismus scheint es vorbei zu sein, aber wohl nicht mit der Wertschätzung des Individuellen. Man spricht mit Blick auf die Gegenwart des Westens sogar von der *Gesellschaft der Singularitäten* (Reckwitz).

Gewiss, in der Arbeitswelt nehmen die anspruchsvollen, die sogenannten *singularisierten* Arbeitsformen zu, die mehr individuelle Selbstverwirklichung versprechen; eine vergleichbare Entwicklung vollzieht sich auch in der Konsumsphäre, wo mittlerweile datengestützt Angebote passgenau zugeschnitten werden auf den Einzelnen, der sich deshalb »gemeint« fühlen kann, wie es überhaupt dort eine solche Mannigfaltigkeit gibt, die jedem noch so individuellen Wunsch etwas Passendes zu bieten scheint; mit den neuen Kommunikationsmedien entstehen unübersehbar viele Bühnen für individuelle Selbstdarstellungen, die Beifall im Netz suchen – eine paradoxe Verbindung von Singularisierung und Schwarmverhalten.

Die digitale Kommunikation, die einerseits solche *Singularisierungen* begünstigt, verstärkt zugleich den Konformismus, und zwar als Folge des *Vergleichszwangs in einer nie zuvor dagewesenen Systematik und Intensität.*

Dieser *Vergleichszwang* begünstigt zwar Wettbewerb und Konkurrenz und damit das Streben nach überbietender Originalität, doch es entstehen eben auch neue Anpassungszwänge. Der Vergleichshorizont weitet sich, und es wird immer schwieriger, für sich selbst Maßstäbe und Orientierungen zu finden. In Anbetracht der vielen Möglichkeiten und Angebote ist das Eigene, was immer es bedeuten mag, in Gefahr, entwertet zu werden. Und so schließt man sich eben einer Kohorte an und übernimmt die dort maßgeblichen Standards beim Lebensstil, bei Meinungen und Überzeugungen.

Was für die Wirklichkeitswahrnehmung überhaupt gilt, macht sich auch hier bemerkbar: die kommunikationstechnische Ent-Fernung der Entfernung. Die »Welt« wird zum simultanen Ganzen; was dort geschieht, kann hier gleichzeitig in Echtzeit wahrgenommen werden, und die Menschen dort in der räumlichen oder sozialen Ferne werden hier im virtuellen Raum zu Vergleichsgrößen. Früher hatte man sich vor allem mit Menschen aus dem eigenen Nahbereich verglichen im Sinne des Vorbildes oder des Gegenbildes oder des Üblichen. Damit ist es vorbei. Die eigene Lebenswelt, aus der man einst Maßstäbe und Orientierung bezog, ist aufgesprengt, und man wird, wenn man nicht aufpasst, von der Gesellschaft in ihrer medialen Präsenz regelrecht überflutet. Das meint nicht nur das dezentrierende Chaos des Mannigfaltigen, sondern umgekehrt auch die konzentrische Einwirkung des quantifizierten *metrischen Wir* (Steffen Mau).

Über der Gesellschaft ist gleichsam ein Beobachtungsschirm aufgespannt, der die anteilsmäßige Entwicklung von Mentalitäten, Gewohnheiten, Meinungen, Vorlieben, Verhalten und so weiter quantifiziert spiegelt. Der Einzelne kann sich dann in diesem vermessenen Gelände des Sozialen verorten. *Das »Wer bin ich?« konvergiert dann mit dem »Wo steh ich?«.*

Man geht zuerst ins Netz und schaut auf den medialen Beobachtungschirm, um dann zur Selbstwahrnehmung zu kommen. Im vordigitalen Zeitalter nannte man das *vermittelte Unmittelbarkeit* (Hegel). Man ist zuerst dort draußen bei den Anderen, ehe man bei sich ist. Im digitalen Zeitalter wächst die Gefahr, dass man auf dem Umweg über die vielen anderen, mit denen man sich unaufhörlich vergleichen kann, verloren geht und gar nicht mehr zu sich selbst zurückkommt, jedenfalls nicht in der »altmodischen« Art des Selbstgefühls und des »Erkenne dich selbst«. Steffen Mau zitiert McClusky, einen prominenten Beobachter dieser Entwicklung: *Wir neigen dazu, unser physisches System als so komplex anzusehen, dass es sich unserem Verständnis entzieht. Aber wir haben von Unternehmen wie Google gelernt, dass es keiner großen*

Theorie bedarf, um Phänomene zu erklären, wenn man nur genügend Daten sammelt. Man kann alles durch Zahlen beobachten. Alles besteht aus Daten. Du bist Deine Daten, und sobald Du diese Daten verstehst, kannst Du auf ihrer Grundlage handeln.

Das mag eine futuristische Übertreibung sein, doch die Tendenz geht wohl in diese Richtung. Noch nie war dem Einzelnen die Gesellschaft so dicht auf den Leib gerückt wie heutzutage und dringt mit ihren digitalen Gespenstern in jeden Winkel der *Seele im technischen Zeitalter* (Gehlen).

Doch trotz allem, die herausfordernde Freiheit, ein Einzelner zu sein, verschwindet nicht, auch wenn sich die Umstände weiter verändern, unter denen sie ergriffen und behauptet werden muss.

Einzeln sein – darum geht es auch in Kafkas Parabel »Vor dem Gesetz«. Dort kommt ein Mann vom Lande vor das Tor des Gesetzes und bittet den Türhüter, eingelassen zu werden. Der Türhüter verwehrt es ihm. Es sei möglich, jetzt aber nicht. Der Mann vom Lande wartet und versucht, wenigstens durch das Tor ins Innere zu schauen. *Wenn es dich so lockt*, sagt der Türhüter lachend, *dann versuche doch, trotz meinem Verbot hineinzugehen. Merke aber. Ich bin mächtig. Und ich bin nur der unterste Türhüter. Von Saal zu Saal stehen aber Türhüter, einer mächtiger als der andere. Schon den Anblick des dritten kann nicht einmal ich ertragen.* Der Mann vom Lande lässt sich einschüchtern und wartet. Ein ganzes Leben lang. Vergeblich. Vor seinem Tod sammelt er noch einmal all seine Erfahrungen und bündelt sie in eine Frage, die er dem Türhüter noch nicht gestellt hat. Alle streben doch nach dem Gesetz, fragt er, wie kommt es aber, dass in den vielen Jahren hier niemand anderes um Einlass verlangt hat. Der Türhüter, um das vergehende Gehör des Mannes noch zu erreichen, beugt sich nieder und brüllt ihm ins Ohr. *Hier konnte niemand sonst Einlass erhalten, denn dieser Eingang war nur für dich bestimmt. Ich gehe jetzt und schließe ihn.*

Es gibt zahllose Deutungen dieser Parabel. Schon im Roman »Der Proceß«, wo ein Geistlicher sie erzählt, wird sie im Gespräch hin und her gewendet, und am Ende heißt es, es sei unmöglich, alle Folgerungen der Geschichte übersehen zu können. *Die einfache Geschichte war unförmlich geworden.*

Eine der unübersehbar vielen Folgerungen könnte die sein: Der Mann vom Lande befindet sich in einem heillosen Missverständnis. Er sucht nach einem allgemeinen Gesetz. Nach einem Gesetz für alle und sitzt doch vor dem eigenen, dem individuellen Gesetz. Er wagt es nicht, einzutreten, und wartet auf die Erlaubnis. Er hätte, dem mächtig scheinenden Türhüter zum Trotz, eintreten müssen, es war sein Eingang. Zu spät, jetzt wird er geschlossen.

Doch wenigstens solange man lebt, ist es nie zu spät für den eigenen Eingang, dafür, ein Einzelner zu sein.

LITERATUR

KAPITEL 1 DIE RENAISSANCE UND DER NEU ERWACHTE SINN FÜR DEN EINZELNEN

Pietro Aretino: Kurtisanengespräche. Hamburg o. J.

Jacob Burckhardt: Die Kultur der Renaissance. Leipzig o. J.

Will Durant: Kulturgeschichte der Menschheit. Band 7: Das hohe Mittelalter und die Frührenaissance. Köln 1985

Will Durant: Kulturgeschichte der Menschheit. Band 8: Glanz und Zerfall der italienischen Renaissance. Köln 1985

Norbert Elias: Die Gesellschaft der Individuen. Frankfurt / M. 2001

Erasmus von Rotterdam: Lob der Torheit. Basel 1975

Leonardo da Vinci: Philosophische Tagebücher. Hamburg 1958

Niccolo Machiavelli: Der Fürst. Frankfurt / M. 1990

Niccolo Machiavelli: Gesammelte Werke in einem Band. Frankfurt / M. o.J.

Giovanni Pico della Mirandola: Über die Würde des Menschen. Leipzig 1940

Andreas Reckwitz: Die Gesellschaft der Singulären. Frankfurt / M. 2017

KAPITEL 2 LUTHER ODER DER EINZELNE UND SEIN GOTT

Will Durant: Kulturgeschichte der Menschheit. Band 9: Das Zeitalter der Reformation. Köln 1985

Erik H. Erikson: Der junge Mann Luther. Frankfurt / M. 2016

Martin Luther. Das große Lesebuch. Herausgegeben von Karl-Heinz Göttert. Frankfurt/M. 2016

Martin Luther: Die reformatorischen Grundschriften in vier Bänden. Neu übertragene und kommentierte Ausgabe von Horst Beintker. München 1983

Heimo Schwilk: Luther. Der Zorn Gottes. München 2017

Vom unfreien Willen. Martin Luther in der Auseinandersetzung mit Erasmus von Rotterdam. Textausgabe herausgegeben von Albrecht Graf von Brandenstein-Zeppelin. Weilheim / Bierbronnen 2015

Willi Winkler: Luther. Ein deutscher Rebell. Berlin 2016

KAPITEL 3 MONTAIGNE. DAS SCHAUKELN DER DINGE UND DIE ZUFLUCHT IM EIGENEN SELBST

Sarah Bakewell: Wie soll ich leben? Oder das Leben Montaignes in einer Frage und zwanzig Antworten. München 2016

Michel de Montaigne: Essais. Erste moderne Gesamtübersetzung von Hans Stilett. Frankfurt / M. 1998

Jean Starobinski: Montaigne. Denken und Existenz. Darmstadt 1986

Hans Stilett: Von der Lust, auf dieser Erde zu leben. Wanderungen durch Montaignes Welten. Frankfurt / M. 2008

KAPITEL 4 ROUSSEAU. DER EINZELNE UND DIE ANGST VOR DER FREIHEIT DER ANDEREN

Jean-Jacques Rousseau: Die Bekenntnisse. München 1978

Jean-Jacques Rousseau: Emile oder Über die Erziehung. Stuttgart 1963

Jean-Jacques Rousseau: Ich sah eine andere Welt. Philosophische Briefe. Herausgegeben von Henning Ritter. München 2012

Jean-Jacques Rousseau: Julie oder Die neue Héloise. München 1978

Jean-Jacques Rousseau: Politische Schriften. Band 1. Paderborn 1977

Jean-Jacques Rousseau: Schriften. Zwei Bände. Herausgegeben von Henning Ritter. München 1978

Rüdiger Safranski: Wieviel Wahrheit braucht der Mensch? München 1990

Robert Spaemann: Mensch oder Bürger. Stuttgart 2008

Jean Starobinski: Rousseau. Eine Welt von Widerständen. München 1988

KAPITEL 5 DIDEROT. DER EINZELNE ALS GESELLIGES GENIE

Philipp Blom: Böse Philosophen. Ein Salon in Paris und das vergessene Erbe der Aufklärung. München 2010

Denis Diderot: Briefe 1742–1781. Ausgewählt und herausgegeben von Hans Hinterhäuser. Frankfurt / M. 1984

Denis Diderot: Philosophische Schriften. Herausgegeben und mit einem Nachwort von Alexander Becker. Frankfurt / M. 2013

Denis Diderot: Rameaus Neffe. Übersetzt von Johann Wolfgang von Goethe. In: Johann Wolfgang von Goethe: Sämtliche Werke nach Epochen seines Schaffens. Münchner Ausgabe, Band 7. München 1993

Will Durant: Kulturgeschichte der Menschheit. Band 14: Das Zeitalter Voltaires. Köln 1985
Johann Wolfgang von Goethe: Sämtliche Werke nach Epochen seines Schaffens. Münchner Ausgabe, Band 14. München 1993

KAPITEL 6 STENDHAL ODER DER EINZELNE MIT STIL

Robert Alter: Stendhal. Eine Biographie. Berlin 1985
Stendhal: Die Kartause von Parma. Neu übersetzt von Elisabeth Edl. München 2007
Stendhal: Leben des Henri Brulard. Zürich 1981
Stendhal: Tagebücher und andere Selbstzeugnisse. Zwei Bände. Berlin (Ost) 1983
Johannes Willms: Stendhal. Biographie. München 2010

KAPITEL 7 KIERKEGAARDS EINZELNER UND DIE ENTDECKUNG DER EXISTENZ

Joakim Garff: Kierkegaard. Biographie. München 2000
Immanuel Kant: Werke in zwölf Bänden. Herausgegeben von Wilhelm Weischedel. Frankfurt / M. 1964
Sören Kierkegaard: Briefe. Ausgewählt, neugeordnet und übersetzt von Emanuel Hirsch. Düsseldorf / Köln 1955
Sören Kierkegaard: Der Augenblick. Eine Zeitschrift. Nördlingen 1988
Sören Kierkegaard: Die Krankheit zum Tode. – Furcht und Zittern – Die Wiederholung – Der Begriff der Angst. München 2005
Sören Kierkegaard: Die Tagebücher. In fünf Bänden. Ausgewählt, neugeordnet und übersetzt von Hayo Gerdes. Düsseldorf / Köln 1962 ff.
Sören Kierkegaard: Entweder – Oder. München 1975
Sören Kierkegaard: Philosophische Brosamen und Unwissenschaftliche Nachschrift. München 1976
Walter Schulz: Fichte / Kierkegaard. Pfullingen 1962

KAPITEL 8 STIRNER. DER EINZELNE, DER SEIN' SACH' AUF NICHTS GESTELLT HAT

Carl Albrecht Bernoulli: Franz Overbeck und Friedrich Nietzsche – eine Freundschaft. Jena 1908
Fjodor M. Dostojewski: Aufzeichnungen aus dem Untergrund. München 1992
Friedrich Albert Lange: Geschichte des Materialismus. Zwei Bände. Frankfurt / M. 1974
Bernd A. Laska: www.anarchismus.at/65-bernd-laska-max-stirner
John Henry Mackay: Max Stirner. Sein Leben und sein Werk. Freiburg 1977 (Reprint)
Friedrich Nietzsche: Werke in drei Bänden. Herausgegeben von Karl Schlechta. München 1954
Max Stirner: Der Einzige und sein Eigentum. Ausführlich kommentierte Studienausgabe. Herausgegeben von Bernd Kast. Freiburg / München 2016

KAPITEL 9 THOREAU. RÜCKZUG UND VEREINZELUNG ALS EXPERIMENT

Denken mit Henry David Thoreau. Ausgewählt von Philipp Wolff-Windegg. Zürich 2017
Ralph Waldo Emerson: Natur. Schaffhausen 1981
Frank Schäfer: Henry David Thoreau. Waldgänger und Rebell. Frankfurt / M. 2017
Henry David Thoreau: Tagebücher I–IV. Berlin 2015
Henry David Thoreau: Vom Ungehorsam gegen den Staat. Köln 2010
Henry David Thoreau: Walden oder das Leben in den Wäldern. Zürich 1979

KAPITEL 10 STEFAN GEORGE UND GEORG SIMMELS INDIVIDUELLES GESETZ, MAX WEBERS INNERER DÄMON

Robert Boehringer: Mein Bild von Stefan George. München / Düsseldorf 1951
Briefwechsel zwischen George und Hofmannsthal. Herausgegeben von Robert Boehringer. München / Düsseldorf 1953
Claude David: Stefan George. Sein dichterisches Werk. München 1967
Stefan George: Werke. Ausgabe in vier Bänden. München 1983
Johann Wolfgang von Goethe: Sämtliche Werke nach Epochen seines Schaffens. Münchner Ausgabe, Band 12. München 1989
Karl Jaspers: Max Weber. München 1988
Thomas Karlauf: Stefan George. Die Entdeckung des Charisma. München 2007
Jürgen Kaube: Max Weber. Ein Leben zwischen den Epochen. Berlin 2014
Edith Landmann: Gespräche mit Stefan George. Düsseldorf / München 1963
Hans Peter Müller (Hg.): Simmel-Handbuch. Frankfurt / M. 2018

Franz Schonauer: Stefan George. Reinbek 2000
Friedrich Wolters: Stefan George und die Blätter für die Kunst. München 1930
Georg Simmel: Gesamtausgabe. Band 7. Frankfurt / M. 1995
Georg Simmel: Gesamtausgabe. Band 16. Frankfurt / M. 1995
Georg Simmel: Goethe. Leipzig 1923
Georg Simmel: Philosophische Kultur. Gesammelte Essais. (1923) Berlin 1983
Max Weber: Soziologie, weltgeschichtliche Analysen, Politik. Herausgegeben von Johannes Winkelmann. Stuttgart 1964

KAPITEL 11 RICARDA HUCHS GLAUBE UND DIE KRITIK DER ENTPERSÖNLICHUNG

Marie Baum: Leuchtende Spur. Das Leben Ricarda Huchs. Tübingen 1950
Ricarda Huch: Deutsche Geschichte. Band I Römisches Reich Deutscher Nation. (1934) Zürich 1996
Ricarda Huch: Die Romantik. Ausbreitung, Blütezeit und Verfall. Tübingen 1979
Ricarda Huch: Entpersönlichung. Leipzig 1921
Ricarda Huch: Erinnerungen an das Leben. Berlin 1982
Ricarda Huch. Gesammelte Werke, Band 1. Köln 1966
Ricarda Huch: Luthers Glaube. (1919) Leipzig 1946
Ricarda Huch: Michael Bakunin und die Anarchie. (1923) Frankfurt / M. 1972
Cordula Koepcke: Ricarda Huch, ihr Leben und ihr Werk. Frankfurt / M. 1996

KAPITEL 12
IM SCHATTEN DES ZEITALTERS DER MASSEN

Hermann Broch: Die Verzauberung. Frankfurt / M. 1976
Hermann Broch: Massenwahntheorie. Frankfurt / M. 1979
Hermann Broch: Tod des Vergil. Darmstadt 1961
Elias Canetti: Das Augenspiel. Lebensgeschichte 1931–1937. Werke, Band IX. München 1980
Elias Canetti: Die Blendung. Werke, Band I. Wien 1936
Elias Canetti: Die Fackel im Ohr. Lebensgeschichte 1921–1931. Werke, Band VIII. München 1980
Elias Canetti: Liebhaber ohne Adresse. Briefwechsel 1942–1992 (mit Marie-Louise von Motesiczky). München 2011
Elias Canetti: Masse und Macht. Werke, Band III. München 1994
Sigmund Freud: Massenpsychologie und Ich-Analyse. In: Studienausgabe. Band IX. Frankfurt / M. 1974
Adolf Hitler: Mein Kampf. Kritische Edition. Berlin / München 2016

Gustave Le Bon: Psychologie der Massen. Leipzig 1934
Paul Michael Lützeler: Hermann Broch. Eine Biographie. Frankfurt / M. 1985
Serge Moscovici: Das Zeitalter der Massen. München 1984
Edgar Allan Poe: Der Massenmensch. In: Gesammelte Werke in zehn Bänden. Band 4. Herrsching 1979
David Riesman: Die einsame Masse. Reinbek 1958
Gabriel de Tarde: Die Gesetze der Nachahmung. (1890) Frankfurt / M. 2003

KAPITEL 13 EXISTENZPHILOSOPHIE. JASPERS UND HEIDEGGER

Hannah Arendt / Karl Jaspers: Briefwechsel 1926–1969. München 1985
Gespräch mit Hannah Arendt (Günter Gaus). München / Zürich 1965
Martin Heidegger: Gesamtausgabe. Band 16. Reden und andere Zeugnisse eines Lebensweges. Frankfurt / M. 2000
Martin Heidegger: Gesamtausgabe. Band 56 / 57. Frankfurt / M. 1987
Martin Heidegger: Kant und das Problem der Metaphysik. Frankfurt / M. 1991
Martin Heidegger: Sein und Zeit. (1927) Tübingen 1963
Martin Heidegger / Elisabeth Blochmann: Briefwechsel 1918–1969. Marbach am Neckar 1989
Martin Heidegger / Karl Jaspers: Briefwechsel 1920–1963. Frankfurt / M. / München 1990
Karl Jaspers: Die geistige Situation der Zeit. (1932) Berlin / New York 1979
Karl Jaspers: Notizen zu Martin Heidegger. München / Zürich 1978
Karl Jaspers: Philosophie. Drei Bände (1932) (I. Philosophische Weltorientierung, II. Existenzerhellung, III. Metaphysik). Berlin / Heidelberg / New York 1973
Karl Jaspers: Philosophische Autobiographie. München / Zürich 1984
Hans Saner: Karl Jaspers. Reinbek 1970

KAPITEL 14 HANNAH ARENDT. DAS ANFANGENKÖNNEN UND DAS ZWEI-IN-EINEM

Hannah Arendt: Eichmann in Jerusalem. Ein Bericht von der Banalität des Bösen. München / Zürich 1986
Hannah Arendt: Menschen in finsteren Zeiten. München / Zürich 1968
Hannah Arendt: Rahel Varnhagen: Lebensgeschichte einer deutschen Jüdin aus der Romantik. München 1959
Hannah Arendt: Über das Böse. Eine Vorlesung zu Fragen der Ethik. München / Zürich 2003
Hannah Arendt: Vita activa oder Vom tätigen Leben. München / Zürich 1981
Hannah Arendt: Vom Leben des Geistes. Band 1. Das Denken. München / Zürich 1989

Hannah Arendt: Vom Leben des Geistes. Band 2. Das Wollen. München / Zürich 1989
Gespräch mit Hannah Arendt (Günter Gaus). München / Zürich 1965
Karl Jaspers: Psychologie der Weltanschauungen. Berlin / Göttingen / Heidelberg 1960
Martin Heidegger / Hannah Arendt: Briefe 1925–1975. Frankfurt / M. 1998
Immanuel Kant: Werke in zwölf Bänden. Band 4. Frankfurt / M. 1968
Immanuel Kant: Werke in zwölf Bänden. Band 8. Frankfurt / M. 1968
Immanuel Kant: Werke in zwölf Bänden. Band 12. Frankfurt / M. 1968
Rüdiger Safranski: Ein Meister aus Deutschland. Heidegger und seine Zeit. München 1994

KAPITEL 15 JEAN-PAUL SARTRES WENDE IM KRIEG. VOM INDIVIDUELLEN ZUM ENGAGIERTEN EXISTENTIALISMUS

Simone de Beauvoir: Die Zeremonie des Abschieds. Reinbek 1983
Simone de Beauvoir: In den besten Jahren. Reinbek 1969
Annie Cohen-Solal: Sartre 1905–1980. Reinbek 1988
Sartre über Sartre. Reinbek 1977
Jean-Paul Sartre: Briefe an Simone de Beauvoir. Zwei Bände. Reinbek 2008
Jean-Paul Sartre: Das Sein und das Nichts. Versuch einer phänomenologischen Ontologie. Reinbek 1993
Jean-Paul Sartre: Der Ekel. Reinbek 2004
Jean Paul Sartre: Drei Essays. Berlin 1977
Jean-Paul Sartre: Tagebücher. November 1939 – März 1940. Reinbek 1984
Jean Paul Sartre: Transzendenz des Ego. Philosophische Essays 1931–1939. Reinbek 1982
Bernhard Waldenfels: Phänomenologie in Frankreich. Frankfurt / M. 1983

KAPITEL 16 ERNST JÜNGER. DER EINZELNE ALS STOSSTRUPPFÜHRER UND WALDGÄNGER

Ernst Jünger: Auf den Marmorklippen. Stuttgart 1983
Ernst Jünger: Der Arbeiter. Herrschaft und Gestalt. (1932) Stuttgart 1982
Ernst Jünger: Der Waldgang. (1951) Stuttgart 1980
Ernst Jünger: Sämtliche Werke, Band 7. Stuttgart 1980
Ernst Jünger: Strahlungen. Zwei Bände. München 1995
Golo Mann: Briefe 1932–1992. Göttingen 2006
Martin Meyer: Ernst Jünger. München 1990
Heimo Schwilk: Ernst Jünger. Ein Jahrhundertleben. München / Zürich 2007

SCHLUSSBETRACHTUNG

Steffen Mau: Das metrische Wir: Über die Quantifizierung des Sozialen. Berlin 2017

Andreas Reckwitz: Das Ende der Illusionen. Politik, Ökonomie und Kultur in der Spätmoderne. Berlin 2019

Andreas Reckwitz: Die Gesellschaft der Singularitäten. Zum Strukturwandel der Moderne. Berlin 2017

SONSTIGE LITERATUR

Gernot Böhme: Ich-Selbst. Über die Formation des Subjekts. München 2012

Otto Friedrich Bollnow: Existenzphilosophie. Stuttgart 1955

Martin Buber: Die Frage an den Einzelnen. Berlin 1936

Janine Chasseguet-Smirgel: Das Ich-Ideal. Frankfurt / M. 1981

Gerrit Confurius: Ichzwang – Für eine Psychologie des Individuums. Berlin 2011

Vincent Descombes: Die Rätsel der Identität. Frankfurt / M. 2013

Gisela Dischner: Es wagen, ein Einzelner zu sein. Versuch über Kierkegaard. Bodenheim 1997

Josef Früchtl: Das unverschämte Ich. Frankfurt / M. 2004

Tristan Garcia: Das intensive Leben. Eine moderne Obsession. Frankfurt / M. 2020

Volker Gerhardt: Individualität. Das Element der Welt. München 2000

Heiner Hastedt: Der Wert des Einzelnen. Eine Verteidigung des Individualismus. Frankfurt / M. 1998

Panajotis Kondylis: Der Niedergang der bürgerlichen Denk- und Lebensform. Weinheim 1991

Wolfgang Kraus: Die Wiederkehr des Einzelnen. Rettungsversuche im bürokratischen Zeitalter. München / Zürich 1980

Michael Landmann: Das Ende des Individuums. Anthropologische Skizze. Stuttgart 1971

Odo Marquard: Der Einzelne. Vorlesung zur Existenzphilosophie. Stuttgart 2013

Herman Meyer: Der Sonderling in der deutschen Dichtung. Berlin 1984

Emmanuel Mounier: Einführung in die Existenzphilosophien. Bad Salzig 1949

Max Müller: Existenzphilosophie. Von der Metaphysik zur Metahistorik. Freiburg / München 1986

Rudolf Otto: Das Heilige. Über das Irrationale in der Idee des Göttlichen und sein Verhältnis zum Rationalen. Breslau 1917

Carl Ludwig Schleich: Das Ich und die Dämonien. Berlin 1920

Larry Siedentop: Die Erfindung des Individuums. Der Liberalismus und die westliche Welt. Stuttgart 2015

Lars Svendsen: Philosophie der Einsamkeit. Berlin 2015

NACHWEISE

KAPITEL 1 DIE RENAISSANCE UND DER NEU ERWACHTE SINN FÜR DEN EINZELNEN

12 *Logik des Singulären:* Andreas Reckwitz: Die Gesellschaft der Singulären. Frankfurt / M. 2017, S. 17

12 *Gesellschaft … das Individualisierende*: Norbert Elias: Die Gesellschaft der Individuen. Frankfurt / M. 2001, S. 90

13 *Auf den früheren Stufen … Seite des Ich:* Ebenda, S. 269

13 *Im Mittelalter lagen … und erkennt sich als solches:* Jacob Burckhardt: Die Kultur der Renaissance. Leipzig o. J., S. 76

15 f. *Es gibt Menschen … als volle Latrinen:* Leonardo da Vinci: Philosophische Tagebücher. Hamburg 1958, S. 113

16 *irgendeine Erinnerung … nicht umsonst verfließe …:* Ebenda, S. 117

16 *Wem wird das in zehn Jahrhunderten auffallen?*: Zit. Egon Friedell: Kulturgeschichte der Neuzeit. München 1967, S. 217

17 *Die bildende Kunst … als die Natur hervorbringt*: Leonardo da Vinci: Philosophische Tagebücher, S. 83

18 *Größtes Übel … überragt:* Ebenda, S. 87

18 f. *Ich habe dich … Geistes zu erheben:* Giovanni Pico della Mirandola: Über die Würde des Menschen. Leipzig 1940, S. 50

19 *Groß und wohlgebildet … vom Widerschein des Göttlichen strahlend:* Zit. Will Durant: Kulturgeschichte der Menschheit. Band 7: Das hohe Mittelalter und die Frührenaissance. Köln 1985, S. 381

20 *Schleier … aus Glauben, Kinderbefangenheit und Wahn:* Jacob Burckhardt: Die Kultur der Renaissance, S. 123

21 *Man sagt, daß die Erkenntnis … Erfahrung enden:* Leonardo da Vinci: Philosophische Tagebücher, S. 27

22 *Wird der einen andern lieben, der sich selber hasst?:* Erasmus von Rotterdam: Lob der Torheit. Basel 1975, S. 45

23 *Mir scheint … verwunden und erschlagen …:* Pietro Aretino: Kurtisanengespräche. Hamburg o. J., S. 19

23 *Ich bin wirklich ein furchtbarer Mensch*: Ebenda, S. 5

23 *jenem schmutzigen Brauch … was sie mit Entzücken anschaun:* Ebenda, S. 18

25 *so mich im Gemeinen wälzend … fürchte den Tod nicht mehr:* Niccolo Machiavelli: Der Fürst. Frankfurt / M. 1990, S. 11 / 12

26 *eine zur Erhaltung der Gesellschaft unentbehrliche Sache:* Niccolo Machiavelli: Discorsi (Über den Staat). Frankfurt / M. o. J., S. 54

26 *die demütigen und beschaulichen Menschen … hat das Menschengeschlecht schwach gemacht:* Zit. Will Durant: Kulturgeschichte der Menschheit. Band 8: Glanz und Zerfall der italienischen Renaissance. Köln 1985, S. 325

KAPITEL 2
LUTHER ODER DER EINZELNE UND SEIN GOTT

33 *Ich bin's nit! Ich bin's nit …:* Zit. Erik H. Erikson: Der junge Mann Luther. Frankfurt / M. 2016, S. 31

33 *Je länger wir uns waschen, je unreiner wir werden:* Zit. ebenda, S. 90

38 *Wir sind allesamt zum Tod gefordert …:* Zit. Volker Gerhardt: Individualität. Das Element der Welt. München 2000, S. 13

39 *fleischlich … geistlichen … fleischlichen:* Martin Luther: Die reformatorischen Grundschriften in vier Bänden. Neu übertragene und kommentierte Ausgabe von Horst Beintker. München 1983. Band IV, S. 10

39 *36. Ein jeder Christ … auch ohne Ablaßbriefe gebührt:* Ebenda, Band 1, S. 19

39 *62. Der wahre Schatz … der Gnade Gottes:* Ebenda, S. 21

41 *Sollte es von mir heißen … Tyrannei:* Zit. Will Durant: Kulturgeschichte der Menschheit. Band 9: Das Zeitalter der Reformation. Köln 1985, S. 372

41 *Ein einzelner Klosterbruder… muß unrecht haben:* Zit. ebenda, S. 374

41 *Dann muss das Ganze … aufhören:* Martin Luther. Das große Lesebuch. Herausgegeben von Karl-Heinz Göttert. Frankfurt / M. 2016, S. 227

KAPITEL 3 MONTAIGNE. DAS SCHAUKELN DER DINGE UND DIE ZUFLUCHT IM EIGENEN SELBST

43 *Daher ist es nicht genug … in Besitz zu nehmen:* Michel de Montaigne: Essais. Erste moderne Gesamtübersetzung von Hans Stilett. Frankfurt / M. 1998, S. 125

43 f. *Mir sei hier ein Wort … den allgemeingültigen Glaubenssätzen:* Ebenda, S. 399

44 *allgemeingültige Glaubenssätze … bei lebendigem Leibe verbrennen lassen:* Ebenda, S. 520

45 *Wenn man in mich … weil ich ich war.«:* Ebenda, S. 101

45 *Ich war schon so gewöhnt … jetzt lebte ich nur noch halb:* Ebenda, S. 104

47 *Wir müssen uns ein Hinterstübchen … unseren wichtigsten Zufluchtsort zu machen*: Ebenda, S. 125

47 *Entwinden wir uns … nur mit sich selbst:* Ebenda, S. 126

47 *Im Jahre des Herrn 1571 … ihm noch zu leben bleiben:* Zit. Sarah Bakewell: Wie soll ich leben? Oder das Leben Montaignes in einer Frage und zwanzig Antworten. München 2016, S. 33

48 *Ja, wir schleppen unsere … hiervon erfüllt:* Ebenda, S. 125

48 *Ich schildere nicht das Sein …:* Ebenda, S. 398 r

48 *Wir sind aber … was wir verurteilen:* Ebenda, S. 309

49 *Als ich mich kürzlich … Buch zu führen begonnen habe:* Ebenda, S. 20 l

49 *selbst auf dem höchsten Thron der Welt …:* Ebenda, S. 566 r

49 *Ich meine, es ist barbarischer … tot zu fressen …:* Ebenda, S. 113 l

50 *Solch ins Jenseits entrückte Seelenzustände … schwindelerregende Höhen:* Ebenda, S. 566 l

50 *Mit Zähnen und Klauen … entrissen werden:* Ebenda, S. 128 r

52 *Berauben wir ihn … nicht der Tod persönlich sein?«:* Ebenda, S. 48 l

52 *philosophieren sei nichts anderes …:* Ebenda, S. 45 r

52 f. *In der Tat muß die Vernunft … leben zu lassen:* Ebenda, S. 45 r

53 *Wortspaltereien*: Ebenda, S. 46 l

53 *Gepriesen und dreimal gepriesen … Dran keine Zeit läßt:* Ebenda, S. 52 r

54 *Diese meiner … in gewisser Weise mit ihm:* Ebenda, S. 185 r

54 *Mir schien mein Leben … in den Schlaf hinüber gleitet:* Ebenda, S. 185 r

54 f. *Ich glaube, ebendies … von quälenden Gedanken bedrängt:* Ebenda, S. 185 r

55 *Ich weiß nun … sondern für mich:* Ebenda, S. 187 l

55 *Falls ihr nicht zu sterben versteht … darüber nach:* Ebenda, S. 530 r

55 *ein Tummelplatz für Betrügereien:* Ebenda, S. 115 r

55 *so schweifenden Bewegungen … dunkelsten Winkel:* Ebenda, S. 187 r

56 *Theorien sind gewöhnlich Übereilungen eines ungeduldigen Verstandes:* Aphorismus aus: Johann Wolfgang von Goethe, Maximen und Reflexionen.Sämtliche Werke nach Epochen seines Schaffens. Münchner Ausgabe, Band 17. München 1991, S. 797

57 *Der Weise, meine ich … Normen halten:* Zit. Sarah Bakewell: Wie soll ich leben?, S. 65 r

57 *dafür einstehen*: Ebenda, S. 201 r

57 *Ich will, daß man … unüblich sie ist:* Ebenda, S. 202 l

58 *Dies hier sind … sondern von mir:* Ebenda, S. 201 r

58 *auf der ganzen Welt das einzige seiner Art:* Ebenda, S. 190 r

KAPITEL 4 ROUSSEAU. DER EINZELNE UND DIE ANGST VOR DER FREIHEIT DER ANDEREN

63 *Ich unternehme dasselbe … mit einem jüngeren Freunde leben:* Jean-Jacques Rousseau: Schriften. Zwei Bände. Herausgegeben von Henning Ritter. München 1978, Band 2, S. 646

64 *Ich bin in meiner Einsamkeit … aus meinem Herzen getilgt*: Ebenda, S. 642

64 *Diese Gesinnung … erforschen lassen:* Ebenda, S. 660

64 *Solitär*: Ebenda, S. 82

64 *äußerlich:* Ebenda, S. 80

65 *Ich beginne ein Unternehmen … dieser Mensch werde ich sein:* Jean-Jacques Rousseau: Die Bekenntnisse. München 1978, S. 9

65 f. *Mit einem Schlag … die ihn schlecht machen:* Jean-Jacques Rousseau: Schriften, Band 1, S. 483

66 *Wie angenehm wäre es … unseres Herzens wäre:* Ebenda, S. 35

66 *Kette:* Ebenda, S. 34

67 *Selbstliebe … (Amour-propre) … Eigenliebe (Amour de soi) … Sichvergleichen:* Jean-Jacques Rousseau: Emile oder Über die Erziehung. Stuttgart 1963, S. 443

67 *Aber die menschliche Natur … von ihnen entfernt hat:* Jean-Jacques Rousseau: Schriften, Band 2, S. 569

68 *hypothetischen:* Ebenda, S. 193

68 *Nichts ist mir so … im selbigen Augenblick meine ist:* Zit. Rüdiger Safranski: Wieviel Wahrheit braucht der Mensch? München 1990, S. 18

69 *betäubenden Entzücken:* Jean-Jacques Rousseau: Schriften, Band 1, S. 489

69 *Wer in der bürgerlichen Ordnung … fortwährendem Widerspruch zu sich selbst:* Jean-Jacques Rousseau: Emile, S. 113

69 *Was das Unglück des Menschen … überlaßt ihn ganz sich selbst:* Zit. Robert Spaemann: Mensch oder Bürger. Stuttgart 2008, S. 33

69 f. *dem Menschen seine Natur zu nehmen … empfindungsfähig ist:* Jean-Jacques Rousseau: Emile, S. 112

71 *so verdient er die Todesstrafe … Meineid im Angesicht der Gesetze geleistet*: Jean-Jacques Rousseau: Politische Schriften. Band 1. Paderborn 1977, S. 206

71 *Alles, was die soziale Einheit zerreißt … taugen nichts:* Ebenda, S. 202

71 *die Herzen der Bürger an den Staat zu fesseln*: Ebenda

73 *Werk der Finsternis … Mittel, die es anwendet:* Jean-Jacques Rousseau: Die Bekenntnisse, S. 579

73 *Nur der Böse ist allein:* Ebenda, S. 449

74 *Meine ersten* Bekenntnisse *und meine* Gespräche *… hinterlassen:* Jean-Jacques Rousseau: Schriften, Band 2, S. 646

KAPITEL 5 DIDEROT. DER EINZELNE ALS GESELLIGES GENIE

75 *Alle Einrichtungen, die den Menschen mit sich selbst in Widerspruch bringen, taugen nichts:* Jean-Jacques Rousseau: Politische Schriften. Band 1. Paderborn 1977, S. 202.

75 *Wer Diderot … Fest des Geistes teilgenommen:* Zit. Will Durant: Kulturgeschichte der Menschheit. Band 14: Das Zeitalter Voltaires. Köln 1985, S. 433

76 *Alle waren erstaunt … deren Herd ich war:* Ebenda

77 *aber genügt dieses Zeugnis? … außer acht lassen?:* Denis Diderot: Briefe 1742–1781. Ausgewählt und herausgegeben von Hans Hinterhäuser. Frankfurt / M. 1984, S. 34

77 *Sie werden der einzige Einsiedler …:* Ebenda, S. 33

78 *Dieser Mann ist rasend … Ende des Gartens hören konnte …:* Ebenda, S. 38

78 *Umsonst versuche ich ein wenig zu dichten … einen Verdammten an der Seite:* Ebenda

79 *Meine Gedanken sind meine Dirnen:* Denis Diderot: Rameaus Neffe. Übersetzt von Johann Wolfgang von Goethe. In: Johann Wolfgang von Goethe: Sämtliche Werke nach Epochen seines Schaffens. Münchner Ausgabe, Band 7. München 1993, S. 569

79 *weil ihr Charakter … Individualität zurückgibt:* Ebenda, S. 571

79 *Mir scheint … nichts kommt heraus:* Ebenda, 645

80 *Frecher und gehaltener … gern zur Übersetzung:* Johann Wolfgang von Goethe: Sämtliche Werke nach Epochen seines Schaffens. Münchner Ausgabe, Band 14. München 1993, S. 123

80 *die Reichen und Großen … Schildkröten und Krebsfüßen:* Denis Diderot: Rameaus Neffe. In: Johann Wolfgang von Goethe: Sämtliche Werke nach Epochen seines Schaffens. Münchner Ausgabe, Band 7. S. 1162

80 f. *Er war in mehr als einem Fach … nie kultivieren konnte:* Ebenda

81 *ich spielte den Narren … allerliebst:* Ebenda, S. 594

81 *Ich komme, bin ernsthaft … bei Herrn Baron von Bagge:* Ebenda, S. 595

81 *bedürftig … die gezwungene Stellung … das allerschlimmste:* Ebenda, S. 650

81 *andern braucht … nimmt eine Position ein:* Ebenda, S. 652

81 f. *Nun lächelte er … Schmeichler, Schmarutzer und Dürftige:* Ebenda, S. 651

82 *gute Weine zu trinken … übrigens ist alles eitel:* Ebenda, S. 599

82 *Ich will mich wohl wegwerfen … heruntersteigen:* Ebenda, S. 604

82 *Ihr wißt, ich bin unwissend … gefräßig:* Ebenda, S. 581

83 *zarte Seele … Ich? Keineswegs. … Ich spreche frei vor mich hin:* Ebenda, S. 612

83 *Vor seiner Geliebten … eine verworfener als die andere:* Ebenda, S. 652

83 f. *seine Finger flatterten … von Zeit zu Zeit entfuhren:* Ebenda, S. 589

84 *wie kommt's … das etwas wert sei?:* Ebenda, S. 644

84 *Und so war … dergleichen wirst du niemals machen … Bin ich allein …, daß ich dumm bin, dumm, dumm:* Ebenda, S. 646

85 *Ich kann mich … was etwas taugt:* Zit. Dieter Thomä: Puer robustus. Eine Philosophie des Störenfrieds. Frankfurt / M. 2016, S. 157

85 *jedem einen Teil seiner natürlichen Individualität zurückgibt:* Denis Diderot: Rameaus Neffe. In: Johann Wolfgang von Goethe, Sämtliche Werke nach Epochen seines Schaffens. Münchner Ausgabe, Band 7, S. 571

85 *bewundert:* Ebenda, S. 634

KAPITEL 6 STENDHAL ODER DER EINZELNE MIT STIL

87 *Ich werde vielleicht … im ganzen glücklich oder unglücklich:* Stendhal: Leben des Henri Brulard. Zürich 1981, S. 11

87 *Was ist das Ich? Ich habe nicht die geringste Ahnung …:* Zit. Robert Alter: Stendhal. Eine Biographie. Berlin 1985, S. 207

88 *Dieser leichten Art … schwerfällig und pedantisch:* Stendhal: Tagebücher und andere Selbstzeugnisse. Zwei Bände. Berlin (Ost) 1983. Band 1, S. 97

88 f. *alle möglichen Romane nachempfunden … Roué:* Ebenda, Band 2, S. 55

89 *Ich bin wie viele andere verlegen … gelingt das unfehlbar:* Ebenda, Band 1, S. 24

89 *Ich lebte also … nach ihnen dürstete:* Ebenda, Band 2, S. 55

90 *Ich kam sehr bald um vor Ekel … hingehen müßte:* 23. April 1806, ebenda, Band 1, S. 310

90 *Einbildungskraft:* Zit. Robert Alter: Stendhal, S. 149

90 *Was will ich? … erlangen:* Zit. Johannes Willms: Stendhal. Biographie. München 2010, S. 69

90 *Die Liebe … mich in den Ruhm zu verlieben …:* Zit. ebenda, S. 63

91 *Wenn ich keins* (= Geld) *habe … zur Gewohnheit geworden:* 12. Juli 1804, Stendhal: Tagebücher und andere Selbstzeugnisse. Band 1, S. 78

91 *das ist ein wirkliches Heilmittel …:* 1. April 1806, ebenda, Band 1, S. 304

91 *Kunst zu scheinen*: Ebenda, Band 2, S. 188

92 *Stolz … wo immer er auftritt:* 4. September 1804, ebenda, Band 1, S. 97

93 *Das Glied ist … zwei Zoll länger als üblich:* Ebenda, Band 2, S. 297

93 *Eines Tages erwachte ich … vergessen zu leben?:* Zit. Robert Alter: Stendhal, S. 207

94 *Das einzige, das in diesem Leben … aus einem Glas Limonade:* Zit. ebenda, S. 194

94 f. *Ich finde es zwar sehr angenehm … kein Vergnügen bereiten:* Zit. ebenda, S. 188

95 *Man bekommt eine hohe Meinung von sich … entdeckt:* 12. Juli 1801, Stendhal: Tagebücher und andere Selbstzeugnisse, Band 1, S. 22

97 *der Mensch erkannte sich … in irgendeiner Form des Allgemeinen:* Jacob Burckhardt: Die Kultur der Renaissance in Italien. Leipzig o. J., S. 76

98 *Ich wage sogar zu glauben, daß ich nicht wie einer der Lebenden gebildet bin:* Jean-Jacques Rousseau: Die Bekenntnisse, S. 9

KAPITEL 7 KIERKEGAARDS EINZELNER UND DIE ENTDECKUNG DER EXISTENZ

101 *Mit der Kategorie »der Einzelne« … so stehe ich und meine Schriften mit mir:* Sören Kierkegaard: Die Tagebücher. In fünf Bänden. Ausgewählt, neugeordnet und übersetzt von Hayo Gerdes. Düsseldorf / Köln 1962 ff. Band 2, S. 192

102 *allein vor Gott:* Ebenda, S. 193

102 *Der Einzelne … ist die Kategorie … hindurch muß:* Ebenda, S. 192

103 f. *Es war ein Vater und ein Sohn. … in einer stillen Verzweiflung:* Ebenda, S. 329

105 *Wenn ich … jetzt versuche … in einem höheren geistigen Bereich:* Ebenda, S. 16

105 *Was mir eigentlich fehlt, ist, dass ich mit mir selbst ins reine komme … für die ich leben und sterben will:* Ebenda

105 *Lebensironie:* Ebenda, S. 30

105 f. *Ich will nun versuchen … mich in tieferer Bedeutung »ich« zu nennen:* Ebenda, S. 22

106 *Hineinschlingen:* Ebenda, Band 3, S. 301

106 f. *Im Sommer 1840 … einen zu starken Eindruck auf sie gemacht zu haben …:* Ebenda

107 *Repräsentanten einer entschwundenen Zeit:* Sören Kierkegaard: Briefe. Ausgewählt, neugeordnet und übersetzt von Emanuel Hirsch. Düsseldorf / Köln 1955, S. 36

107 *Vergiß vor allem den … ein Mädchen glucklich zu machen:* Ebenda, S. 58

107 f. *Redlichkeit betreffs der früheren Zeit … Angst, die mich dazu brachte, in die Irre zu gehen …:* Sören Kierkegaard: Die Tagebücher, Band 1, S. 307

110 *Langeweile ruht auf dem Nichts … in einen unendlichen Abgrund blicken:* Sören Kierkegaard: Entweder – Oder. München 1975, S. 338

112 *die Existenz, die beständig das Einzelne bietet, zu verlassen … die Existenz zu erreichen:* Sören Kierkegaard: Philosophische Brosamen und Unwissenschaftliche Nachschrift. München 1976, S. 493

113 *Nein, aber mit meinem Scharfsinn … in meinem Herzen zu entwickeln:* Sören Kierkegaard: Die Tagebücher, Band 2, S. 224

113 *über den Glauben hinaus kommt:* Vgl. Sören Kierkegaard: Die Krankheit zum Tode. – Furcht und Zittern – Die Wiederholung – Der Begriff der Angst. München 2005, S. 182

114 *Aber wer das Allgemeine aufgibt … was tut der?:* Ebenda, S. 245

114 *Lege deine Hand nicht … nicht verschont um meinetwillen:* 1. Mose 22,12.

115 *Trick des Teufels … Einbildungskraft*: Vgl. Immanuel Kant: Werke in zwölf Bänden. Herausgegeben von Wilhelm Weischedel. Frankfurt / M. 1964, Band 11, S. 333

117 *Es gibt eine … »Ich freue mich an meiner Freude« …:* Sören Kierkegaard: Die Tagebücher, Band 1, S. 154

118 *Einzelne … Glaubenszeugen … Legion gewerbetreibender Gauner:* Sören Kierkegaard: Der Augenblick. Eine Zeitschrift. Nördlingen 1988, S. 255

KAPITEL 8 STIRNER. DER EINZELNE, DER SEIN' SACH' AUF NICHTS GESTELLT HAT

122 *die erkennbare Welt … Begnüge dich mit der gegebenen Welt:* Zit. Friedrich Albert Lange: Geschichte des Materialismus. Zwei Bände. Frankfurt / M. 1974, Band 2, S. 557

124 *Nun habe ich es Ihnen doch gesagt …, das weiß ich:* Carl Albrecht Bernoulli: Franz Overbeck und Friedrich Nietzsche – eine Freundschaft. Jena 1908, S. 238

124 *Das Wissen* muss *seinen Stachel gegen sich selbst kehren:* Friedrich Nietzsche: Werke in drei Bänden. Herausgegeben von Karl Schlechta. Band I, S. 261

124 *der Einzelne erkennt … die Gedanken auflösen:* Max Stirner: Der Einzige und sein Eigentum. Ausführlich kommentierte Studienausgabe. Herausgegeben von Bernd Kast. Freiburg / München 2016, S. 164

124 *Ich bin nicht Nichts im Sinne der Leerheit … Meine Sache ist!:* Ebenda, S. 15

125 *Jenseits außer uns … Jenseits in Uns:* Ebenda, S. 192

127 *Jedes Urteil, welches ich über ein Objekt fälle … stets von neuem schafft*: Ebenda, S. 341

127 *Wie du in jedem Augenblicke bist … übertriffst Dich selbst:* Ebenda, S. 47

129 *Unbedenklichkeit:* Ebenda, S. 421

129 *im Denken liege das Heil:* Ebenda, S. 422

129 *Willkür, welche nicht viel Federlesens mit den Bedenken macht:* Ebenda, S. 422

129 *gedankenlose Jauchzen … lange Nacht des Denkens und Glaubens:* Ebenda, S. 157

130 *Was Stirner* sagt … *was er meint, ist unsagbar:* Ebenda, S. 408

130 *Mein eigen ist meine Liebe erst … – mein Eigentum:* Ebenda, S. 297

131 *benutzen … jedem Eindruck offen … entrissen zu werden:* Ebenda, S. 299

132 *Der Mensch braucht einzig … wohin sie auch führen mag:* Fjodor M. Dostojewski: Aufzeichnungen aus dem Untergrund. München 1992, S. 457

KAPITEL 9 THOREAU. RÜCKZUG UND VEREINZELUNG ALS EXPERIMENT

133 *Kneipe …:* Vgl. Denken mit Henry David Thoreau. Ausgewählt von Philipp Wolff-Windegg. Zürich 2017, S. 36

133 f. *Ich zog in den Wald … an einen Ort gelangen, den wir Wirklichkeit nennen:* Henry David Thoreau: Walden oder das Leben in den Wäldern. Zürich 1979, S. 98/104

135 *Zum Alleinsein erachte ich … ich meide mich selbst:* Henry David Thoreau: Tagebücher I–IV. Berlin 2015, Tagebuch I, S. 5

136 *als ob sie … alle Affen in Amerika tun das gleiche:* Henry David Thoreau: Walden oder das Leben in den Wäldern, S. 36

136 *Als ob die Menschen … als bloßer Ansichtsdunst:* Ebenda, S. 21

137 *Wir sollten danach trachten … wie mit ihnen:* Zit. Frank Schäfer: Henry David Thoreau. Waldgänger und Rebell. Frankfurt / M. 2017, S. 41

138 *Warum sollten nicht auch wir … unsere eigene Andacht fordern:* Ralph Waldo Emerson: Natur. Schaffhausen 1981, S. 31

138 *Es machte mir Freude … zu sehen:* Henry David Thoreau: Walden oder das Leben in den Wäldern, S. 240

138 *Für den, der … Melancholie geben:* Henry David Thoreau: Tagebücher I–IV, Tagebuch II, S. 167

139 *Noch eine halbe Stunde lang … Trophäen am Sattelbogen:* Henry David Thoreau: Walden oder das Leben in den Wäldern, S. 230

139 *Wir haben noch keine … unmenschlich gesehen haben:* Zit. Frank Schäfer: Henry David Thoreau, S. 119

139 *Dieser Boden ist nicht für dich … deinen Nachbarn gemacht …:* Ebenda

139 *Ein paar Wochen … Blick um mein Haus herum:* Henry David Thoreau: Walden oder das Leben in den Wäldern, S. 136

139 *Ich schäme mich … verglichen mit einem Menschen?:* Zit. Frank Schäfer: Henry David Thoreau, S. 88

140 *Wenn man Tag für … Fleisch und Blut …:* Zit. Frank Schäfer: Henry David Thoreau, S. 89

140 *Entwicklung hin … Individuum:* Henry David Thoreau: Vom Ungehorsam gegen den Staat. Köln 2010, S. 66

140 f. *Es wird nie … unabhängige Macht anerkennt:* Ebenda

141 *Ich finde Vergnügen daran … Pflichten eines Nachbarn und Mitmenschen erfüllen:* Ebenda

141 f. *Ich habe zugelassen … überrannt hat:* Zit. Frank Schäfer: Henry David Thoreau, S. 175

142 *Vorher habe ich … in der Hölle lebe:* Ebenda, S. 173

142 *Ich will nicht … hat die Unsterblichkeit errungen …:* Denken mit Henry David Thoreau, S. 135 / 137

DRITTE ZWISCHENBETRACHTUNG

145 *hat von sich lange nichts mehr gehört:* Denken mit Henry David Thoreau, S. 37

147 *gepflastert und asphaltiert … Räder der Reisenden*: Ebenda, S. 36

KAPITEL 10 STEFAN GEORGE UND GEORG SIMMELS INDIVIDUELLES GESETZ, MAX WEBERS INNERER DÄMON

149 *»König«:* Vgl. Franz Schonauer: Stefan George. Reinbek 2000, S. 8

149 *Doch an dem flusse im schilfpalaste …:* Stefan George: Werke. Ausgabe in vier Bänden. München 1983, Band 2, S. 75

149 *Der Worte Sinn weiß er schön auszuklauben …:* Zit. Franz Schonauer: Stefan George, S. 9

150 *also nimm an … Mut, mit mir hineinzugehen …?:* Robert Boehringer: Mein Bild von Stefan George. München / Düsseldorf 1951, S. 25

150 *Noch jeder Gott war menschliches Geschöpfe …:* Ebenda, S. 116

150 *und nun war die ganze Gegend … in einem fernen Reich geschehenen Abenteuern:* Zit. Thomas Karlauf: Stefan George. Die Entdeckung des Charisma. München 2007, S. 534

151 *eine ins Künstlerische geratene … Täternatur:* Zit. ebenda, S. 56

152 *Wer je die Flamme umschritt / … dass Dichten ein Herrschen ist:* Edith Landmann: Gespräche mit Stefan George. Düsseldorf / München 1963, S. 41

152 *mit einem hochmütig leidenschaftlichen Ausdruck … ahnten, was das Dichterische sei:* Briefwechsel zwischen George und Hofmannsthal. Herausgegeben von Robert Boehringer. München / Düsseldorf 1953, S. 234

152 *du hast mich an dinge gemahnet / …:* Ebenda, S. 7

152 f. *Inzwischen wachsende Angst … zu schmähen:* Ebenda, S. 239

153 *In einer Halle hat er mich empfangen / …:* Ebenda

153 *für mich bleibt er … wo ich auf meinem einsamen Felsen zu zittern anfing:* Ebenda, S. 242

153 *ich glaube dass kaum … durch den Ring gebunden gefühlt:* Juli 1902, ebenda, S. 166

154 *er gehört völlig dem Leben an, keiner Kunst, … dem leben anzugehören?:* Ebenda, S. 86 / 87

154 *nicht zuerst … Werkzeug das Aufnehmen von Dichtungen ist:* Ebenda, S. 103

154 *Das Dichterische steht … Genüge nicht finden:* Edith Landmann: Gespräche mit Stefan George, S. 178

154 *schon eure zahl ist frevel:* Stefan George: Werke, Band 2, S. 24

154 f. *Bekannte Menschen waren … in die Stimmung hinein gebannt:* Zit. Thomas Karlauf: Stefan George, S. 230

155 *eine solche siegreiche … Umwandlung erlebt:* Ebenda

155 *In Georges Wesen wurde uns … verabscheut am meisten die Zerfahrenheit:* Edith Landmann: Gespräche mit Stefan George, S. 21

156 *Bei den Gedichten Georges ... Reiz ihres Stoffes mit ... naturalistischen Trieblebens:* Georg Simmel: Gesamtausgabe. Band 7. Frankfurt / M. 1995, S. 21

156 *die Inhalte des Lebens ... hinauswachsen läßt:* Ebenda, S. 22

157 *Einschmelzung des Einzelnen in die Allgemeinheit:* Georg Simmel: Philosophische Kultur. Gesammelte Essais (1923). Berlin 1983, S. 40

157 f. *individuelle Gesetz ... Logik des kategorischen Imperativs ... das Schöpferische des Sittlichen:* Georg Simmel: Gesamtausgabe. Band 16. Frankfurt / M. 1995, S. 422

158 *jener unbeschreibliche Stil ... etwas unverwechselbar* ihr *Zugehörigem macht:* Ebenda, S. 424

158 *Nach dem Gesetz wonach du angetreten. / ...:* Johann Wolfgang von Goethe: Sämtliche Werke nach Epochen seines Schaffens. Münchner Ausgabe, Band 12. München 1989, S. 91

159 *Wer allgemein sein will ... Bedeutendes bilden will:* Goethe, zit. Georg Simmel: Goethe. Leipzig 1923, S. 182

160 *die Bekanntschaft ... Allem Andren voranstellen würde:* Zit. Thomas Karlauf: Stefan George, S. 414

160 *ein wenig verlegen ... ohne Pose ... mit schlichter Würde und Herzlichkeit ... auf sich wirken zu lassen:* Ebenda

161 *Die von künstlerischen Weltgefühlen getragenen Sekten ... ins Leben getragen werden:* Zit. ebenda, S. 413

161 *den Dämon findet und ihm gehorcht ...:* Max Weber: Soziologie, weltgeschichtliche Analysen, Politik. Herausgegeben von Johannes Winkelmann. Stuttgart 1956, S. 339

162 *Es ist das Schicksal unserer Zeit ... sie zusammenschweißte:* Zit. Karl Jaspers: Max Weber. München 1988, S. 101

KAPITEL 11 RICARDA HUCHS GLAUBE UND DIE KRITIK DER ENTPERSÖNLICHUNG

163 *innere Dämon ... Es täte uns not, daß der Dämon ... zu tun sei:* Ricarda Huch: Entpersönlichung. Leipzig 1921, S. 81

163 *den Deutschen seiner Zeit ... Dichtung eine Kunst ist:* Ricarda Huch: Erinnerungen an das Leben. Berlin 1982, S. 384

164 *man bekämpft Vermassung ... Hochschätzung des Individuums:* Ebenda, S. 386

164 *mit dem arbeitenden Volke verbunden ... aristokratischen Sitz hatte:* Ebenda, S. 385

165 *Es war mir immer bewußt ... genügen würde:* Ebenda, S. 197

165 *wahrhaftig einem Feuer zu vergleichen ... im Wege steht:* Ricarda Huch. Gesammelte Werke, Band 1. Köln 1966, S. 193

165 *Ich weiß nicht ..., wozu ich existiere:* Marie Baum: Leuchtende Spur. Das Leben Ricarda Huchs. Tübingen 1950, S. 90

166 *ich habe Richard wiedergesehen. ... löste:* Ebenda, S. 146

166 *Was für trostlose Verwicklungen ... Sie soll lernen, auf sich selbst zu stehen:* 19. Februar 1911, ebenda, S. 165

167 *unbefangene Lebensfreude ..., keine Ahnung mehr hat:* Zit. ebenda, S. 195

167 *wird im allgemeinen im Abendlande ... Beobachtung der Moralgesetze:* Ricarda Huch: Entpersönlichung, S. 77

167 *Gott ist eine Kraft ... über sich selbst hinaus reißt:* Ricarda Huch: Michael Bakunin und die Anarchie. (1923) Frankfurt / M. 1972, S. 61

168 *An die Stelle der unendlichen Entwicklung ...:* Ricarda Huch: Entpersönlichung, S. 68

168 *ganz unpolitisch ... Wahrung der Berufsinteressen hat:* Zit. Cordula Koepcke: Ricarda Huch, ihr Leben und ihr Werk. Frankfurt / M. 1996, S. 225

170 *Wesen der zerstückelnden Zeit ...:* Ricarda Huch: Die Romantik. Ausbreitung, Blütezeit und Verfall. Tübingen 1979, S. 37

170 *Marx strebte Zentralisation an ... stieß ihn eher ab:* Ricarda Huch: Michael Bakunin und die Anarchie (1923), S. 85

171 *Es ist nach meiner Ansicht sehr ... unsere Abteilung aufzulösen:* Zit. Cordula Koepcke: Ricarda Huch, ihr Leben und ihr Werk, S. 246

171 *bestreite ... Ihre Kompetenz ... Daran werde ich auch künftig festhalten:* Zit. ebenda, S. 342

171 *Daß ein Deutscher deutsch empfindet ... zu bleiben:* Zit. ebenda, S. 344

173 *Wie wenig Talent ... auch geliebt wurde:* Zit. ebenda, S. 281

173 *Eine einzige Stimme tönt ... »Ihr werdet niemals ihresgleichen sehen«:* Zit. Marie Baum: Leuchtende Spur. Das Leben Ricarda Huchs. Tübingen 1950, S. 345

KAPITEL 12 IM SCHATTEN DES ZEITALTERS DER MASSEN

176 *Der einsame und nachdenkliche Spaziergänger ... verwehrt bleiben:* Zit. Serge Moscovici: Das Zeitalter der Massen. München 1984, S. 98

176 *Im Übrigen stoßen mich die Massen ... unter andere Menschen mischt:* Zit. ebenda, S. 28

176 *Vorsicht, Geiz ... Verzweiflung:* Edgar Allan Poe: Der Massenmensch. In: Gesammelte Werke in zehn Bänden. Band 4. Herrsching 1979, S. 713

176 f. *Dieser* Mensch *... ist der Massenmensch:* Ebenda, S. 720

177 *Prinzipien ... um die heute in Italien bestehende Ordnung aufzubauen:* Zit. Serge Moscovici: Das Zeitalter der Massen, S. 89

177 *Überall sind die Massen weibisch ... schnell steigen:* Gustave Le Bon: Psychologie der Massen. Leipzig 1934, S. 24

177 *gleich dem Weibe ... gefühlsmäßigen Sehnsucht nach ergänzender Kraft ... Brutalität:* Adolf Hitler, Mein Kampf. Kritische Edition. Berlin / München 2016, S. 44

177 *Die Hauptmerkmale des Einzelnen in der Masse ... nicht mehr in der Gewalt hat:* Gustave Le Bon: Psychologie der Massen, S. 18

178 *Wir wissen heute … der Verzauberung nähert …:* Ebenda, S. 17

179 *Es ist wahrlich nicht der Eigennutz … hypnotisiert werden:* Ebenda, S. 43

179 *Die Gesellschaft, das … Art von Somnambulismus:* Zit. Serge Moscovici: Das Zeitalter der Massen, S. 206

180 *Somit ist von Initiativen auszugehen … Befriedigungen bescheren:* Gabriel de Tarde: Die Gesetze der Nachahmung. (1890) Frankfurt / M. 2003, S. 26

181 *Die Übertragung von Kraft über … Denkens über Entfernung:* Zit. Serge Moscovici: Das Zeitalter der Massen, S. 239

183 *unter einer bestimmten Bedingung … Eigenschaft einer »psychologischen Masse« erworben hat:* Sigmund Freud: Massenpsychologie und Ich-Analyse. In: Studienausgabe. Band IX. Frankfurt / M. 1974, S. 67

183 *Urphänomen … Grundtatsache des menschlichen Seelenlebens:* Ebenda, S. 84

185 f. *Zweifelsohne kann man … massenpsychisches Verhalten nennen:* Zit. Paul Michael Lützeler: Hermann Broch. Eine Biographie. Frankfurt / M. 1985, S. 187

187 *solcherart plötzlich und unmittelbar … zu versiegen beginnen:* Hermann Broch: Massenwahntheorie. Frankfurt / M. 1979, S. 144

188 *oh, um dieses Wahngebilde der … der Abgrund:* Hermann Broch: Tod des Vergil. Darmstadt 1961, S. 47

189 *er (Broch) hat früher, in Wien … benutzen sollte …:* Elias Canetti: Liebhaber ohne Adresse. Briefwechsel 1942–1992 (mit Marie-Louise von Motesiczky). München 2011, S. 50

189 *Ein für allemal … unser Jahrhundert erfüllt:* Elias Canetti: Die Fackel im Ohr. Lebensgeschichte 1921–1931. Werke, Band VIII. München 1993, S. 236 f.

190 *Ein gefahrloser, erlaubter … diesem Beispiel entgegen:* Elias Canetti: Masse und Macht. Werke, Band III. München 1994, S. 54 f.

190 *Alle Abstände … von dieser Berührungsfurcht diktiert:* Ebenda, S. 13

190 *In seinen Distanzen erstarrt und verdüstert der Mensch:* Ebenda, S. 17

191 *Es geht dann alles plötzlich wie* innerhalb eines Körpers *vor sich:* Ebenda, S. 14

191 *Es* (das Feuer) *ist überall … der Masse:* Ebenda, S. 88

191 *Die Akten verbrennen … mit all seinen Büchern zusammen verbrennen müsse:* Elias Canetti: Die Fackel im Ohr, S. 341 f.

192 *Von den Regalen stürzen … Als ihn die Flammen … nicht gelacht hat:* Elias Canetti: Die Blendung. Werke, Band I. München 1994, S. 510

192 *Die Wüste … nach dem Untergang Kiens:* Elias Canetti: Das Augenspiel. Lebensgeschichte 1931–1937. Werke, Band IX. München 1994, S. 10

KAPITEL 13 EXISTENZPHILOSOPHIE. JASPERS UND HEIDEGGER

193 f. *Technik, Apparat und ... sein Menschsein verliert:* Karl Jaspers: Die geistige Situation der Zeit. (1932) Berlin / New York 1979, S. 66 / 68

194 *weltschmerzlicher Wehmut:* Zit. Hans Saner: Karl Jaspers. Reinbek 1970, S. 17

195 *Die Philosophie ist von ungeheurem Wert ...:* Ebenda, S. 31

195 *das Sichkümmern des Denkenden um sich selbst:* Karl Jaspers: Philosophische Autobiographie. München / Zürich 1984, S. 45

196 *Nun denn ... von dergleichen redet man besser nicht:* Hannah Arendt / Karl Jaspers: Briefwechsel 1926–1969. München 1985, S. 695

196 *ohne Preisgabe der Wissenschaften ... im inneren Handeln, das es erweckt:* Karl Jaspers: Philosophie. Drei Bände (1932). Berlin / Heidelberg / New York 1973, Band I, S. XXV

197 *wahrhafte Ich ... um das tiefere und eigentliche, unendliche, wahre Selbst zu gewinnen:* Ebenda, Band II, S. 47

198 *ausbleibt*: Ebenda, Band II, S. 45

201 *der Wille, der sich gegen mögliche Existenz kehrt ..., ohne es erfüllen zu können:* Ebenda, Band II, S. 171

201 *In der Wahl des Guten ... Entwicklung und Offenheit:* Ebenda

202 *Es schien mir ... knappe Weise seines Sprechens:* Karl Jaspers: Philosophische Autobiographie, S. 93

202 *Wir wissen beide selbst nicht ... nicht explizit besteht:* Martin Heidegger / Karl Jaspers: Briefwechsel 1920–1963, Frankfurt/M. / München 1990, S. 35

202 *sicherer werde ... Unsicherheit:* Ebenda, S. 41

202 f. *Die acht Tage bei Ihnen ... unheimlich sind:* Ebenda, S. 33

203 *Urhaltung des Erlebens:* Martin Heidegger: Gesamtausgabe. Band 56 / 57. Frankfurt / M. 1987, S. 118

204 *Das neue Leben ... das Evidente der totalen Intuition:* Martin Heidegger / Elisabeth Blochmann: Briefwechsel 1918–1969. Marbach am Neckar 1989, S. 15

205 *Die ontische Auszeichnung des Daseins liegt darin, daß es ontologisch ist:* Martin Heidegger: Sein und Zeit. (1927) Tübingen 1963, S. 12

208 *Boden zum Abgrund ... Dauer des Daseins zwischen Leben und Tod:* Martin Heidegger: Kant und das Problem der Metaphysik. Frankfurt / M. 1991, S. 290

209 *Geheimnis des Daseins ... dem Dasein seine Größe gibt:* Martin Heidegger: Gesamtausgabe. Band 56 / 57, S. 29 / 30

209 *vom Rausch ergriffen ... Bedrohliches:* Karl Jaspers: Philosophische Autobiographie, S. 102

211 *Hoch im Gebirge ... So ging es mir mit Heidegger:* Karl Jaspers: Notizen zu Martin Heidegger. München / Zürich 1978, S. 263

KAPITEL 14
HANNAH ARENDT. DAS ANFANGENKÖNNEN UND DAS ZWEI-IN-EINEM

213 *Beide appellieren an den lebendigen Prozeß … tiefsten Schichten des Ich:* Karl Jaspers: Psychologie der Weltanschauungen. Berlin / Göttingen / Heidelberg 1960, S. 255

214 *In der Leidenschaft … die Welt zwischen den Liebenden verbrannt ist:* Hannah Arendt: Vita activa oder Vom tätigen Leben. München / Zürich 1981, S. 237

214 *Warum gibst du mir die Hand / …:* Martin Heidegger / Hannah Arendt: Briefe 1925–1975. Frankfurt / M. 1998, S. 376

214 *Aus Facta mach ich mir gar nichts:* Zit. Hannah Arendt: Rahel Varnhagen: Lebensgeschichte einer deutschen Jüdin aus der Romantik. München 1959, S. 21

215 *Ungeheuer interessante Dinge! … würde ich heute sagen:* Hannah Arendt im Gespräch mit Günter Gaus, München / Zürich 1965, S. 13

215 *Anfangen eines Wesens, das selbst im Besitz der Fähigkeit ist anzufangen:* Hannah Arendt: Vita activa oder Vom tätigen Leben, S. 166

216 *Das Wunder … kraft ihres Geborenseins:* Ebenda, S. 243

216 *eine neue Reihe schlechthin anfangen:* Immanuel Kant: Werke in zwölf Bänden. Frankfurt / M. 1968, Band 4, S. 432

216 *ohne ihre Einwilligung auf die Welt …:* Ebenda, Band 8, S. 394

216 *mit diesem ihrem Zustand zufrieden zu machen:* Ebenda, Band 12, S. 682

219 *professionelle Denken … den Preis der Kontingenz für das fragwürdige Gut der Spontaneität:* Hannah Arendt: Vom Leben des Geistes. Band 2. Das Wollen. München / Zürich 1989, S. 189

219 *Sprechen und Handeln sind die Tätigkeiten … auf einer Initiative:* Hannah Arendt: Vita activa oder Vom tätigen Leben, S. 165

220 *Lichtung … verdunkelt … jedem Zugängliche aus:* Martin Heidegger: Sein und Zeit, S. 127

220 *stets von neuem anhebenden Gesprächen … Welt vom Standpunkt des Anderen zu betrachten:* Zit. Rüdiger Safranski: Ein Meister aus Deutschland. Heidegger und seine Zeit. München 1994, S. 438

220 *wenn sie nicht dauernd von Menschen besprochen wird:* Hannah Arendt: Menschen in finsteren Zeiten, München / Zürich 1968

221 *Handelnd und sprechend … die Bühne der Welt:* Hannah Arendt: Vita activa oder Vom tätigen Leben, S. 169

222 *Das Denken ist, existentiell gesehen … leisten zu können:* Hannah Arendt: Vom Leben des Geistes. Band 1. Das Denken. München / Zürich 1989, S. 179

222 *Gespräch innerhalb der Seele:* Ebenda, S. 185

222 *Kurz, die spezifisch menschliche Verwirklichung des Bewußtseins … nur in der Dualität:* Ebenda, S. 186

KAPITEL 15 JEAN-PAUL SARTRES WENDE IM KRIEG. VOM INDIVIDUELLEN ZUM ENGAGIERTEN EXISTENTIALISMUS

225 *Fest steht, dass ich … Rolle zu spielen gegeben hatte:* Simone de Beauvoir: Die Zeremonie des Abschieds. Reinbek 1983, S. 496

225 *Bis dahin hatte ich … zum Sozialismus gelangt:* Sartre über Sartre. Reinbek 1977, S. 213 / 214

225 *herrliches Überschäumen von Ideen und Werken:* Jean-Paul Sartre: Tagebücher. November 1939 – März 1940. Reinbek 1984, S. 256

226 *Weil ich daran denke … keinen Grund zu existieren:* Jean-Paul Sartre: Der Ekel. Reinbek 2004, S. 177

226 *Existieren, das bedeutet: wählen; … um sich selbst sorgen:* Zit. Bernhard Waldenfels: Phänomenologie in Frankreich. Frankfurt / M. 1983, S. 24

228 *seit Jahrhunderten … in die Welt eingetaucht:* Jean-Paul Sartre: Transzendenz des Ego. Philosophische Essays 1931–1939. Reinbek 1982, S. 91

228 *Also, ich … habe ich diese Erleuchtung gehabt:* Jean-Paul Sartre: Der Ekel, S. 200

229 *Das Wesentliche ist die Kontingenz … dreht es einem den Magen um:* Ebenda, S. 207

229 *Der Mensch ist das Sein …:* Jean-Paul Sartre: Das Sein und das Nichts. Versuch einer phänomenologischen Ontologie. Reinbek 1993, S. 65

229 *ein unerbittlicher Felsen … alles, nur kein Mensch:* Jean-Paul Sartre: Drei Essays. Berlin 1977, S. 135

230 f. *Ich war also da, in Militärkleidung … eine absolute historische Tatsache:* Simone de Beauvoir: Die Zeremonie des Abschieds, S. 496

231 *als ich in dieses Heft schrieb … das Herz der anderen:* Jean-Paul Sartre: Tagebücher, S. 206

231 f. *Ich verabscheute Tagebücher …, um Bilanz zu ziehen. … Nach dem Krieg … heimgesucht werden:* Ebenda, S. 207

232 *Ich muß ausgeben. … wie eine Handgranate:* Ebenda, S. 353

233 *Ich will nicht besitzen … durchsichtiges Nichts:* Ebenda, S. 363 f.

233 *Für mich hat die Erkenntnis einen magischen Sinn …:* Ebenda, S. 364

233 *daß man die beiden Wünsche nicht zur selben Zeit haben kann:* Ebenda

233 *Nichts ist für den Liebenden kostbarer … nennen möchte:* Ebenda, S. 371

234 *im Schoße:* Ebenda, S. 376

234 *Ich bin nur Sehnsucht nach Schönheit und außerhalb davon Leere, nichts:* Ebenda, S. 410

234 *Ich weiß nicht … von der Last meiner Häßlichkeit zu befreien:* Ebenda, S. 409

234 *Geschichtlichkeit … Authentizität:* Vgl. ebenda, S. 266

235 *Ich verschleierte ihn … ein unauthentisches Sein-zum-Krieg gehabt:* Jean-Paul Sartre: Briefe an Simone de Beauvoir, Band I, S. 393

235 *Stoizismus:* Ebenda, S. 309

235 *Ich bin mitten in einer soldatischen Welt … aber die Welt des Krieges ahne ich nur:* Ebenda, S. 308

236 *Ich bin an meinen Wunsch ... was ich fühle und sehe:* Jean-Paul Sartre: Tagebücher, S. 46

236 *Es stimmt, ich bin nicht authentisch. ... unterbringen läßt:* Ebenda, S. 93

236 *diese ständige, reflexive Aufspaltung ... dieser Blick:* Ebenda, S. 94

236 *dankt ab ... diese Abdankung:* Ebenda, S. 167

237 *Gewiß ist es die Faktizität ... ich bin verantwortlich dafür:* Ebenda, S. 169

238 *Verstanden habe ich ... ich bin aus Wind:* Ebenda, S. 425

238 *man konnte annehmen ... glücklich sein könnte:* Simone de Beauvoir: Die Zeremonie des Abschieds, S. 502

238 *umgeprägt worden:* Ebenda, S. 500

238 *Das erschien mir wie verlorener Raum:* Ebenda

239 *Was mich aus der Fassung brachte ... den Widerstand organisieren:* Simone de Beauvoir: In den besten Jahren. Reinbek 1969, S. 411

KAPITEL 16

ERNST JÜNGER. DER EINZELNE ALS STOSSTRUPPFÜHRER UND WALDGÄNGER

241 *behaglich im Herodot studierte:* Ernst Jünger: Strahlungen. München 1995, S. 66

241 *Man muß sich in die Uniform einleben:* Ebenda, S. 67

242 *Das verbieten sie dir entweder in den ersten vierzehn Tagen oder nie:* Ebenda, S. 64

242 *Das sind die Keller ... schauerlich ergötzt:* Ernst Jünger: Auf den Marmorklippen. Stuttgart 1983, S. 85

242 *es gehört zu den hohen und grausamen ... beteiligt zu sein:* Ernst Jünger: Der Arbeiter. Herrschaft und Gestalt. (1932) Stuttgart 1982, S. 43

242 *Die Empfindungen des Herzens ... das Maschinengewehr:* Ebenda, S. 110

242 f. *Das Ganze ist ein ungeheures Foyer des Todes ... Genuß bereiteten:* Ernst Jünger: Strahlungen, Band I, S. 145

243 *Im März 1921 wohnte ich ... eines niederen Dämons ergriffen wird:* Ernst Jünger: Sämtliche Werke. Stuttgart 1980, Band 7, S. 168

243 *Hier werden die Individuen ... wie Sand zerrinnt:* Ernst Jünger: Der Arbeiter. Herrschaft und Gestalt, S. 116

244 *zweite Bewußtsein ... in der sich immer schärfer entwickelnden Fähigkeit ... den Charakter des Präparats zu verleihen:* Ernst Jünger: Über den Schmerz. Stuttgart 1982, S. 7

244 f. *Es erhebt sich die Frage ... in einem tieferen Sinne rechtfertigen läßt:* Ebenda

245 *Technik des politischen Umsturzes ... zu bemächtigen sucht:* Ernst Jünger: Der Arbeiter. Herrschaft und Gestalt, S. 117

245 *Das Verhältnis von Schriften ... von Altem und Neuem Testament:* Zit. Heimo Schwilk: Ernst Jünger. Ein Jahrhundertleben. München / Zürich 2007, S. 443

246 f. *Er ist arm. … In dem »Waldgang« stehen doch auch ganz schöne Sachen, oder nicht?:* 9. Dezember 1951. Golo Mann: Briefe 1932–1992. Göttingen 2006, S. 108

247 f. *Waldgänger ist also jener … nicht zu ziehen gedenkt:* Ernst Jünger: Der Waldgang. (1951) Stuttgart 1980, S. 28

248 *Der Reichtum des Menschen … Schmerz die Tiefe aufgegraben hat:* Ebenda, S. 92

248 *nihilistischen Unterwühlung des Seins:* Ebenda, S. 83

249 *Ein Mensch … daß er auf die Suche geht:* Ebenda, S. 62

249 *Er führt den kleinen Krieg … nächtliche Paniken:* Ebenda, 75

249 *Seinsverdichtung … aus der Statistik herauszutreten:* Ebenda, S. 20

249 *ob er sein So-Sein höher als sein Da-Sein schätzt:* Ebenda, S. 85

SCHLUSSBETRACHTUNG

253 *Vergleichszwangs in einer nie zuvor dagewesenen Systematik und Intensität:* Andreas Reckwitz: Das Ende der Illusionen. Politik, Ökonomie und Kultur in der Spätmoderne. Berlin 2019, S. 225

254 *Das »Wer bin ich?« konvergiert dann mit dem »Wo steh ich?«:* Steffen Mau: Das metrische Wir: Über die Quantifizierung des Sozialen. Berlin 2017, S. 67

254 f. *Wir neigen dazu … auf ihrer Grundlage handeln:* Zit. ebenda, S. 169

255 *Wenn es dich so lockt, … kann nicht einmal ich ertragen … Hier konnte niemand sonst Einlass erhalten, denn dieser Eingang war nur für dich bestimmt. Ich gehe jetzt … schließe ihn:* Franz Kafka: Der Proceß, in: ders.: Schriften Tagebücher. Kritische Ausgabe. Drucke zu Lebzeiten. Herausgegeben von Wolf Kittler, Hans-Gerd Koch und Gerhard Neumann. Frankfurt/M. 1994, S. 267

PERSONENREGISTER

RÜDIGER SAFRANSKI
BEI HANSER

Hölderlin
Komm! ins Offene, Freund!

Biographie

2019, 336 Seiten, gebunden, auch als E-Book erhältlich

»Safranski erzählt mit großer Meisterschaft und entfaltet die merkwürdig schöne und ungeheure Welt des Aufbruchs in die Moderne.«
Hedwig Richter, *Süddeutsche Zeitung*, 19.10.19

»Das neue Buch von Rüdiger Safranski ist ein Ereignis. … Bemerkenswert ist, dass der behandelte Gegenstand den Autor diesmal veranlasst, das Genre der Biografie, das gern zu historisierender Beschaulichkeit neigt, in seiner innersten Anlage aufzusprengen, ja fast schon aufzugeben, um Streitschrift, Memorandum und Wegweiser ins Aktuelle zu werden. […] Safranskis neuem Buch sind viele, viele Leser zu wünschen!«
Eberhard Geisler, *Frankfurter Rundschau*, 20.10.19

»Wer Hölderlin kennenlernen und verstehen will, sollte Safranski lesen.«
Dirk von Petersdorff, *Frankfurter Allgemeine Zeitung*, 02.01.20